Personas en crisis

Personas en crisis

Intervenciones terapéuticas estratégicas

Diana Sullivan Everstine

Louis Everstine

EDITORIAL PAX MEXICO, Librería Carlos Césarman, S.A.
Av. Cuauhtémoc No. 1430 • Col. Sta. Cruz Atoyac • Mexico, D.F. • C.P. 03310

Título de la obra en inglés:
People in Crisis: Strategic Therapeutic Interventions.

Publicado por Brunner & Mazel, Inc., Nueva York.
© Copyright 1983 by Diana Sullivan
Everstine and Louis Everstine.

Traducción de José Ignacio Rodríguez
            y Gilda Moreno.

© 1992. Editorial Pax México,
          Librería Carlos Césarman, S. A.
          Av. Cuauhtémoc 1430,
          Tel.: 688/6458.
          Fax: 605/7600.
          Col. Sta. Cruz Atoyac,
          México, D. F. 03310.

PRIMERA EDICIÓN.
ISBN 968-860-457-7.

Contenido

Prefacio

Cuando tenía como ocho años de edad y empecé a leer el diario, me sentí sorprendido e intrigado por el siguiente informe: Un *gendarme* (un miembro de la policía rural austriaca que, en aquellos tiempos, estaba bien armado con sable, pistola y un rifle del ejército) vio que un hombre saltaba de un puente al Danubio, con el evidente deseo de ahogarse. El oficial apuntó su rifle contra el individuo y gritó "¡Salga ahora mismo o disparo!". El hombre nadó hasta la orilla.

Han transcurrido más de 50 años desde entonces y el relato me intriga más que nunca. Quisiera que el policía siguiera con vida para hablar con él. Es evidente que no había leído las obras de Karl Menninger, Edwin Shneidman o Milton Erickson. ¿Qué inexplicable e innata comprensión del aspecto irracional de la naturaleza humana lo instó a adoptar una medida tan absurda, pero indiscutiblemente exitosa?

¿Por qué razón un individuo tan responsable y humano como Victor Frankl se atreve a preguntar a una persona deprimida: "¿Por qué no se ha suicidado todavía?" ¿Por qué motivo esto no sirve para hacer que el paciente llegue al límite de su resistencia, y en vez de ello le ofrece una motivación para salir de su sufrimiento? ¿Por qué una joven anoréxica continúa matándose de hambre mientras los miembros de su familia le imploran que abandone esa conducta de autodestrucción, y vuelve a comer cuando Mara Selvini sugiere que continúe con ese leal sacrificio en el interés del bienestar y la supervivencia de su familia?

Basta ya de preguntas retóricas que sólo tienen que ver con un aspecto de este libro. Sin embargo, sirven para resaltar algo importante: que nuestro entrenamiento tradicional no nos ha preparado para enfrentar situaciones especiales que ponen en riesgo la vida y en las cuales debemos actuar de inmediato, de una manera decidida, mientras que los proceso del paciente para escuchar de forma pasiva y reflexiva, para descubrir y adquirir conciencia pueden ocasionar la pérdida de la cordura y aun de la vida.

Para empezar, hay una enorme diferencia entre las tragedias humanas que pueden ser reveladas mientras nos encontramos sentados en nuestros consultorios, y aquellas que estallan en el escenario de un accidente o de crímenes violentos, o los dramas comunicados por teléfono, en la madrugada, por una voz desconocida que expresa el pánico de que esa noche sea interminable —de la experiencia de eternidad dentro de un metro cuadrado, como lo expresara Dostoievsky alguna vez.

También existe el importante factor de la territorialidad que casi nunca entra en juego en el consultorio del terapeuta, debido nada menos a que esa oficina es *su* territorio. Sin embargo, las urgencias que son el tema de esta obra y el quehacer cotidiano del *Emergency Treatment Center* (Centro de Tratamiento de Urgencias, con siglas ETC) se desarrollan en el territorio de otros individuos. Sería mortal que pasáramos por alto esta situación —sólo revisen las estadísticas de los policías heridos en cumplimiento de su deber mientras trataban de intervenir en las interacciones violentas de una familia dentro del hogar.

Por último, consideremos el hecho de que la psicología de urgencia resuelve situaciones para las que nadie se encuentra capacitado por las experiencias previas y una adecuada preparación emocional. Todos conducimos autos, pero, ¿cuántos de nosotros hemos tenido que hacer una parada de urgencia mientras viajamos a cien kilómetros por hora? Todos hemos leído relatos de terremotos y creemos tener cierta

Diana Sullivan Everstine y Louis Everstine

idea del sacudimiento de la tierra durante minutos, o incluso segundos interminables, como lo han relatado quienes conocen esta situación, es algo que nadie puede siquiera tratar de imaginar. Mucho más grave es el caso de la inimaginable experiencia del dolor físico intenso, las devastadoras consecuencias de un trauma emocional grave, la aterradora experiencia de la ira ciega, de la crueldad bestial y de los múltiples traumas descritos en este libro, que son capaces de destruir por completo la concepción que del mundo tenía la víctima. Para prestar ayuda, quien lo haga debe conocer algo más que las técnicas reposadas y amables de la terapia tradicional, de la búsqueda de las causas en el pasado y de apelar a la razón; la psicología de urgencia y la capacidad para resolver de manera adecuada las manifestaciones de la interacción violenta, son habilidades para las que la mayoría de nosotros, sin importar el grado de nuestra experiencia clínica, no está bien preparada.

Este libro, escrito sobre el fundamento de muchos años de trabajo práctico en urgencias, es una importante introducción a esta difícil área de las intervenciones terapéuticas especializadas. Según el marco teórico y profesional del lector, es posible que esté o no de acuerdo con algunas de las opiniones de los autores; sin embargo, lo importante en este aspecto no es la supuesta verdad de una doctrina u otra en lo tocante a las *causas* de la interacción violenta, sino más bien la adquisición de habilidades que nos permitan resolver estas manifestaciones concretas en el momento presente.

Paul Watzlawick

Introducción

Alrededor de las 3:30 de la tarde una joven madre comienza a inquietarse porque su hija de nueve años no ha regresado a casa de la escuela. Por fin, decide salir a buscarla y la encuentra caminando en un estado de confusión y llanto. La ropa de la niña está desgarrada y cuando la aterrada madre pregunta qué sucedió, la niña rompe a llorar de nuevo y, finalmente, enmudece. Después, la madre descubre que su hija ha sido víctima de un ataque sexual.

6:30 p.m. La madre de Jorge le lanza una jarra de café caliente y le quema un lado de la cara. Jorge es un niño de 14 años hijo de madre alcohólica divorciada. Muchos desconocidos van a vivir con él y su madre, y ninguno permanece allí mucho tiempo. Presencia muchas peleas y su madre se vuelve muy violenta cuando ha bebido. Más tarde, esa noche, Jorge saldrá en silencio de la casa y escapará. Su madre nunca volverá a verlo.

Ya es tarde por la noche y un auto se detiene en una calle desierta. Unos hombres sacan a una mujer del coche y se alejan en la oscuridad. La mujer permanece inmóvil durante un momento, aturdida, y después se levanta con lentitud. Ha sido violada y está muy golpeada. Camina con dificultad por la calle, murmurando algo para sí, en estado de choque.

A las 2:30 de la mañana, una mujer de más de 30 años sale corriendo de su casa sin saber adónde se dirige. Ha recibido una violenta paliza de su marido. En su pánico, no se da cuenta de que sus labios sangran en abundancia, que tiene el rostro contraído por el dolor de sus emociones. ¿Adónde puede ir? ¿Qué puede hacer? No es la primera vez que esto sucede, y las amistades que antes tenía no quieren ayudarla, pues no desean mezclarse en el asunto.

5:00 a.m. Miguel ha vivido solo durante mucho tiempo y la vida lo ha defraudado con mucha frecuencia. Alarga la mano a un lado de la cama y toma la botella de somníferos, los cuales ingiere con licor. Muy pronto volverá a dormir en soledad, y esta vez no despertará.

¿A quién pueden recurrir estas personas? ¿A quién llaman? Si realizan una llamada para pedir ayuda, suelen comunicarse con la policía, debido a que el departamento de policía es el único servicio oficial que trabaja con personas durante las 24 horas del día y proporciona un servicio gratuito. Además, la policía acude de inmediato al escenario de la crisis; sin embargo, además de un asesoramiento legal, ¿qué puede ofrecer la policía a las personas que necesitan ayuda en urgencias como las anteriores? Los miembros de la policía han sido entrenados para detener disturbios, restaurar el orden, escuchar quejas, escribir informes y realizar investigaciones para identificar a los culpables; empero, ¿qué pueden hacer con la violencia emocional y psicológica que han sufrido estas víctimas?

¿Qué puede hacer un oficial de la policía para ayudar a la madre y a la pequeña violada, y evitar que este drama deje cicatrices profundas durante el resto de sus vidas? ¿Qué puede hacer un policía para evitar que la esposa maltratada (quien suele volver a casa para recibir más palizas) se convierta en otra estadística de homicidios? La mujer violada se quedará a solas con sus terribles recuerdos de brutalidad y humillación, y pasará mucho tiempo antes que vuelva a sentirse en paz consigo misma. El suicida Miguel, solo y desesperado, tal vez llame a la policía para pedir ayuda y, en tal caso, es probable que le den el número telefónico de un departamento de urgencias y la dirección de una clínica lejana que empezará a funcionar la mañana siguiente. Si tiene suerte, alguien lo encontrará; de lo contrario nadie lo verá.

Quizá la gente piensa que éstos son acontecimientos aislados y raros que sólo suceden a los demás, pero por desgracia, dichos acontecimientos quedan registrados todos los días en las minutas de la mayor parte de los departamentos de policía y, al parecer, se presentan cada vez con mayor frecuencia. Según la publicación *Uniform Crime Reports*, del FBI, la frecuencia de crímenes violentos en los Estados Unidos se ha elevado cada año desde 1977. El Cuadro 1 muestra esta tendencia en términos gráficos, representando el lapso transcurrido entre dos crímenes de la misma naturaleza en cualquier parte de dicha nación. Debido a que el lapso se ha vuelto menor de un año al siguiente, el cuadro sugiere que los crímenes se presentan cada vez con mayor frecuencia, lo que incrementa las posibilidades de que cualquier individuo se convierta en víctima. Es importante observar que, durante los mismos años (según informes del FBI), la frecuencia de crímenes contra la "propiedad" —es decir, crímenes no violentos como robo, hurto o robo de vehículo— no ha aumentado de manera concomitante de un año al siguiente. En consecuencia, podemos concluir que aunque los actos criminales en general no ocurren, necesariamente, con mayor frecuencia, aquellos actos delictivos que implican una conducta violenta se han presentado con creciente frecuencia en los últimos años. La imagen que surge de esta información es que cada día es mayor el número de víctimas, y que sus experiencias con el crimen sin duda han sido muy traumáticas.

Esta tendencia aparece, en los Estados Unidos, durante una época en que comienzan a decaer los recursos, en la que los sistemas públicos de atención para la salud mental empiezan a sufrir reducciones en su capacidad y disponibilidad. En muchas comunidades norteamericanas, la víctima debe ceñirse a los horarios de oficina para recibir la atención de la mayoría de los profesionales de la salud mental; y aun si la víctima concurre a una clínica, tendrá que superar muchos obstáculos para resolver con éxito su problema, debido a que esta persona debe entrevistarse con un desconocido en la

Cuadro 1
RELOJ DEL CRIMEN VIOLENTO

Ataques violentos	1977	1978	1979	1980
Asesinato	27 min	27 min	24 min	23 min
Violación	8 min	8 min	7 min	6 min
Asalto*	78 segs	76 segs	68 segs	48 segs
Total**	31 segs	30 segs	27 segs	24 segs

* Esta categoría es denominada formalmente "asalto con agravantes", definida como "ataque ilícito por una persona contra otra, con el propósito de infligir una lesión corporal grave o agravante" (*Uniform Crime Reports*, 1978, p. 20).
** Incluye "robo" —categoría que no aparece aquí— entre otros crímenes comúnmente denominados "ofensas violentas".

recepción, quien puede o no pertenecer a su mismo grupo étnico o clase social, y contar a dicho extraño que ha sido violada, golpeada o que trató de suicidarse la noche anterior. Además, como sucede en la mayor parte de las clínicas públicas, la víctima también debe someterse a una "evaluación" financiera para determinar su capacidad para pagar o no los honorarios del servicio, antes de tener la oportunidad de hablar con el terapeuta. Debido a la humillación que puede ocasionar una primera entrevista de esta índole, son pocas las personas que reciben la ayuda que tanto necesitan al encontrarse en una situación de urgencia psicológica; muchas de ellas nunca regresan a la clínica que visitaron de manera tentativa.

Otro motivo por el cual la gente a menudo no recibe la ayuda que requiere es que muchos de los que pasan por una urgencia no la clasifican dentro del orden "mental" o psicológico. Por otra parte, cuando se hace la sugerencia de acudir a una clínica de salud mental, sólo una minoría de los casos establecen contacto con la misma. (Un estudio realizado por el departamento de policía del norte de California

Diana Sullivan Everstine y Louis Everstine

reveló que de los individuos que la Unidad de Intervención en Crisis Familiares había referido a las instituciones de salud mental, menos del 15 por ciento estableció contacto subsecuente con la institución respectiva.) El hecho es que muchas personas aún se muestran recelosas de los sistemas de salud mental; tienen miedo del estigma de ser calificadas de "locas" o "neuróticas", y temen las repercusiones sociales u ocupacionales que pudieran surgir en el caso de que alguien se enterara de su situación.

Por su parte, los profesionales de la salud mental han realizado grandes esfuerzos para mitificar sus personas y métodos ante el público, en especial para la clase trabajadora o pobre. En consecuencia, debido a que los individuos de dichos estratos sociales suelen entender mejor el trabajo de la policía, recurren a estos departamentos en vez de contactar a los profesionales de la salud mental cuando pasan por alguna crisis. Cuando no obtienen la ayuda que necesitan de la única fuente que conocen y en la cual confían, puede dispararse o perpetuarse un ciclo de violencia.

Esta obra trata de la condición actual de la disponibilidad de servicios de salud mental para atender las urgencias psicológicas en los Estados Unidos. Presenta también un nuevo modelo para proporcionar asistencia psicológica a un segmento de población que, hasta hoy, ha recibido poco o ningún servicio. El objetivo primordial de este libro es proponer estrategias para la intervención que sean útiles a los profesionales de la salud mental que estén dispuestos a participar en el trabajo de atención de crisis. Además, estas estrategias también serán útiles a los clínicos que trabajan con clientes o casos específicos (como los que se mencionan más adelante), o cuando surgen urgencias graves en el curso de la práctica clínica.

El primer capítulo ofrece una descripción de las actividades y logros del Emergency Treatment Center (ETC), programa de servicios para la atención de la salud mental que fue establecido en 1975 por los autores de la presente obra y el doctor Arthur M. Bodin (Capítulo 1). Después sigue un análisis de los principios generales que se refieren a la comunicación con individuos que experimentan o han sufrido experiencias recientes de estrés extremo (Capítulo 2). Luego se ofrece una descripción detallada de las técnicas específicas para intervenir en situaciones que conllevan un elevado potencial de violencia —incluyendo sugerencias para integrar la respuesta de los profesionales en salud mental con la respuesta de la policía (Capítulo 3).

Hay también dos capítulos sobre violencia familiar, en los cuales se explican las estrategias generales para trabajar con familias en crisis (Capítulo 4). Después se estudia el fenómeno de las parejas que pelean (Capítulo 5), abordando el síndrome de la esposa golpeada como un tema independiente (Capítulo 6).

Siguen dos capítulos sobre niños y adolescentes, de los cuales el primero es un análisis del niño o adolescente maltratado (Capítulo 7) y el segundo trata de los niños o adolescentes que son víctimas de ataques sexuales (Capítulo 8). En el Capítulo 9 se abordan los temas del incesto y la dinámica de la familia incestuosa.

El Capítulo 10 contiene un enfoque general del tema de las personas que han sido víctimas de crímenes violentos, así como un estudio específico de la dinámica de los rehenes o las víctimas de un secuestro. Luego se incluye una discusión de las características de las mujeres adultas que han sido violadas (Capítulo 11).

El Capítulo 12 es un punto de vista teórico de las causas de la conducta suicida, y se proponen métodos para evitar un suicidio.

Por último, el Capítulo 13 plantea los lineamientos para el psicoterapeuta con respecto a sus obligaciones legales y responsabilidades éticas. El objetivo de esta sección es hacer que los clínicos tomen conciencia de sus deberes hacia el cliente y el público en general.

En términos más amplios, esta obra pretende describir, analizar, comentar y esclarecer; no presenta más puntos de

Diana Sullivan Everstine y Louis Everstine

vista que el de la observación y el análisis, y no tiene más misión que informar, sugerir y recomendar. La única conclusión que el lector podría obtener de esta obra es, nada más, que las técnicas prácticas de la psicología de urgencias pueden ser útiles en situaciones que no sean de urgencias, y que quienes intervienen en situaciones de urgencia psicológica están más capacitados para ofrecer mejores métodos terapéuticos.

Bibliografía

U.S. Department of Justice, Crime in the United States: 1977. *Uniform Crime Reports*, Washington, D. C. Octubre 18, 1978.
U. S. Department of Justice, Crime in the United States: 1978. *Uniform Crime Reports*, Washington, D. C. Octubre 24, 1979.
U. S. Department of Justice, Crime in the United States: 1979. *Uniform Crime Reports*, Washington, D. C. Septiembre 24, 1980.
U. S. Department of Justice, Crime in the United States: 1980. *Uniform Crime Reports*, Washington, D. C. Septiembre 10, 1981.

Reconocimientos

De cierta forma, este libro narra la historia del nacimiento de una clínica, el *Emergency Treatment Center*. Como sucede con la mayor parte de los nacimientos institucionales, muchas personas se encontraron presentes e infinidad de otras desearon parabienes al recién llegado. Queremos expresar aquí nuestro agradecimiento a todos estos individuos.

No habría un Centro sin la participación del doctor Arthur M. Bodin, quien fue su codirector original (con Diana Everstine) y hoy continúa como la fuerza directiva en su papel de Psicólogo Clínico Senior.

Desde el principio, el Centro fue un invitado especial del *Mental Research Institute* (Instituto de Investigación Mental, con siglas MRI). Dentro del grupo MRI, el doctor Paul Watzlawick, quien contribuyó con el prefacio de este libro, fue de particular ayuda debido a su importante respaldo y entusiasmo a lo largo de la evolución del trabajo en el Centro.

En su breve vida, el *Emergency Treatment Center* ha contado con muchos benefactores dentro de la comunidad a la que sirve; algunas de estas notables personas son los honorables Rebecca Morgan y Rodney Diridon, supervisores de Santa Clara County, y Lillian Silberstein, directora del Programa de Ayuda para Víctimas-Testigos del mismo condado.

El personal de nuestro Centro ha sido excepcionalmente leal y perseverante, aun cuando los caprichos de la obtención de fondos públicos pusieron en peligro su existencia. La doctora Eileen Valcov ha sido asesora del Centro desde el primer día, y David Rasch ha desempeñado su cargo durante casi el mismo tiempo. El doctor Richard Toft se unió al grupo en fecha reciente y ha sido un contribuyente creativo en el desarrollo ulterior del Centro. La doctora Viola Mecke, quien presta sus servicios como asesora clínica, nos ha ayudado de manera inmensurable en nuestro trabajo.

Una característica del programa descrito en la presente obra, es la estrecha relación del Centro con las agencias locales del departamento de policía. Hemos disfrutado de la cooperación de muchos oficiales de dicho departamento, y tenemos una deuda de gratitud especial con el alguacil de Santa Clara County, Robert Winter, el teniente Rick Houston, del departamento del alguacil, y el sargento Tom Sing, el sargento Wes Bolling y el teniente Jim Greer, del equipo de negociación de rehenes del alguacil.

En otros departamentos, los oficiales que han ofrecido especial ayuda son el sargento Bob Lockwood, de Campbell, los oficiales Bob Stevenson y Russ Biehn, de Sunnyvale, el sargento Peter Graves y el sargento Joe Winreb, de San José, la sargento Lucy Carlton, de Milpitas, el oficial Steve Mello, de Mountain View, y los oficiales Tony Hernández y Stephanie Wheaton, de Palo Alto.

Los borradores de este libro fueron mecanografiados con cuidado por Theresa Coombs y Claire Gilchrist, a quienes agradecemos su perseverancia. Nuestras editoras de Brunner/Mazel, Susan Barrows y Ann Alhadeff, nos ayudaron de manera muy importante con su interés, atención al detalle y paciente indulgencia. Y Richard J. Kohlman nos ofreció un apoyo editorial que agradecemos mucho.

Por último, queremos dar las gracias a todos los maestros que nos iniciaron en este sendero, en particular al doctor John Perry y al doctor Roy M. Hamlin, quienes nos estimularon con su ejemplo y nos dieron confianza mediante la reflexión. Nuestros amigos nos alentaron a lo largo del trabajo en este proyecto, y queremos expresar nuestro afecto y agradecimiento a Ray, Gerry, David y Lies, quienes compartieron con nosotros la magnífica hospitalidad de la familia Roux, en Colomb d'Or.

CAPÍTULO 1
Psicología de urgencias

Los individuos

Cuando los antiguos griegos creaban mitos, sus dioses descendían a tal escala mortal, que experimentaban los mismos problemas que padecían los mortales comunes. Si los problemas tienen una distribución universal, nuestro mejor entendimiento sugiere que han encontrado la manera de incluirse dentro de la "esencia" que nos hace humanos; y si los problemas son parte de la filogenia, no debe sorprendernos la noticia de que aun nuestros mejores amigos sufren sus repentinos ataques; y lo mismo se aplica a los vecinos que a los distantes miembros de la tribu sherpa. En este contexto, la presente obra pretende abarcar a casi todos los individuos. El objetivo del libro es describir las técnicas que pueden ser útiles para quienes tratan de ayudar a los demás a resolver sus problemas. Los problemas en cuestión no son simples, y los métodos sugeridos para ayudar a las personas a resolverlos son complejos. Este volumen difiere de otros de su especie en cuanto a la clase de problemas que analiza.

El problema

Entre los males que hereda la carne tenemos los traumas físicos como parálisis, ataque cardiaco, coma insulínico, síndrome de quemadura y ataque epiléptico. Sin la intención de minimizar el terror que estas condiciones engendran o el miedo que inspiran, debemos resaltar que algunas formas de trauma psicológico pueden ser igualmente aterradoras. En estos capítulos tratamos de describir lo que experimenta y piensa la gente que sufre de un trauma psicológico agudo. El segundo objetivo es sugerir a los psicoterapeutas la forma como pueden pensar y sentir por esta clase de individuos. Ante todo, pretendemos proporcionar al terapeuta nuevos métodos de ayuda para estos pacientes.

La peor clase de problemas que pueden afectar la vida mental, son los creados, inspirados y exacerbados por la violencia. Es difícil, por ejemplo, imaginar la fuerza que una violación puede ejercer en la mujer que ha sufrido esta clase de ataque. ¿Quiénes dicen que la violación física le ocasionó más angustia y dolor (en cualquier definición) que los pensamientos que asaltaron su mente mientras se desarrollaba el ataque? ¿Cuál es el sitio de la violación? ¿En dónde residen la humillación y la despersonalización? ¿En qué lugar habitan la ira o los sentimientos de desesperación?

Estas preguntas pueden haber cruzado las mentes de muchos profesionales de la salud mental y, en consecuencia, nuestra profesión trata de encontrar una nueva perspectiva para este primitivo acontecimiento traumático. De hecho, aun cuando no podamos eliminar el crimen de violación, es posible ofrecer comprensión y consejo a sus víctimas; estamos convencidos de que la brutalidad física que experimenta la víctima de una violación, es como la punta de un témpano que flota en la superficie del mar. La violación no es, eminentemente, un problema médico o incluso legal; por el contrario, crea también una herida psicológica que puede poner en peligro la vida de la mente.

Sin embargo, la violación es sólo una de muchas urgencias psicológicas, y por esta razón la presente obra aislará y someterá a examen ciertas fuentes adicionales de trauma, como son:

- maltrato infantil
- abuso sexual en niños
- incesto

- violencia familiar
- síndrome de la esposa golpeada
- conducta suicida
- hospitalización de personas muy perturbadas

A lo largo de la historia, los psicoterapeutas se han suscrito, en su mayoría, a la opinión de que estos acontecimientos son más bien síntomas que trastornos reales. Por ejemplo, durante muchos años el síndrome de la esposa maltratada o golpeada ha sido considerado como una forma de conflicto marital por parte de una pareja en la que el varón manifestaba una tendencia a expresar sus fantasías de dominio, o en la que una esposa en exceso agresiva necesitaba que "la pusieran en su sitio"; hasta hace poco tiempo, el maltrato infantil era considerado sólo una conducta en exceso punitiva por parte de un progenitor que se esmeraba en administrar disciplina a su hijo o hija. Los anteriores son ejemplos de un ambiente terapéutico cuya etiología se encuentra en las etapas iniciales de cambio.

En el pasado, algunos mitos arraigados de la vida cotidiana quedaron reflejados en las convicciones que regían a la comunidad de salud mental. De manera notable, Freud encontró histeria entre sus pacientes femeninos durante una época en que la histeria era determinada culturalmente. Freud y multitud de seguidores dieron más crédito a las fantasías incestuosas que a la realidad de dicha conducta a lo largo de muchas décadas en las que pocas culturas reconocían que el incesto era un acontecimiento común. ¿Y durante cuánto tiempo ha imperado en los Estados Unidos la máxima: "Escatima el palo y malcría al niño", como una excusa para los padres que responden con violencia hacia sus hijos (al grado de que algunos quedan lisiados o desfigurados para el resto de sus vidas). Durante mucho tiempo nuestra profesión ha permitido que algunos de los valores de la sociedad entorpezcan nuestros juicios; y en este estado de somnolencia, la piscoterapia se ha convertido, de cierta manera, en la víctima de sus propias defensas no analizadas. En la mente se desarrolla una mayor proporción de la vida de lo que antes se creía; cuando sufrimos un daño, es necesario atender la herida emocional. Cuando el trauma surge en nuestras vidas, el impacto psicológico debe ser medido de cierta forma, vigilado y aliviado tarde o temprano. En pocas palabras, los hechos trágicos de la vida deben ser resueltos eventualmente.

En resumen, uno de los temas de este libro es el tratamiento de los individuos que han sufrido un trauma psicológico grave; algunos de los problemas a tratar incluyen los que no suelen ser el centro tradicional de la atención en la mayor parte de los casos de la práctica privada o en clínicas de pacientes externos. A pesar de esto, dichos problemas no dejan de ser menos emocionales o psicológicos en su naturaleza y, en consecuencia, residen dentro de los territorios de la psicoterapia.

El proceso de apertura de nuevas iniciativas en una profesión bien establecida no sólo conlleva la necesidad de ofrecer motivación para el cambio, sino recomendar también los medios para alcanzar los nuevos objetivos, así como las opciones para elegir entre más de un método. Muchos clínicos encontrarán, entre estas páginas, técnicas terapéuticas que les resultarán conocidas y que bien podrían utilizar ya en su práctica cotidiana; algunas otras les parecerán novedosas. Los autores no afirman que los métodos terapéuticos propuestos en este libro sean la verdad revelada; por el contrario, abogamos por una cierta estructura mental que pueda resultar útil a quienes trabajan con *estas* clases de pacientes, quienes sufren de *estas* clases de problemas.

En la siguiente parte del presente capítulo se relata el proceso que siguieron los autores para fundar un centro de tratamiento. La relevancia de esta narración no estriba en la descripción del Centro, sino en los conceptos de tratamiento que sirvieron de base para el mismo. Al analizar estos conceptos, el lector entenderá por qué nos especializamos en

Diana Sullivan Everstine y Louis Everstine

trabajar con esta clase de pacientes que presenta esta clase de problemas.

El Centro

Como empresa clínica, la intervención en crisis tiene un largo pasado aunque su historia sea pequeña. El concepto de intervención en crisis sólo se refiere a responder de inmediato a las necesidades humanas. Los servicios paramédicos de la mayor parte de las ciudades estadunidenses son el ejemplo de este modelo de atención, y muchos legos han solicitado entrenamiento en el arte de la reanimación cardiopulmonar (RCP) para así prestar ayuda mientras llegan los paramédicos. El motivo de esta admirable tendencia es que, con la intervención inmediata, es posible salvar un alentador porcentaje de vidas en peligro. Las descripciones que siguen a continuación hacen énfasis en la importancia de esta clase de respuesta inmediata.

El Emergency Treatment Center (ETC) es una organización independiente, no lucrativa que se encuentra afiliada al *Mental Research Institute* (Instituto de Investigación Mental) de Palo Alto, California (para información específica sobre la organización, administración y los recursos de fondos del Centro, consultar Everstine, 1974; Everstine *et al.*, 1977, 1981). Como indica su nombre, ETC fue establecido para proporcionar un servicio inmediato en casos de urgencias psicológicas. No se trata de una clínica tradicional y, como veremos después, no requiere de un edificio o de complicado equipo. Desde que su primer caso fue recibido en febrero de 1975, el Centro ha estado operando cada hora de todos los días del año.

ETC fue creado para ofrecer ayuda en situaciones de urgencia como: peleas familiares; amenazas e intentos de suicidio; casos en los que un niño o adolescente ha huido del hogar o escapado al control paterno; casos en los que se considera que una persona requiere de hospitalización; casos de violación y abuso sexual de menores; casos que implican cualquier forma de maltrato infantil y/o cualquier clase de perturbación personal o doméstica para la cual las personas afectadas soliciten ayuda. Si el individuo que pide auxilio dice que la situación es una urgencia, entonces lo es (en caso de necesitar ayuda médica, ETC se asegurará de enviarla de inmediato). El número telefónico en los Estados Unidos (292-HELP) es muy publicado tanto en televisión como en la cubierta interior de la guía telefónica que se distribuye dentro del área de servicios de ETC, bajo el apartado *Intervención en crisis*.

El Centro se encuentra en Santa Clara County, California, con una población total de cerca de 1.5 millones de habitantes. El área de servicio del ETC abarca más o menos la mitad de dicha población (cerca de 760 000 personas).[1] La composición demográfica de Santa Clara County es muy peculiar debido a su elevado porcentaje de niños y adolescentes. Por ejemplo, dentro del área de servicios de ETC, cerca del 20 por ciento de la población tiene entre 10 y 17 años de edad (según el censo del condado en 1975). Una explicación de este fenómeno es que hay una gran cantidad de progenitores solteros que han establecido residencia en el condado, y el caso típico es una mujer divorciada de alrededor de 30 años de edad, con uno o dos hijos.

El programa de siete días a la semana y veinticuatro horas al día en el Centro está coordinado con el trabajo de las agencias policiacas de las 12 ciudades ubicadas dentro del área de servicio. Ocho de dichas ciudades tienen departamentos de policía propios, en tanto que las cuatro restantes reciben los servicios del departamento del Alguacil del Condado, con el cual ETC también trabaja de manera estrecha. Un motivo para esta íntima relación con los organismos de

---

[1] Hay otras dos agencias similares que prestan servicios en otras regiones de Santa Clara County.

defensa de la ley es que la mayor parte de los casos referidos a ETC (es decir, los que no son autorreferidos) llegan a nosotros enviados por la policía. En el Capítulo 3 se describirán con detalle los procedimientos mediante los que ETC coordina su labor con las agencias de policía.

La razón fundamental del programa ETC es creer en la importancia de acercarnos a las personas en crisis. De hecho, este enfoque es un rechazo del concepto tradicional de una clínica o centro comunitario de salud mental, donde los terapeutas esperan a que los clientes les busquen. Consideramos que el objetivo de una clínica queda anulado en esencia si las puertas sólo se abren 40, 50 o aun 60 horas a la semana. Nuestra cultura pretende que los representantes de la ley sean los guardianes de la noche (incluyendo fines de semana y días festivos), y la mayoría de los policías aceptan este papel con orgullo; de cualquier manera, son pocos los oficiales de policía que se entregan a la fantasía de considerarse psicoterapeutas calificados. Empero, cuando se requiere de un asesor y es imposible encontrarlo, la policía hace lo mejor que puede.

El personal de ETC se encuentra de guardia a cualquier hora del día o la noche, y responde directamente a la escena de un acontecimiento crítico. De este modo, ETC puede ofrecer sus servicios a las personas que, de lo contrario, no podrían acudir al "sistema de atención de la salud mental" de su comunidad y, en consecuencia, recurren a la policía como último recurso. Como a menudo llegan a nosotros referidas por el departamento de policía, las personas que nos llaman frecuentemente experimentan un profundo alivio al enterarse de que ETC no forma parte de la enorme burocracia que es la salud mental "pública"; el motivo de esto es que a la mayoría les acomete el temor de ser estigmatizados como "enfermos mentales" o de manifestar alguna forma de debilidad o defecto emocional. El nombre *Emergency Treatment Center* (Centro de Tratamiento de Urgencias) fue elegido con el fin de neutralizar el recelo, evitar esa clase de estigmas y disipar dichos temores.

El componente fundamental del modelo ETC es el de responder de inmediato a una llamada de auxilio. Además, no ignoramos solicitud de ayuda alguna, y tampoco rechazamos a la persona que llamó por teléfono pero que olvidó decirnos que era una situación de urgencia. Tomamos en serio todas las llamadas; no descontamos las necesidades de atención e interés que expresa cada persona. Del mismo modo, el juicio de un policía que afirma que es necesaria la ayuda psicológica, siempre es aceptado sin discusión. En ETC, la urgencia es lo que el testigo percibe.

El segundo elemento importante del modelo ETC estriba en responder a la escena donde se está desarrollando la crisis.[2] A diferencia de quienes tienen a su cargo los teléfonos de urgencia o los programas de radio, nuestros terapeutas no se suponen capaces de ayudar a la gente a resolver sus problemas durante una charla telefónica. Consideramos que una persona que pasa por una crisis aguda, sufre un intenso dolor emocional, ha sido víctima de un crimen, experimentado el impulso de maltratar a un niño, o enfrenta la posibilidad de darse muerte, tiene derecho a la presencia de otro ser humano que se muestre interesado y le brinde ayuda si existe la posibilidad de hacerlo. Por este motivo, nuestros terapeutas acuden al domicilio de la persona que se comunicó por teléfono, si ésta lo permite. O si lo prefiere, el terapeuta puede acudir a otro lugar para que se reúnan, por ejemplo, la casa de un vecino o pariente. Entre los escenarios elegidos por las personas en crisis para una entrevista con nuestros terapeutas, se encuentran el salón de recepción de un hotel, la sala de urgencias de un hospital, un bar, una sala de aeropuerto, el estacionamiento de un motel, una tienda de donas o una cabina telefónica ubicada en un centro comer-

---

[2] Las frases "responder a la escena" o "responder al domicilio" han sido tomadas de la jerga policiaca. Aquí las utilizamos en vez de "visita domiciliaria" debido a que esta frase no describe con exactitud el acontecimiento en cuestión. En vez de ello, "responder" comunica la sensación de urgencia que acompaña a cada visita y tiene la connotación del sentido de responder a un llamado de auxilio.

Diana Sullivan Everstine y Louis Everstine

cial. Los restaurantes que abren toda la noche son un punto de reunión frecuente, en particular entre los adolescentes que han escapado de su hogar, o de las esposas que han sido golpeadas, están avergonzadas de las contusiones y temen volver a casa.

El tercer componente del modelo ETC es la concentración del esfuerzo para asegurar que la urgencia llegue a su conclusión. No basta con responder con celeridad al sitio donde se encuentre la persona en crisis; se necesita, además, la buena aplicación de técnicas terapéuticas eficaces. Estas habilidades pueden ser necesarias a las tres de la mañana, y sin duda tendrán que aplicarse en un ambiente desconocido; además, consideramos que puede haber una crisis en desarrollo, o tal vez una tregua momentánea previa a la llegada del terapeuta. Parte de la tarea del clínico es diferenciar la crisis presente de los patrones arraigados y patológicos que existen dentro del individuo o la familia. Empero, en una situación de urgencia, el terapeuta sólo debe prestar atención a los aspectos primarios del momento.

La mayoría de los clínicos se complacen en el proceso racional y empático de comprender a sus clientes, interpretando sus síntomas, ofreciendo consejo, vigilando su desarrollo y demás. Este proceso requiere de tiempo, aunque nuestros colegas que practican la terapia breve nos han convencido de que no tiene que ser, necesariamente, interminable (Watzlawick y cols., 1974). Además, la calidad intelectual de la terapia de urgencia es muy similar al modelo de la terapia breve en cuanto a que requiere de un proceso de pensamiento estratégico espontáneo que enfoca con rapidez el problema y permite una acelerada concepción del *insight* o introspección. En contraste, el estupendo aunque lento sistema de interpretar los procesos intrapsíquicos del paciente no tiene cabida en una situación de crisis; debido a que algunos de los aspectos de dilucidar y penetrar, característicos de la psicoterapia tradicional y prolongada, son inadecuados en el trabajo de urgencias, algunos clínicos no disfrutarán de la experiencia de ETC.

El individuo que deriva placer del enfoque ETC y lo practica correctamente, sin duda será un joven clínico que haya terminado su entrenamiento en un entorno institucional y esté deseoso de descubrir cómo es la terapia en el "mundo real". Esto no significa que el promedio de edad del personal de ETC sea bajo, debido a que la mayoría de los empleados son profesionales bien establecidos que combinan el trabajo de urgencias con la práctica privada convencional; de hecho, el miembro de mayor edad en el grupo acaba de celebrar sus sesenta años; sin embargo, lo anterior significa que la perspectiva del terapeuta de urgencias, sin importar su edad, debe ser más bien aventurera. Cuando un terapeuta recibe una llamada de un oficial de la policía en las tempranas horas de la madrugada, o si su radio de mensajes comienza a sonar mientras conduce por la carretera, las emociones experimentadas son una mezcla de excitación y temor. Al penetrar en el hogar de un desconocido, el terapeuta reconoce que puede ocurrir cualquier cosa.

Las urgencias requieren de personas interesadas que posean mentes inquisitivas y un mínimo de timidez. También deben haber recibido un entrenamiento *mejor* y *más comprensivo* en las técnicas de terapia que las personas que trabajan en un medio donde no hay urgencias. Esta opinión se ha visto reforzada por los recientes acontecimientos en la atención médica —por ejemplo, el hecho de que la medicina de urgencias se haya convertido en una especialidad para la cual médicos, enfermeras y técnicos reciben un entrenamiento intensivo. Con esta tendencia, la administración de los hospitales ha manifestado su deseo de disponer de personal exclusivo y capacitado en sus "líneas del frente".[3] En ETC compartimos esta opinión. Cuando un profesional de la sa-

---

[3] En el campo de la salud mental, no hay pruebas de que existan tendencias similares. De hecho, se observa lo contrario, ya que el personal paraprofesional es cada vez más numeroso en las salas psiquiátricas con el fin de reducir los costos de personal. Sin tomar en cuenta esta situación, loa autores adoptan la postura de que los pacientes hospitalizados son los más enfermos y por tanto requieren del nivel de atención más especializado.

Diana Sullivan Everstine y Louis Everstine

lud mental interviene en una situación que puede provocar un rompimiento con la realidad, una lesión física o, incluso, la posibilidad de quitarse la vida, el clínico debe ser un terapeuta muy bien entrenado y capacitado.

Por último, ETC difiere de muchos servicios de urgencias en que quienes responden a los llamados de crisis serán quienes proporcionen la terapia consecutiva cuando haya pasado la crisis. Este elemento del modelo ETC es en extremo importante, debido a que permite que nuestros clínicos aprovechen al máximo el intenso *rapport** y entendimiento que han logrado durante la respuesta de urgencias. En consecuencia, el Centro ha tenido mucho éxito en inducir a los pacientes de alto riesgo o difíciles a continuar con el tratamiento recomendado. Al mismo tiempo, el terapeuta tiene la posibilidad de visualizar la situación de crisis como el principio de un proceso terapéutico en el cual participará de manera muy directa. Este enfoque nos ayuda a evitar la tendencia de algunos servicios de urgencias que se limitan a extinguir el "fogonazo".

En resumen, las características fundamentales del modelo ETC son:

1) Acudir de inmediato, mientras la urgencia siga siéndolo.
2) Respuesta activa y creativa, en vez de pasiva; esto es, responder a las necesidades críticas del cliente y la situación, en vez de aguardar a que el paciente solicite la terapia.
3) Ofrecer la mejor atención posible a cargo de terapeutas especialmente capacitados, con el propósito de llevar la urgencia a su terminación, incluyendo el tratamiento continuado cuando sea necesario.

---

* *N. del T.*: Rapport. Acuerdo armónico y consciente que refleja, habitualmente, una buena relación entre dos personas. En un grupo, el rapport es la presencia de capacidad de respuesta mutua que se manifiesta por la reacción espontánea y simpática a las necesidades, sentimientos y actitudes del otro. (Según definición de Freedman, A. M., Kaplan, H. I., y Sadock, B. J. *Compendio de Psiquiatría*. Primera edición en español. Página 854. Salvat Editores, S. A. —Mallorca 43, Barcelona, España. 1977.)

Estas características distintivas del Centro son innovadoras sólo en la forma como combinan sus elementos; no pretendemos afirmar que hemos inventado las visitas domiciliarias o descubierto la intervención en crisis. Como se verá en los siguientes capítulos, la diferencia está en el énfasis y la novedad, en el nuevo enfoque conceptual.

Hace algunos años, el teórico Gerald Caplan identificó tres categorías de *prevención* de enfermedad mental, a las cuales denominó prevención primaria, secundaria y terciaria (1964). De las tres, sólo la prevención secundaria tiene relevancia en nuestro contexto, pues se refiere a la identificación oportuna de la enfermedad mental. La identificación oportuna es una importante medida preventiva, pues implica el descubrimiento de patología antes que ésta se exacerbe; de síntomas antes que se conviertan en síndromes; o incluso de dificultades antes que se transformen en problemas. Son pocos los programas, en cualquier nivel, que reciben más que una ayuda nominal o que han persistido el tiempo suficiente para demostrar si pueden o no reducir la presentación de nuevos casos; no existe, en los Estados Unidos, un programa nacional de prevención de enfermedades mentales y mucho menos uno diseñado para promover, fomentar o fortalecer la salud mental.

Algún día alcanzaremos estos objetivos; por ahora, el programa de urgencias del Centro ha demostrado, con éxito, nuestro modelo de prevención secundaria. Al informar de nuestros servicios al mayor número posible de usuarios —incluidos todos los estratos económicos y grupos de minoría—, pretendemos llegar a las personas que tienen el riesgo de sufrir una enfermedad mental. Si resolvemos con celeridad sus necesidades, podremos lograr más con la prevención que con el tratamiento mismo; además, las técnicas de terapia breve permiten establecer el tratamiento posterior con un mínimo de visitas, lo que reduce el costo por caso y evita la consiguiente intrusión en la vida del cliente.

Diana Sullivan Everstine y Louis Everstine

La anterior descripción de los fundamentos y objetivos de ETC pretende ser conceptual, como una forma de introducción a nuestro modelo. En términos generales, sirve para esclarecer la manera como ETC entra en contacto con los individuos que experimentan crisis psicológicas y describe los objetivos a gran escala de nuestro programa. En el Capítulo 3 se incluyen los procedimientos detallados de la respuesta de urgencias y los métodos de tratamiento aparecen descritos en los capítulos posteriores. A continuación presentamos un recuento de los principales casos que atendemos en el Centro, así como otros datos cuantitativos relevantes y pertinentes al programa ETC.

Algunos hechos y cifras

Cada año, ETC abre cerca de 700 casos nuevos —individuales, de pareja y de familia. Las visitas iniciales de urgencia a estos clientes duran como promedio, 3.3 horas. Este hecho tiene un marcado contraste con el promedio de duración de la primera visita a un terapeuta que trabaja en un ambiente institucional o clínico, la cual no excede de una hora a lo sumo. En realidad, el cliente de una clínica pública tal vez deba pasar la primera media hora de la visita inicial respondiendo a una serie de cuestionarios o sometido a una entrevista con un empleado de la recepción, con el fin de determinar si es candidato o no para recibir un tratamiento gratuito en la clínica.

El promedio de tiempo que transcurre entre la primera llamada de ayuda y la llegada del equipo ETC a la escena de la urgencia, es de 20 minutos. Mediante los radios de comunicación de mensajes, los miembros del personal que se encuentran de guardia permanecen en contacto directo, a cualquier hora, con el servicio que responde a las llamadas hechas al número 292-HELP. Al recibir un aviso, el terapeuta llama al servicio de respuestas, recibe el mensaje y luego se comunica con el coterapeuta para proporcionar información sobre la dirección y el tiempo calculado de su llegada. Este procedimiento aprovecha toda la tecnología disponible para coordinar y acelerar la respuesta móvil de ETC.

El asesoramiento posterior es un elemento clave del trabajo del Centro. Cada año, ETC proporciona, como promedio, cerca de 1 800 visitas de seguimiento a sus clientes (además de la visita de urgencias inicial). Estas visitas tienen una duración promedio de 1.7 horas. Cuando contrastamos la información anterior con los datos pertinentes a la visita de urgencias, encontramos el siguiente hecho: del total de 4 893 horas de servicios de un año promedio, 45 por ciento de esas horas están dedicadas al asesoramiento de urgencias en el momento en que se está desarrollando la crisis.

¿Quiénes son los guardianes de este programa de urgencias? Ante todo, los clientes son quienes comienzan a buscarnos. Cada año, como promedio, más de 200 clientes nuevos encuentran nuestro número telefónico en la Sección Amarilla o se enteran de nuestra existencia en los anuncios de servicio público que se transmiten por televisión, en los artículos de periódico que describen a nuestro Centro, o en un cartel colocado en el tablero de avisos de una escuela. Además, como se dijo antes, muchos de los casos nuevos que solicitan nuestros servicios han sido referidos por las agencias de policía —por lo menos recibimos 100 casos así al año, en promedio. Otra importante fuente de casos nuevos es el departamento de libertad condicionada para delincuentes juveniles; cada año, los oficiales de este departamento refieren a nuestro Centro, más o menos, 90 casos. Además, maestros o consejeros escolares refieren a ETC cerca de 50 casos al año. Lo descrito hasta aquí representa sólo a las fuentes principales de las que ETC recibe sus casos. Otros más provienen de diversas agencias de salud mental, cortes legales, médicos de casi cualquier especialidad, hospitales, números telefónicos de urgencias que ofrecen consejos para suicidas, padres que podrían maltratar a sus hijos, adictos a drogas y alcohol, etcétera.

Diana Sullivan Everstine y Louis Everstine

Más allá del modelo

Para proporcionar un servicio a quienes han sufrido un trauma psicológico, no es imprescindible contar con un programa de urgencias como el de ETC. Como podremos ver desde la perspectiva de los próximos capítulos, es posible lograr ciertas ventajas en la terapia mediante la intervención inmediata en un momento de crisis (por analogía con el tratamiento de quemaduras graves, por ejemplo, en las que la frecuencia de recuperación tiene una gran correlación con la rapidez con que se inicie el tratamiento). También es innegable que el trauma psicológico no puede ser ignorado y que sus efectos no desaparecerán por sí solos. También es cierto que el terapeuta que ayuda a aliviar el trauma cuando éste es más intenso, tendrá mejores posibilidades de ayudar en las etapas *posteriores* de la resolución del conflicto. Aun así, la mayoría de los clínicos no pueden responder a la escena de una crisis; sin embargo, esto no debe impedir que cualquier terapeuta dé cabida en su práctica a las víctimas de crímenes o a quienes han pedido ayuda en una situación de urgencia. Además, los clínicos interesados pueden abrir sus puertas a quienes siempre han tratado de evitar los sistemas de salud mental, debido al estigma que acompaña a cualquier cliente de dicho sistema.

Un aspecto esencial para encontrar la clase de casos a que nos referimos en este libro es, ante todo, el deseo de hacerlo —el interés. La dificultad no radica tanto en la búsqueda de los casos, sino en la búsqueda de clínicos bien capacitados que quieren aceptarlos. A la vez que aumenta el número de puestos de escucha para quienes buscan ayuda, las profesiones que prestan servicios deben estar mejor dispuestas a cumplir con su parte del trabajo.

Bibliografía

Caplan, G. *Principles of Preventive Psychiatry*. Nueva York: Basic Books, 1964.

Everstine, D. S. *The Mobile Emergency Team*. Disertación doctoral no publicada, California School of Professional Psychology, 1974.

Everstine, D. S., Bodin, A. M., y Everstine, L. "Emergency psychology: A mobile service for police crisis calls". *Family Process*, 16, 3:281-292, 1977.

Everstine, D. S., Everstine, L., y Bodin, A. M. "The treatment of psychological emergencies". En J. R. Hays (editor), *Violence and the Violent Individual*. Nueva York: SP Medical and Scientific Books, 1981.

Santa Clara County, California. "Planning Department: Census, 1975".

Watzlawick, P., Weakland, J. H., y Fisch, R. *Chance*. Nueva York: W. W. Norton, 1974.

CAPÍTULO 2
Principios de comunicación para situaciones peligrosas o de mucha tensión

Este capítulo analiza los aspectos de la comunicación pertinentes al trato con personas en extremo agitadas o enfadadas, así como de la comunicación con individuos que se encuentran en condiciones de intenso estrés. Aunque muchos de estos métodos son producto de nuestra experiencia en la negociación de rehenes, los principios de comunicación que aquí se estudian pueden aplicarse a gran variedad de situaciones problema, por ejemplo, al trabajar con una familia violenta o con un individuo que amenaza con suicidarse. Algunos de estos principios pueden parecer simplistas debido a que lo que se analiza es el lenguaje del propio clínico, mas es muy sencillo *pasar por alto* el lenguaje utilizado. Es frecuente que el terapeuta se relaje y se vuelva descuidado, adoptando patrones de lenguaje que tal vez pasen inadvertidos en la vida cotidiana, aunque pueden ocasionar problemas en el caso de que el terapeuta se vea implicado en una situación de mucho estrés.

Para empezar, repasaremos algunas reglas básicas de la comunicación, de las cuales la primera es que una persona "no puede NO comunicarse" (Watzlawick, 1964, p. 2). Cuando un individuo dice: "Hola" y la otra persona no responde y se da la vuelta, la segunda persona ha comunicado algo con mucha claridad.

La segunda regla básica es que la comunicación humana es un "fenómeno de múltiples niveles" (Watzlawick, 1964, p. 3).

De hecho, cualquier intento de comunicación puede resultar un fracaso si se reduce a un solo nivel. Cuando una persona habla de manera que ignora el *contexto* de la comunicación, lo que expresa bien podría carecer de significado; si dice: "No soy la persona que está hablando contigo", la frase debe parecer extraña porque no encaja dentro del contexto en el que fue pronunciada. Así, la comunicación tiene contenido, el cual es la información que transmite el individuo, y la comunicación sólo puede ocurrir dentro de un contexto específico. Por ejemplo, cuando alguien se encuentra en una tienda y el vendedor se aproxima y dice: "¿Puedo servirle en algo?", esta pregunta rara vez va precedida de: "Soy un vendedor y mi trabajo en esta tienda es vender cosas"; este hecho se da por entendido y la relación del empleado con el cliente potencial queda establecida con claridad. En términos generales, cualquier desacuerdo sobre el *contenido* de la comunicación puede resolverse con bastante facilidad; es decir, si alguien se aproxima a otra persona y dice: "Te ves mal", el aludido podría contestar: "No, me veo bien; tengo buena vista, así que me veo bien", y entonces ambos podrían recurrir a una tercera persona para que resuelva el desacuerdo. Y si alguien dice que la tierra gira alrededor de la luna, el escucha puede verificar o descalificar la afirmación. Empero, con respecto al *contexto*, los desacuerdos pueden volverse más complicados y tener una carga emocional mucho mayor, como se verá en este capítulo.

Los desacuerdos de contexto surgen con referencia a la manera como una persona percibe mal a la otra durante una conversación, o la manera como una ha interpretado mal lo que dice la otra. Aunque preferiríamos pensar que vivimos en un mundo de realidad, *la realidad es que vivimos en un mundo de opiniones personales* (Watzlawick, 1976). Gran parte de lo que cada uno de nosotros considera una realidad, consiste de la suma total de su conjunto de opiniones personales y absolutamente exclusivas; este hecho tiene vital importancia cuando el terapeuta se encuentra en una situación de crisis. En estas condiciones, es muy posible que el clínico trate de comunicarse con un individuo que no comparte su realidad o las percepciones que tiene del mundo. La otra persona tal vez habita en un sistema de valores por completo distinto, provenga de un ambiente socioeconómico muy diferente, y represente a otro grupo étnico; además, es posible que ni siquiera hayan nacido en el mismo país. Los detalles de relación y la manera como la otra persona se considere percibida, pueden tener un papel crítico en la comunicación con individuos que viven urgencias psicológicas y otras situaciones de gran tensión o estrés.

Una de las funciones primarias del clínico es comprender la "visión del mundo" de la persona en crisis, y tratar de comunicarse con ella de una manera consonante con dicho enfoque. Cuando sometemos a un cuidadoso análisis a esta visión del mundo, podemos descubrir las discrepancias entre la concepción de la realidad actual de la persona en crisis y la concepción personal del terapeuta (para un análisis detallado de la forma como las imágenes del mundo pueden discrepar de la realidad, vea Watzlawick, 1978, Capítulo 5). Cuando surgen contradicciones de esta naturaleza, el clínico cuenta con dos opciones: 1) cambiar las condiciones de realidad pertinentes a la persona, por ejemplo, haciendo "tratos", dando un consejo práctico, o al persuadir a la gente mencionada por la persona en crisis de que es importante que entre en escena; o 2) tratar de cambiar la visión del mundo de la persona en crisis. Aunque esta última solución podría parecer imposible, a menudo es la primera opción que adopta un terapeuta hábil y es la mejor respuesta en muchos casos. En contraste, el cambio de las condiciones de la realidad suele ser muy difícil; de hecho, cualquier alteración rápida de estas condiciones puede ocasionar incredulidad en la persona en crisis, en cuyo caso no surtirá el efecto deseado. En vez de ello, el clínico a menudo trata de ayudar a la persona en crisis a cambiar sus percepciones personales de la realidad de tal manera que el individuo pueda percibir medios alternos y no violentos para resolver sus problemas del momento.

Una tercera regla básica de la comunicación es que "el mensaje enviado no es, necesariamente, el mensaje recibido" (Watzlawick, 1964, p. 4). Sólo porque una persona ha dicho algo, esto no significa que la otra haya entendido lo dicho. A menudo suponemos que las personas con quienes hablamos comparten nuestras opiniones, valores y sentimientos, y concluimos que ciertas palabras tendrán, para otros, las mismas connotaciones que tienen para nosotros. Es útil imaginar una serie de acontecimientos como éstos: una persona, un terapeuta, dice algo a otra, una persona en crisis. El terapeuta supone que ese individuo entendió lo que dijo, es decir, que comprendió el significado denotativo y las connotaciones de las palabras del mensaje. Empero, la persona en crisis, de alguna manera, ha interpretado mal lo dicho por el terapeuta y su respuesta se fundamenta en esa mala interpretación. Después, el terapeuta responde a la contestación de la persona en crisis, la cual se encuentra también fundamentada en la primera mala interpretación, y así sucesivamente.

Otro ejemplo al que puede aplicarse esta regla de comunicación es el de una pareja que acudió a consulta para asesoramiento. No se trataba de una relación muy conflictiva, aunque ambos tenían dificultades para comunicarse debido a que provenían de dos grupos étnicos distintos (ella era escandinava y él era miembro de la segunda generación de una familia latina). Uno de sus principales problemas tenía que ver con una amiga de la esposa, sobre quien habían discutido durante los últimos seis meses. En tanto que el marido odiaba a la mujer en cuestión, la esposa consideraba que debía defenderla; la opinión del hombre era que la amiga actuaba con inmadurez, agresividad y desconsideración hacia su marido.

Durante las sesiones de asesoramiento, una de las primeras cosas que se pidieron fue una descripción detallada de la mujer en cuestión, con la siguiente indicación: "Quiero asegurarme de conocer ambas partes de la historia. Quiero que, por turnos, me describan a esta persona". Cuando terminaron de hacerlo, pareció que los dos decían cosas similares sobre esta mujer y, por esta razón, el asesor pidió más detalles, es decir: "¿Quiso decir esto y esto?" Después de dedicar cierto tiempo a esta forma de traducción a un idioma común, la pareja comprendió que las palabras específicas que utilizaban resultaban irritantes para el otro. Al parecer, debido a sus diferentes antecedentes culturales, las mismas palabras adquirían connotaciones distintas (de hecho, diferían en su significado). De este modo terminó la mala interpretación. Al concluir la sesión, la pareja tomó conciencia de que compartían un mutuo desagrado por la otra mujer; este ejemplo demuestra que las malas interpretaciones suelen surgir cuando dos personas olvidan que el mensaje enviado no es, necesariamente, el mensaje recibido. La tendencia a olvidar esta regla es mayor cuando el terapeuta se encuentra bajo una intensa tensión y trata de comunicarse con un desconocido, por definición una persona que, tal vez, es muy diferente del terapeuta.

La gente comienza a estructurar y establecer reglas para sus relaciones tan pronto como se conoce; esto es muy importante en situaciones de gran estrés o de urgencia, debido a que un clínico necesita tener el control del desarrollo de esta relación mientras se lleva a cabo la terapia. El terapeuta debe dirigir la relación de tal manera que la persona en crisis se sienta tan cómoda con la relación, que quiera formar un lazo de unión con el terapeuta. Al establecer un fuerte lazo, es posible inducir a la persona en crisis a participar de forma activa en la resolución del estado de urgencia. Lo que dice el terapeuta (el contenido) tendrá especial importancia, debido a que él/ella tal vez no siempre cuente con la posibilidad de utilizar otros canales de comunicación como el no verbal, ni disponga del tiempo para practicar la metacomunicación (el análisis de la comunicación misma) en la agitación del momento. En muchos casos, el terapeuta hablará por teléfono con un suicida en potencia, quien no puede ver las expresiones faciales ni los sutiles gestos que a menudo acompañan al habla; por ejemplo, la otra persona no sabrá cuándo sonríe el terapeuta, o cuando su expresión se torna preocupada o interesada. Cada cual "leerá" al otro sólo a través de los sonidos comunicados por teléfono.

De hecho, el idioma inglés, que es el utilizado en ETC, es un medio muy difícil para establecer relaciones. Hay muchos idiomas que tienen integrado un "código" de relación; por ejemplo, el francés tiene un estilo familiar de dirigirse a una persona, la modalidad "tu" (que significa lo mismo en español), y la manera formal en que se utiliza la palabra "vous" (que significa "usted"). Hay muchos otros idiomas que utilizan un sistema de dos modalidades, pero estos medios mutuamente excluyentes no existen en inglés, y muchos europeos que visitan los Estados Unidos consideran que los norteamericanos son personas groseras debido a que rara vez se muestran sensibles a los factores sociales en su forma de hablar. Este juicio es correcto, de cierta manera, porque es muy fácil cometer errores en cuestiones de relación, en particular en la dimensión de intimidad contra formalidad. La expresión francesa "tu-toi" significa que se ha establecido una relación estrecha o íntima entre dos individuos, como cuando un hombre y una mujer comienzan a interesarse en el otro de una manera romántica. La estructura gramatical del lenguaje (en oposición al contenido real) se utiliza en este caso para describir ciertas cualidades de una interacción. Debido a que el inglés carece de esta distinción, tiene mayores posibilidades de error, de pasar por alto los "límites", o de intimar en exceso y antes de lo debido con otra persona.

El establecimiento de una relación mediante el lenguaje es un proceso muy sutil, pero su importancia jamás será enfatizada lo suficiente. Por ejemplo, este proceso tiene particular importancia cuando tratamos de razonar con una persona psicótica en una crisis, debido a que muchos psicóticos se sienten aterrados por las relaciones estrechas y muy amenazados cuando la gente trata de establecer cierta cercanía al iniciar cualquier relación. Así, al cometer este error en el aspecto de relación del lenguaje, podemos incrementar con rapidez el nivel de ansiedad de la persona en crisis. En estos casos se requiere de cierta restricción, sensibilidad y claridad de expresión.

Los desacuerdos sobre el aspecto de relación de la comunicación son dolorosos y difíciles de resolver. El motivo es que cuando dos personas están en desacuerdo sobre el aspecto de relación de su comunicación, esto puede significar que el deseo de una parte de ser vista de otra forma, no ha recibido satisfacción. De hecho, una persona puede interpretar la conducta de otra como si conllevara este mensaje: "No te considero un individuo que merezca respeto o valor; te considero como alguien con quien tengo derecho de tomarme libertades". Esta postura podría ser especialmente peligrosa al utilizarla con una persona que lucha contra sus emociones internas de impotencia o debilidad. Una de las razones por las que el individuo actúa (o tiene un acting-out) es para obligar a los demás a que le perciban como él (o ella) desea percibirse, es decir, como una persona poderosa. Si el clínico comete un error que hiciera pensar a esta persona que no le percibe como él (o ella) quiere percibirse, el individuo en crisis podría enfurecer. Esta clase de pacientes, bajo su aparente grandiosidad, suele sentirse muy inadecuada y cualquier cosa que haga el terapeuta para reforzar este sentimiento de inadecuación, provocará un incremento en la violencia.

Las dos variedades fundamentales de relaciones humanas son denominadas "complementaria" y "simétrica". La relación complementaria clásica es la de madre e hijo; en una relación complementaria, una persona tiene el papel dominante o superior, y la otra acepta la definición (esto nada tiene que ver con la fuerza o debilidad *per se* y, de hecho, la persona "más débil" o sumisa puede afectar de manera muy importante la relación). Una relación simétrica se establece entre dos iguales, o dos individuos que se tratan en condiciones de igualdad.

El desacuerdo más común en cualquier relación surge cuando un individuo define la relación como simétrica y el otro decide considerarla complementaria. Una persona pide que le traten como igual y la otra responde con un tratamiento de inferioridad (o aun de superioridad). Si el terapeuta trata a un individuo como superior y esta persona se siente incómoda (es decir, tiene miedo de que le traten como superior), es posible que se torne hostil.

El terapeuta debe ser muy cauteloso en la forma como desarrolla su relación con una persona que se encuentra en situación de alto riesgo, como en la negociación de rehenes. Debido a que debe esforzarse para ser en extremo flexible acerca de las distintas posturas que debe adoptar, recomendamos la paciencia en estos casos. Es importante permanecer alerta a las pistas que revelan la forma como la persona en crisis desea o necesita definir la relación; por ejemplo, si el terapeuta negocia con un raptor que es además un criminal conocido que se considera un perdedor, la persona en crisis puede sentirse muy incómoda si el clínico le trata con deferencia. Tal vez se sienta más a gusto si el terapeuta adopta una postura de relativa superioridad al definir la relación con el propósito de establecer la comunicación.

Un error frecuente que comete la gente al sentir temor y tratar de ser amistosa, es hablar con un desconocido de una manera en exceso familiar —por ejemplo, utlizando su nombre de pila o apodo. Los nombres son muy importantes para las personas, y algunas tienen emociones muy profundas y arraigadas en relación con el nombre. Al conocer por primera vez a un hombre llamado "Pedro", el terapeuta no puede saber que, posiblemente, la madre, a quien el paciente odiaba, fue responsable de que tuviera dicho nombre, o que durante toda su vida este individuo rechazó el nombre. Debido a que siempre quiso llamarse "Tony", es posible que sus amigos le llamen así; al utilizar su verdadero nombre, o un mote como "Pedrín", el terapeuta podría ocasionarle una profunda vergüenza.

Al preguntar el nombre a una persona, es importante determinar cómo prefiere que le llamen; por ejemplo: "¿Le gusta que le llamen Pedro, o prefiere algún otro nombre?" La mayoría responderá a esta clase de pregunta, debido a que es un gesto de cortesía que respetan. Cuando surja la duda, es aconsejable evitar la presunción de que no debe o no puede haber intimidad. En muchas culturas, no se utiliza el nombre de pila a menos que las personas se hayan conocido durante mucho tiempo. Por ejemplo, a los individuos de origen latino les molesta que, a los pocos minutos de haberse conocido, los norteamericanos empiecen a utilizar su nombre de pila al dirigirse a ellos.

Los mismos principios se utilizan para establecer una relación con alguna persona que recibe atención en una crisis. Si el terapeuta habla con un individuo que posee una autoestima muy baja —alguien que actúa provocado por una ira repentina, que tiene rehenes, o amenaza con suicidarse—, esta persona bien podría estar utilizando el poder por primera vez en su vida. En consecuencia, al llamarla por su nombre de pila o apodo, el clínico podría desafiar esta ilusión de poderío; peor aún, es posible que no se dé cuenta de que está haciendo esto.

Una primera medida fundamental, sería presentarse y preguntar a la persona en crisis cómo le gustaría que le llamara. Si el aludido se niega a responder, lo mejor es renunciar a esta postura y limitarse a llamarlo "usted". Si el terapeuta ha hablado con una persona durante algún tiempo y comienza a sentirse incómodo, podría preguntar algo así: "Me siento incómodo llamándole usted: ¿le importaría decirme su nombre, o algún nombre que podamos utilizar por el momento?" Si percibe mucha renuencia, no debe continuar con este intento. La persona en crisis tal vez esté muy atemorizada o perturbada psicológicamente, y quizá quiera ocultar su identidad por un tiempo más. La mejor estrategia es "tomar lo que hay", entender el estado psicológico del personaje en ese momento preciso y tratar de "percibir" a la persona como individuo. Este enfoque tiene especial importancia al tratar con psicóticos —es decir, con personas que pueden tener pensamientos muy primitivos, con una tendencia oculta hacia el pensamiento mágico. Aunque lo que el individuo diga y haga pueda parecer muy extraño, el terapeuta no debe cometer el error de suponer que se trata de un tonto o falto de sensibilidad; por el contrario, es posible que la persona en crisis esté escuchando con gran detenimiento cada palabra.

Existen otros aspectos sobre la manera como nos comunicamos y que pueden facilitar o entorpecer una negociación exitosa en situaciones de estrés. Un error frecuente es utilizar el término "nosotros", exclusivo de la realeza. Aun cuando trate de ser amistoso, el "nosotros" suele parecer condescendiente a menos que el interlocutor se refiera a algo que él y el aludido van a hacer de manera conjunta. Lo más importante es concentrarse y tratar de comprender el mundo de la persona en crisis —"ponerse en su sitio— por un momento. En este contexto, el concepto de Weakland y Jackson (1958) de la "ilusión de opciones" tiene particular relevancia. Erickson describió una situación que surgió en su infancia, creciendo dentro de una familia que criaba cerdos y gallinas (Erickson y cols., 1976): se dio cuenta de que su padre solía preguntarle si prefería alimentar primero a los pollos o a los cerdos; el hijo tenía la ilusión de que tenía opción, cuando en realidad no era así, porque no tenía la posibilidad de decidir si trabajaría o no. Su padre, de manera conveniente, omitió la tercera posibilidad, que era rehusarse a alimentar a los cerdos y a las gallinas y, de hecho, holgazanear.

Podemos encontrar una extensión de este concepto en el arte de la propaganda política. Watzlawick citó el ejemplo de una propaganda nazi que fue presentada como pregunta: "¿Nacional Socialismo o caos bolchevique?", misma que omitía cualquier opción (1978, p. 68). Con el fin de utilizar exitosamente este concepto, es necesario que la persona que lo aplique tenga una comprensión clara de la "visión del mundo" de la otra parte, y que incluya con cuidado las opciones (aunque sean ilusorias) en el esquema que proporciona esa visión del mundo.

Con el fin de entender por completo la imagen del mundo de los demás, es necesario escuchar con atención el lenguaje utilizado para describir ese "mundo" personal. ¿El individuo habla en términos de ideas abstractas, o de emociones y sentimientos? ¿Qué elementos del ambiente ha elegido para prestarles atención o ignorarlos? Una vez que el terapeuta conozca la imagen del mundo de la otra persona, se dará cuenta de que, entre millones de posibilidades, sólo unas cuantas encajarán en la visión del mundo de ese individuo en particular. La nueva tarea es descubrir las alternativas de la persona y si es posible presentarlas bajo el engaño de una libertad de elección entre diversas opciones (en el Capítulo 3 se analiza con mayor profundidad este concepto, en particular en lo pertinente a la intervención clínica real en situaciones de crisis).

Al iniciar este proceso, es importante hacer que la persona acepte algo, es decir, que responda "sí" induciéndolo a contestar respuestas poco importantes en afirmativo. El terapeuta debe observar la frecuencia con que puede hacerle responder "sí" o "de acuerdo", con el uso de calibradores verbales —por ejemplo: "¿Podría pensarlo un momento?" "¿Entiende eso?" o "¿Está de acuerdo con esto?" Cuando el individuo empiece a responder a peticiones en apariencia insignificantes, el terapeuta puede estar seguro de que logrará algo. El lenguaje positivo tiene mayor influencia que el negativo (Watzlawick, 1978).

Otro aspecto importante de la negociación con un desconocido, es enfocarse en el comportamiento. Esta estrategia ayudará al terapeuta a evitar algo que pueda enfurecer a la persona en crisis: hablamos de "leer la mente". Esta conducta arrogante sugiere, a la otra persona, que sabemos lo que está pensando o sintiendo. Por ejemplo, si el terapeuta dice: "Tiene miedo, ¿verdad?", dará la impresión de que sabe lo que experimenta la otra persona. En vez de esto, el clínico debería decir: "Lo que acaba de contestar me hace pensar que tiene miedo. ¿Es cierto?". De esta manera ofrece al individuo el "espacio" psicológico para explicar o negar una emoción. Del mismo modo, estas dos afirmaciones pueden parecer similares, aunque son bastante distintas: "Es usted muy hostil", difiere de: "Lo que acaba de decir me parece hostil. ¿Dije algo que le hiciera enfadar?" La primera aseveración implica: "Es usted una persona hostil" (es decir: "Eres malo; algo en ti no funciona bien"). La segunda dice: "Sus palabras [no algo que estoy 'leyendo' en sus palabras] parecen de ira, y trato de entender por qué las dijo". Ésta es una diferencia sutil, pero importante.

El terapeuta no debe tratar de adoptar una intimidad o actitud amistosa si no conoce al individuo; lo mejor es evitar declaraciones como: "Es usted un buen hombre". Un terapeuta puede tener buenas intenciones y tratar de tranquilizar a una persona asustada y furiosa con una frase semejante, pero la otra persona bien podría pensar: "¿Cómo sabe que soy bueno? No me conoce". Entre quienes pueden tener un acting-out en una crisis, muchos no se consideran buenas personas; muchos poseen sentimientos de baja autoestima. Por tal motivo, los clínicos no deben dar la impresión de que juzgan el temperamento de la persona o deducen sus intenciones. El clínico también evitará proyectar sus deseos en el otro, y sólo enfocar su atención en el comportamiento. Por ejemplo: "Lo que hizo por esa persona fue un acto de bondad", o "Lo que dijo tiene mucho sentido" son afirmaciones creíbles debido a que tienen un fundamento en la realidad, lo que contrasta con las suposiciones personales o las fantasías.

Al describir o explicar algo (un acontecimiento, acto o afirmación), es importante conservar una presentación simple y evitar palabras como "siempre", "nunca", "cualquier" o

Diana Sullivan Everstine y Louis Everstine

"todo" —por ejemplo: "Usted *siempre* dice eso" o "Eso es *todo* lo que le pido que haga". El motivo para esto es que "siempre" rara vez sucede y "nunca" es algo raro, y las afirmaciones exageradas como éstas conllevan una tónica de arrogancia. Es muy sencillo que el terapeuta cometa el error de hablar así, en particular si se encuentra agitado, desea provocar una respuesta reveladora o se encuentra bajo presión y no piensa con claridad en la forma como se expresa.

Esto también se aplica a la petición: enúnciela con sencillez y de manera directa. Por ejemplo, al pedir: "¿Le molestaría darme la pistola?", podríamos provocar que el individuo respondiera diciendo: "Claro que sí, me molestaría mucho darle la pistola", lo que sería una respuesta lógica, y tal vez sincera, a una pregunta formulada así. En este caso, la mala comunicación ha ocasionado una demora en la resolución del problema principal, es decir, que el terapeuta quiere la pistola. Al clínico no le interesa que a la persona le "moleste" o no entregar la pistola. Otra forma condescendiente de hacer una petición sería: "¿Quiere abrir la puerta?", lo que sugiere que la persona debería 1) abrir la puerta y 2) desear hacerlo (como un "buen niño"). Un último ejemplo de pregunta bien intencionada que suele confundir el punto es: "¿Por qué no me dice por qué está enojado?" La persona quizá responda por qué no quiere decirle el motivo de su ira, en vez de explicarlo. "Por favor, dígame por qué está enojado" es una petición simple y directa, y no desvía la conversación a discusiones absurdas.

Al hablar con personas perturbadas, es importante evitar algunas de las actitudes degradantes que los padres utilizan con sus hijos. Muchas personas han tenido malas relaciones con los progenitores y cuando un terapeuta hace un comentario o una pregunta de una manera paternal, puede ocasionar que la persona enfurezca o "proyecte" en el clínico el papel de progenitor sustituto. La mayoría de las personas hacen cosas por razones específicas, y un individuo muy perturbado no es la excepción. El sistema de la lógica de la persona perturbada puede diferir bastante de la lógica del terapeuta, pero *existe un sistema,* y la labor del clínico es descubrir cuál es dicho sistema. Cuando lo haya descubierto, la conducta del individuo tendrá mucho mayor sentido. La mayoría de la gente, al encontrarse agitada, obedecerá una petición siempre que ésta sea presentada de una manera cortés y razonable; por ejemplo: "Por favor, entré+gueme su pistola". "Por favor" es una expresión que temen muchas personas con autoridad, o tal vez han olvidado su utilidad. Muchos individuos en crisis se sienten atrapados y no saben qué hacer. Si el terapeuta puede sugerir una forma razonable para que la otra parte salga de su situación y no pierda mucho en el trato, la persona en crisis aceptará. Sin embargo, es posible que este proceso requiera de mucho tiempo.

Al hacer preguntas, el psicólogo no debe poner en duda la capacidad de la persona en crisis para realizar cualquier tarea; por ejemplo, evitará preguntar: "¿Podría hacer eso?" o "¿Puede darme la pistola?" Quien interroga quiere saber si la otra persona hará o no algo, no si tiene la capacidad de hacerlo; si cuestionamos la capacidad de un individuo, lo estaremos insultando y lo colocaremos en la posición de un niño. Esta clase de preguntas a menudo hacen que un adulto (en particular uno que tiene baja autoestima) se sienta irritado u ofendido sin darse cuenta de lo que le sucede. Otro punto importante que no debemos perder de vista al comunicarnos con una persona en situación de crisis, es no decir cosas que garanticen o prometan, a menos que estemos seguros de que podremos cumplir con lo ofrecido. Si la garantía fracasa o la promesa no es cumplida, desaparecerá la credibilidad. Es preferible adoptar una postura humilde, es decir: "haré lo que pueda".

Cuando sea necesario establecer límites con una persona en crisis, deberán ser presentados de la manera que se sugiere en el siguiente ejemplo: un terapeuta que trata de convencer a un paciente psicótico y agitado a que entregue el arma y acepte ir a un hospital, podría decir: "Quiero ayudarle, pero es necesario que vaya al hospital para poder hacerlo. No creo que la policía le permita disparar contra alguien y no me parece que le dejarán ir. Así que, ¿qué hará?" Al actuar así, la interacción ya no es de uno arriba/uno abajo, de superioridad/subordinación, y es posible utilizar esta postura en muchas situaciones. Esta forma de expresarse comunica a una persona en crisis que el clínico está interesado y le brindará ayuda; pero, al mismo tiempo, la persona no debe pensar que el psicólogo está tan "involucrado" que podría ser manipulado.

Los suicidas suelen ser manipuladores si consideran que una persona está muy preocupada por ellos. A menudo amenazan con actos de autodestrucción para que la otra parte experimente compasión o culpa, y así haga cualquier cosa que ellos soliciten. El clínico podría responder a un suicida con este mensaje básico: "Estoy preocupado; no quiero que se cause daño, pero en realidad usted puede hacer lo que quiera". Se trata de una declaración sincera y creíble, y también aclara que la persona no está dispuesta a ser utilizada con fines de manipulación. Esta idea también se aplica a otras situaciones de violencia potencial, debido a que si el terapeuta responde de manera exagerada y muestra excesivo interés cuando alguien actúa y amenaza con dañar a otro individuo, esta respuesta exagerada puede reforzar la amenaza anterior. Si alguien resulta lastimado y el clínico escucha gritos y responde con intensidad, la persona que actúa puede llegar a la conclusión de que la mejor manera de presionar al terapeuta es lastimar de nuevo a esa persona. En estas situaciones, el psicólogo debe tratar de apartar la atención de la persona herida y, en vez de ello, concentrarla en los deseos y necesidades de quien tiene un acting-out. La razón de esto es que al conservar la atención puesta en la persona herida y responder de manera primaria cuando algo ha ocurrido, o cuando se lanza una amenaza, la persona en el acting-out puede volverse *aún más renuente a liberar al rehén o a dejar de lastimarle*. El terapeuta puede preguntar por la salud de la persona herida, pero lo mejor es hacerlo cuando el individuo en crisis no se encuentre en una interacción con el rehén, o en un momento en que el nivel de estrés sea relativamente bajo.

La comunicación eficaz en situaciones de urgencia a menudo requiere de mucho tiempo, y también de considerable paciencia y meditación. Estos requisitos pueden ser difíciles de lograr, en particular debido a que muchas personas que realizan trabajo de urgencias suelen estar dirigidas hacia la acción. Sin embargo, cuanto menor sea el ritmo de la comunicación en estas situaciones, más tiempo durará y más exitosa será. Se dice que al aguardar y escuchar con paciencia, el terapeuta tiene más tiempo para encuadrar con precisión las respuestas. Una respuesta puede estimular un mayor acting-out, o reforzar una conducta serena y reducir así el nivel de tensión de la situación. Cuando es deliberado y atento, el comportamiento de un terapeuta envía un mensaje sutil, pero importante: "Quiero escucharle; lo que dice es importante."

Al comunicarse, el terapeuta debe evitar la predicción de acontecimientos futuros y hacer promesas, y hablar sólo de lo conocido. Si es necesario hablar del futuro, es preferible no parecer muy optimista debido a que la persona en acting-out sabe que sus prospectos de un futuro no son muy brillantes, y de este modo no creerá en lo que dice el terapeuta. No dé garantías; cuando el terapeuta hable de algo que pretenda hacer en el futuro, siempre debe reconocer que es posible que surjan ciertas dificultades para lograr su cometido. Si llegara a ocurrir un cambio positivo importante en la situación, es mejor trazar planes para que la persona en crisis reciba el crédito del cambio; de este modo, se sentirá responsable del eventual éxito de la negociación, y el terapeuta no será visto como el individuo que tiene el poder para hacer que ocurran cosas. La postura correcta del clínico debe ser neutral, no la de la persona que detenta el poder. El motivo de esto es que si el terapeuta es visto como el poseedor del poder, la persona en acting-out tratará de manipularlo para que haga lo que él o ella quiere, por ejemplo, hacer concesio-

Diana Sullivan Everstine y Louis Everstine

nes u otorgar favores. Esta postura neutral puede ser difícil de adoptar por una persona orientada a la acción, pero es de vital importancia en situaciones violentas.

El poder del elogio también es mal utilizado en interacciones de gran estrés. El elogio debe ser formulado y expresado con cuidado. La autorreflexión confirmará que es muy, muy difícil aceptar elogios de alguien a quien no conocemos y en quien no confiamos, en particular cuando nos sentimos atemorizados o enfadados. De hecho, hay ocasiones en que el elogio puede enfurecer aún más a la persona que cualquier crítica o comentario neutral —si la persona no confía o cree en el elogio. Como la mayoría contamos con carreras potencialmente exitosas y situaciones de vida positivas, es fácil que olvidemos lo amenazador que puede resultar el elogio para las personas que se encuentran en ciertos contextos. El terapeuta no es un individuo que ha entrado y salido sin cesar de clínicas, hospitales o cárceles a lo largo de su vida, y tampoco lleva una existencia constante de humillaciones, fracasos y pérdidas. Al comunicarse con una persona cuyo sentimiento de autoestima es muy bajo, el clínico tal vez deba incluir un cumplido entre dos afirmaciones neutrales o negativas —por ejemplo: "Su vida ha sido muy difícil y ahora se encuentra en mala situación, pero me sorprende que haya logrado arreglárselas como lo ha hecho hasta ahora. Me parece que debe ser una persona muy fuerte, aunque no creo que quiera escuchar esas cosas en este momento." Estas frases llevan implícito un cumplido; al enmarcar o incluir cumplidos de este modo, el clínico puede elogiar a la persona en crisis de una manera compatible con la opinión negativa que el paciente tiene de sí mismo. En contraste, al cubrir de alabanzas a una persona insegura, provocaremos que se sienta incómoda muy pronto.

Otro aspecto relacionado es evitar el error común de tratar de animar a la persona deprimida. Es bien sabido que muchos individuos en crisis sufren de depresión aguda en el momento del incidente. Al realizar intentos para alegrar a esta persona y ayudarle a ver "el lado positivo" de las cosas, el terapeuta descarta su punto de vista de la realidad y se conduce como si los problemas del paciente fueran insignificantes o no tuvieran importancia. Por el contrario, esos problemas son tan importantes que la persona pretende lastimar a alguien, o a sí mismo, debido a su existencia. Así que lo primero que debe hacer el terapeuta es comunicar al paciente que puede escuchar su problema, reconocerlo como tal y después hacer que explique las cosas que le han causado dolor o ira. Un terapeuta puede, incluso, dar cierto crédito al individuo por haber "soportado" durante tanto tiempo, con un comentario como el siguiente: "No sé si yo lo habría soportado tanto tiempo como usted lo ha hecho". De este modo, el clínico reconoce que existe un problema y que la persona tiene valor. En este momento, el individuo en crisis puede mostrarse más dispuesto a establecer una comunicación de una manera activa y positiva.

Es de vital importancia que la persona en crisis sienta que le comprendemos, o al menos que el terapeuta está dispuesto a entender su punto de vista de la realidad. En pocas palabras, el paciente en crisis quiere contar con alguien en quien pueda confiar lo suficiente para correr un gran riesgo, el riesgo de interrumpir su conducta patológica e intentar un nuevo enfoque para resolver el problema.

Bibliografía

Erickson, M. H., Rossi, E. L., y Rossi, S. I. *Hypnotic Realities*. Nueva York: Irvington, 1976.
Watzlawick, P. *An Anthology of Human Communication; Text and Tape*. Palo Alto: Science and Behavior Books, 1964.
Watzlawick, P. *How Real is Real? Confusion, Disformation, Communication*. Nueva York: Random House, 1976.
Watzlawick, P. *The Language of Change*. Nueva York: Basic Books, 1978.
Weakland, J. H., y Jackson, D. D. "Patient and therapist observations on the circunstances of a schizophrenic episode". *Archives of Neurology and Psychiatry*, 79:554-74, 1958.

CAPÍTULO 3
Intervención clínica
en situaciones de urgencia

El primer contacto telefónico
con una persona en crisis

Cuando alguien pide ayuda en una situación de urgencia (sin importar quién sea esa persona —un oficial de policía, un profesional de la salud mental, un adolescente en fuga desde una caseta telefónica, un adulto suicida o una mujer que ha sido golpeada por el marido—, la persona ya ha definido que la situación se encuentra más allá de sus recursos de control. Con mucha frecuencia, las urgencias han sido ignoradas o mal atendidas debido a que la persona que recibió el llamado de ayuda no se mostró sensible a las necesidades o sentimientos de quien pedía auxilio. Un profesional puede temer que una situación se encuentre a punto de escapar de la posibilidad de establecer control, pero debido a que estos encuentros con personas en situaciones de urgencia son críticos, es necesario enfrentarlos con considerable sensibilidad. Como regla general, es aconsejable considerar a quien pide ayuda como una persona que experimenta una verdadera urgencia —tan sólo en virtud del hecho de que esta persona ha descrito la situación como tal.

La primera parte de este capítulo analiza algunos procedimientos telefónicos básicos para establecer este primer contacto. Describe la clase de información que debemos reunir al hablar por teléfono con una persona que se encuentra en una situación de urgencia. También se revisa la forma de pedir y administrar la ayuda policiaca en situaciones potencialmente peligrosas.

Al recibir un llamado de urgencia, la primera prioridad es obtener el nombre y el número telefónico de la persona que hace la llamada. Esto puede parecer insignificante, pero en muchas ocasiones la obtención del número telefónico ha salvado la vida de una persona. La gente que se encuentra en extremo alterada puede ser presa del pánico y colgar la bocina de repente: por ejemplo, los suicidas a menudo cambian de parecer mientras hablan por teléfono y cortan la comunicación, y el terapeuta podría encontrarse en la situación de conocer todos los detalles de su triste problema, pero sin saber quién era la persona o cómo comunicarse de nuevo con ella. A menudo la gente proporciona su nombre y número telefónico sin dificultad alguna y de manera automática, en el caso de solicitar la información al iniciar la conversación y hacerlo de una manera casual. El mejor método para lograr este objetivo es referirse a la "mala comunicación", es decir, al fingir que nos preocupa la posibilidad de que interrumpan la comunicación, podremos conseguir que la persona perturbada dé el número telefónico sin pensar en lo que hace. Luego, aun cuando el individuo cuelgue de pronto, podremos obtener la dirección mediante un "directorio invertido", el cual presenta una lista de las direcciones según el número telefónico, y está disponible en el departamento de policía durante toda la noche y los fines de semana, o en la compañía de teléfonos en horas hábiles. Existe la errónea suposición de que las llamadas telefónicas son fácilmente rastreadas si podemos mantener al interlocutor en la línea; en realidad, es muy difícil —y a menudo imposible— hacer esto. En el mejor de los casos, este procedimiento requiere de, por lo menos, una hora y casi siempre el tiempo aumenta a dos o tres horas.

Después de obtener esta importante información, el terapeuta debe tratar de conseguir una clara descripción del problema y averiguar cuántas personas se encuentran implicadas en la situación de urgencia. ¿Cuántos son los miembros de la familia y cuántos se encontraban presentes en el momento de la llamada? Después el terapeuta debe determinar si hay armas implicadas en la situación, y si las personas en crisis han ingerido alcohol o drogas. No es necesario ser directos o evidentes al formular estas preguntas —por ejemplo, si mencionamos las armas de una manera directa, podríamos atemorizar o volver receloso al interlocutor. El terapeuta podría preguntar: "¿Hay alguien lastimado?" y "¿Está usted herido?", y en caso de una respuesta afirmativa: "¿Lo golpearon con la mano o con otra cosa?" El terapeuta puede obtener esta información al hablar en términos generales o furmular preguntas sobre el problema con un tono de voz informal, evitando así la implicación de que la persona está siendo interrogada.

Como regla general, el terapeuta debe hablar brevemente con cada persona presente antes de responder al llamado; esto no requiere de una conversación prolongada, sólo necesita obtener el consentimiento de todos los afectados para visitar el lugar. Esta medida también permite que todos sepan que un terapeuta está interesado en el paciente y que respeta además los derechos individuales de los miembros de la familia. Entre tanto, también es aconsejable determinar si alguien abandonó la escena en un estado de ira, es decir, si hay alguna persona que pueda regresar más tarde y sentirse sorprendida por la presencia de terceros en su hogar. Por supuesto, ésta es una situación que debemos evitar por cualquier medio, tal vez organizando un encuentro con la persona que pidió ayuda, ya sea fuera del hogar o en un sitio distante al lugar de la crisis. La única situación en la que los terapeutas de ETC no solicitan el consentimiento de todos los individuos presentes antes de hacer una visita, es cuando se trata de un problema de vida o muerte: cuando alguien ha tenido un intento suicida o amenaza con hacerlo; o bien cuando alguien presenta una conducta psicótica aguda y amenaza con causar daño a otra persona; o en el caso de una crisis familiar en la que alguien anuncia que una persona puede resultar gravemente lastimada si no hay una intervención inmediata. Empero, en la mayor parte de los casos en que se realiza una respuesta de urgencia domiciliaria, es fundamental mantener el respeto de los derechos civiles del individuo —ante todo, su derecho a la intimidad— y obtener consentimiento para hacer la visita. En pocas palabras, el terapeuta debe obtener el consentimiento de todos los presentes en el lugar de la crisis cuando sea posible, a menos que haya una vida en peligro.

En muchos casos, como el de un cónyuge golpeado o un adolescente con acting-out grave, uno o más miembros de la familia podrían mostrarse en desacuerdo con la presencia del terapeuta en el hogar. Por ejemplo, un marido maltratador puede no estar dispuesto a hablar con otra persona acerca de su conducta y, sin embargo, hay buenas razones para tratar de obtener su consentimiento. Al actuar de este modo, el psicólogo comunica con su conducta que está dispuesto a tratar al marido como persona y, en consecuencia, su presencia resulta menos amenazadora. Además, este enfoque inesperado o paradójico tal vez permita que el marido cambie su opinión de los terapeutas y, de esta forma, será posible eliminar algunas de sus resistencias.

Si se obtiene el consentimiento y la situación parece más o menos segura, el terapeuta puede acudir al domicilio. Si el marido no da su consentimiento en un caso de maltrato conyugal, tal vez sea mejor y más seguro ofrecer a la esposa una entrevista en cualquier sitio alejado del hogar, por ejemplo, en la casa de una amiga, en una cafetería o cualquier lugar que represente un territorio neutral. En los casos en que haya una persona en extremo agresiva dentro del domicilio y quien haya actuado con violencia o utilizado un arma, lo más aconsejable es solicitar la ayuda del departamento de policía.

Antes que un terapeuta realice un trabajo de urgencia, o si el profesional suele entrar en contacto con personas muy violentas o situaciones de alto riesgo, es aconsejable que

Diana Sullivan Everstine y Louis Everstine

establezca una buena relación de trabajo con el departamento de policía de su localidad, un servicio de ambulancias y el departamento de bomberos (por desgracia, muchos profesionales de la salud mental adoptan una actitud antagonista —o, por lo menos, indiferente hacia la policía. Si el terapeuta enfrenta una situación de urgencia que afecta a un niño o adolescente y requiere de la ayuda de la policía durante el día, el oficial encargado de asuntos juveniles puede ofrecer su ayuda. En la mayor parte de los departamentos de policía de los Estados Unidos existe un Oficial de Juveniles (en inglés: Juvenile Officer) que ha recibido entrenamiento especial en la atención de jóvenes. Cuando el terapeuta trabaje con adultos, por ejemplo, en una situación de maltrato conyugal, puede solicitar el apoyo de un elemento del departamento de detectives, el cual es posible que cuente con un especialista en delitos sexuales. Estos oficiales de la policía siempre visten ropa de civil y han recibido algún entrenamiento especial que les permite ayudar a las personas que se encuentran muy perturbadas y en una situación de crisis. Si el clínico no cuenta con la ayuda de alguno de estos especialistas y debe presentar su solicitud ante el departamento de quejas comunes, es aconsejable que trate de explicar al oficial de turno que se trata de una situación familiar de urgencia y que es muy importante que el oficial que responda al llamado tenga experiencia en el trato con familias y no se oponga a realizar un trabajo de intervención en una familia en crisis. De ser posible, el oficial debe vestir ropa de civil y conducir un auto común. En tales situaciones, es útil recordar que las personas que llamaron pidiendo ayuda se comunicaron con un terapeuta o consejero y *no* con la policía; además, pudieron tener buenos motivos para no desear la intervención de la policía. En cualquier caso, el terapeuta debe adoptar las medidas necesarias para protegerse y garantizar la seguridad de su cliente.

Siempre es aconsejable crear un lazo de comunicación seguro entre el o los terapeutas que responden al lugar de la urgencia y el consultorio, de tal manera que el profesional pueda solicitar auxilio y ayuda en caso de que surja un problema inesperado. El sistema de comunicación debe ser lo bastante discreto para permitir que el profesional comunique a la oficina su necesidad de ayuda, en tanto que las personas que se encuentran presentes no se percaten de que lo ha hecho. El Emergency Treatment Center ha pasado por atemorizantes momentos en los que los terapeutas se encontraron amenazados, aunque por furtuna el personal de ETC pudo encontrar la forma de salir de su situación. En un caso, un terapeuta respondió al llamado de una esposa golpeada; más tarde, el marido volvió embriagado y con un cuchillo (a pesar de que la policía lo había sacado del hogar para enviarlo al apartamiento de unos amigos, el día anterior). El psicólogo pudo hacer una llamada telefónica al consultorio con una falsa excusa, y así comunicó, con sutileza, que se encontraba en grave peligro y requería de la ayuda de la policía. Ésta fue notificada y acudió de inmediato.

Después de otro caso similar que afectaba a un niño maltratado, decidimos instituir este sistema telefónico de información en ETC. Cuando los miembros del personal responden a una urgencia en el campo (cualquier urgencia que surja y en la que exista la sospecha de que hubo o puede haber violencia), tan pronto como llegan al lugar de la escena, piden a las personas que visitan que les permitan llamar al consultorio. Si la situación es peligrosa, el asesor dirá lo siguiente (al comunicarse con el Centro): "Habla Jane Doe. ¿Hay alguna llamada para mí?" Cuando esto sucede, el personal del Centro (o el servicio telefónico nocturno) sabe que el terapeuta se encuentra en peligro y se comuica de inmediato con la policía. En contraste, si la situación es relativamente tranquila, el psicólogo puede limitarse (por ejemplo) a identificarse por su nombre de pila y este método informal de identificción informará al personal del Centro que se encuentra bien. En situaciones indefinidas o ambiguas, el psicólogo se identificará con su nombre de pila, pero agregará: "Gracias. volveré a llamar en quince minutos" (o el tiempo que considere necesario). De este modo, el personal del Centro sabrá que, en caso de que no reciban un nuevo telefonema en el tiempo establecido, debe enviar de inmediato la ayuda de la policía.

Responder a una urgencia

Antes de presentar los procedimientos que recomendamos para una respuesta de urgencia, será necesario reflexionar en algunas consideraciones que dan un carácter exclusivo a esta clase de trabajo clínico. Cuando un psicólogo acude a la escena de una crisis, notará que existen muchos aspectos que difieren de las urgencias que puede enfrentar en un hospital, una clínica o un consultorio; algunas de tales diferencias pueden ser muy sutiles y, si las pasa por alto, afectarán el curso y resultado del tratamiento de una manera negativa. Esta sección tratará de analizar dichas diferencias, además de estudiar los métodos no tradicionales con los que podemos trabajar con familias resistentes a las técnicas más tradicionales de la psicoterapia.

En la mayor parte de los incidentes de urgencia, los profesionales a menudo se sorprenden de descubrir que una familia puede ser susceptible de cambio si el terapeuta es cauteloso y se muestra sensible en su forma de abordar el sistema familiar. De hecho, la familia que ha luchado con un problema durante mucho tiempo, puede ser más receptiva al cambio simplemente porque ha sufrido más tiempo que otras. Y no importa cuán enfurecida o polarizada parezca la familia a primera vista, lo más usual es que, por lo menos uno de sus miembros reconozca que la ayuda externa puede ser de utilidad para solucionar el conflicto. Lo más crítico en este caso es que el psicólogo o psiquiatra que ingresa en el sistema familiar debe ser extremadamente sensible al orgullo y la autoestima de los miembros del grupo; es esencial que no saque conclusiones precipitadas y que no humille ni "arrincone" a un determinado miembro de la familia, aun accidentalmente.

Aunque parece paradójico, cuanto antes vea el psicólogo a la familia en crisis, mejor será para todos, aun cuando uno o más miembros del grupo conserven su acting-out o agitación (la única excepción a la regla sería cuando un miembro de la familia esté tan embriagado que no tenga una comunicación coherente, o se encuentre bajo la influencia de drogas. En tal caso, lo más aconsejable es esperar a que todos los miembros afectados se encuentren sobrios y coherentes). Si el profesional de la salud mental tiene la oportunidad de ver a la familia mientras se desarrolla la situación de crisis o tan pronto como ésta termina, el resultado será muy superior debido a que las resistencias de la familia a la terapia se encontrarán muy disminuidas. Las personas implicadas sufren de un intenso dolor emocional y, debido a ello, están más motivadas al cambio o a resolver sus problemas. Después de un tiempo, los miembros de la familia han dejado de experimentar mucha incomodidad y en consecuencia se muestran más reacios a hacer algo para resolver su problema. Otro motivo para ver a la familia cuanto antes es que esto comunica a sus miembros que hay una persona que de veras se interesa en ellos y está preocupada por lo que puede sucederles; deseamos enfatizar lo anterior, pues muchas familias tratadas con éxito en ETC jamás habrían acudido a una clínica tradicional, y pudimos ayudarlas porque nos acercamos a ellas cuando sufrían un intenso dolor.

Es importante tomar en cuenta las medidas que debe adoptar una persona que pide ayuda para resolver un problema personal o de interacción. Primero, la persona debe tener conciencia (al menos en cierto grado) de que su problema es de índole psicológico. Segundo, el individuo debe tener la capacidad de determinar la clase de profesional o institución que puede darle ayuda —tarea complicada si tomamos en cuenta la proliferación de oficinas y programas

Diana Sullivan Everstine y Louis Everstine

sociales, públicos y privados, en los Estados Unidos. Después de determinar la clase de ayuda adecuada a sus necesidades, la persona tiene que encontrar y visitar una institución (suponiendo que su crisis suceda en horas de trabajo normales), idea que puede resultar atemorizante por diversas razones, como las barreras culturales o de lenguaje, o las distinciones de clase socioeconómica. Además, esta persona tendrá que explicar a un perfecto desconocido (en un ambiente que puede resultar amenazador) los detalles íntimos de su vida privada. Bajo estas circunstancias, resulta asombroso que haya personas que encuentren ayuda para resolver sus problemas.

Cuando realicemos una visita domiciliaria, debemos recordar que, en esencia, el terapeuta es quien entra en el *espacio* de la otra persona. Esto es importante aun al reunirnos en un sitio público con el paciente, porque muchos de los aspectos clave del papel y la autoridad del profesional no se harán presentes en un lugar neutral o público. Muchas de las intervenciones asertivas y/o confrontativas que podrían dar buenos resultados en el consultorio, se considerarían una amenaza o un insulto durante una visita domiciliaria o en un encuentro público.

Un terapeuta que realice trabajo de urgencia debe tener conciencia de que aunque su percepción de sí mismo es la de un individuo no amenazador que desea ayudar a otros, algunas personas en crisis pueden considerarlo una amenaza muy real. Por ejemplo, el ocupar accidentalmente la silla predilecta del paciente puede hacer que éste se sienta incómodo o irritado sin saber por qué. La precipitada adopción de un fuerte papel de autoridad en una familia podría ofender a la madre o al padre, quien percibirá que su papel se encuentra en peligro debido a que no puede resolver el problema familiar por su cuenta. Un terapeuta puede tomarse más libertades en su consultorio debido a que los clientes acuden a él (más o menos) porque así lo han decidido y aceptan penetrar en los dominios del psicólogo.

Sin embargo, cuando el profesional de la salud mental acude a responder un llamado de urgencia, a menudo lo hace a petición de otra persona, por ejemplo, otro miembro de la familia, un vecino o un agente de policía. Debido a que las personas afectadas en la situación tal vez no tenían la intención original de ver al terapeuta, es posible que todavía no hayan determinado que su conflicto es de índole psicológica; aun cuando han dado su consentimiento para recibir al asesor o terapeuta, quizá lo hayan hecho de manera tentativa o con renuencia y su primera respuesta a la presencia del terapeuta tal vez manifieste temor, ira o ambos. Tal vez desconozcan lo que es y hace un profesional de la salud mental, y la presencia de este nuevo individuo puede representar una amenaza para ellos, además de la perturbación y humillación ocasionada por la urgencia misma.

En consecuencia, lo más aconsejable es que, fuera del consultorio, el terapeuta proceda con mayor cautela de la habitual y establezca sus objetivos terapéuticos de otra manera. A veces los miembros nuevos de ETC se sienten desalentados después de una visita de urgencia o la segunda visita de un caso que se inició como urgencia, porque consideran que no han logrado avanzar gran cosa. Sin embargo, la realidad es que si el terapeuta puede hacer que la familia le permita volver, o los persuade de que acudan al consultorio al día siguiente o en una semana para una sesión de seguimiento, habrá logrado un gran adelanto y cumplido con una meta muy importante durante su primera entrevista.

A continuación se presenta la descripción de una típica familia atendida en ETC, la cual servirá para ejemplificar algunos de los puntos mencionados antes en esta sección. Harry y Mabel tienen 18 años de matrimonio y dos hijos adolescentes —Wayne (16) y Debby (14). Harry y Mabel tienen problemas de alcoholismo y sostienen violentas disputas una o dos veces al mes. Un día, Harry pierde el control y "abofetea" a su hija por haberle "contestado". Debby es una joven muy desilusionada que fuma marihuana y, en ocasiones, recurre al uso de estupefacientes. Tuvo un aborto que sus padres desconocen. El hermano de Debby, Wayne, se ausenta de casa con frecuencia, pero sus padres no parecen notarlo. También ha utilizado drogas y en una ocasión fue arrestado por robar en una tienda, acto que su padre calificó de broma juvenil; a últimas fechas se ha dedicado a vender marihuana y estupefacientes. Mabel a veces combina tranquilizantes con alcohol, y en dos ocasiones tuvo que ser conducida a una sala de urgencias para recibir tratamiento de lo que fue calificado de una sobredosis "accidental".

La policía visita con frecuencia el hogar de Harry y Mabel, debido a que cuando Harry bebe en exceso, suele perder el control y golpea a Mabel. Harry fue suspendido de su empleo durante seis meses, el año pasado, y las cosas empeoraron en el hogar, pero en esos momentos Mabel estaba muy avergonzada y asustada para hablar al respecto con alguien; acudió a una agencia social en una ocasión, pero no cumplió con su cita. Los supervisores escolares y el departamento de libertad provisional están preocupados por la familia, pero ¿qué pueden hacer? Amigos y parientes han sugerido que la familia necesita ayuda, pero Harry y Mabel los ignoran; si alguien se atreve a aconsejar a estas personas que tienen un problema de "salud mental" y que necesitan psicoterapia, Harry o Mabel harían más que mandar al demonio a esta persona porque ¡no están locos!

Un día, este hombre y su esposa tendrán otro altercado. Ambos estarán embriagados y Mabel recibirá la amenaza de otra paliza. Cuando se percate de que se encuentra en verdadero peligro físico —durante la fase más explosiva de la pelea— Mabel quizá llame a la policía. No se le ha ocurrido pedir ayuda a un profesional de la salud mental. La policía, por su parte, intervendrá para acabar con la crisis marital, pero una vez cumplida su misión, tendrán muy poco que ofrecer a la dolorida pareja. Si Harry y Mabel tienen suerte, la policía pedirá asistencia a una institución como ETC. Como resulta evidente, para que individuos como Harry y Mabel permitan que un terapeuta visite su hogar y después acepten una segunda visita, será necesario establecer un rapport intenso en muy poco tiempo. Con el fin de ayudar a muchas personas parecidas a Harry y Mabel, los profesionales de la salud mental necesitan desarrollar técnicas muy flexibles y fácilmente adaptables; los distintos enfoques adoptados por las escuelas tradicionales de psicoterapia tienden a confundir y ahuyentar a individuos como los antes descritos. Por esta razón el terapeuta debe realizar intervenciones terapéuticas que encajen dentro de las percepciones de realidad y los sistemas de valores de Harry y Mabel.

Al hablar con personas como éstas, suele ser más adecuado que el terapeuta hable en términos de dificultades y problemas, en vez de utilizar los términos psicológicos habituales; será más comprensible que hable de la mejor manera de resolver dificultades para evitar que se conviertan en problemas graves. El clínico puede tranquilizar al paciente diciéndole que es normal que la vida presente algunas complicaciones y que nadie está exento de ellas; puede agregar que las personas suelen cometer tres errores comunes al tratar de resolver sus conflictos: 1) restan importancia a un problema significativo, como cuando la madre ignora el problema de farmacodependencia de su hijo y los pequeños hurtos, considerando que sólo pasa por una "etapa" de la adolescencia; 2) exageran la importancia de un problema menor, sacándolo de toda proporción, como el progenitor que responde con exaltación ante un acting-out menor por parte de un adolescente, haciendo que este último considere que la magnitud de su crimen debe ser incrementada para adaptarse a la magnitud del castigo; 3) a menudo resuelven mal el problema al aplicar una solución de "sentido común" que sólo sirve para empeorar la situación, por ejemplo, tratar de "alegrar" a una persona deprimida, justamente lo peor que puede hacerse porque dicha conducta conlleva el mensaje de que la persona no tiene motivo alguno para sentirse deprimida cuando, precisamente, piensa todo lo contrario. De hecho, esta conducta comunica a la persona deprimida que, por uno u otro motivo, nadie le presta atención.

Con el fin de ayudar a personas como Harry y Mabel, el profesional de la salud mental debe aprender a comunicarse en términos que sean comprensibles para el paciente. Es necesario enfatizar los problemas reales del aquí y ahora, en vez de enfocar la atención en los procesos intrapsíquicos que tienen origen en el pasado, los cuales no deben ser considerados relevantes. Además, el terapeuta tiene que comprender la percepción de realidad del paciente, sin olvidar que aquello que un individuo considera como "realidad" es, en esencia, un concepto personalizado de lo que debe ser la realidad. De hecho, las percepciones de realidad del clínico pueden diferir mucho de las de la persona que sufre una situación de urgencia; y si el terapeuta y el paciente en crisis deben comunicarse, el primero tendrá que comprender las diferencias existentes entre sus dos distintas realidades y desarrollar la capacidad para hablar de manera coherente con el punto de vista del paciente. También será necesario reconocer el hecho de que las personas traumatizadas o que experimentan el estrés de una situación de urgencia tienden a pensar de una manera rígida y concreta; es decir, cuando se sienten agitadas o atemorizadas, las personas tienden a aferrarse a su concepción personal de la realidad y el mundo. En consecuencia, durante una situación de crisis es aún más importante descifrar las percepciones de la realidad de la persona afectada para colocar la intervención terapéutica dentro de los términos adecuados para la realidad del individuo.

Llegada al escenario de una urgencia sin la policía

Aunque casi todos vamos por la vida con la certidumbre de que la existencia tiene tragedias así como alegrías, la mayoría no tenemos por qué contemplar la posibilidad de ser atacados por otra persona mientras realizamos nuestro trabajo. Por algún motivo, mucha gente piensa que estas cosas sólo ocurren a los demás, en particular a quienes trabajan en profesiones que brindan ayuda, es decir, a quienes tienen una concepción humanitaria y optimista de la naturaleza humana. En el Centro a manudo observamos que los terapeutas se muestran reacios a adoptar algunas de las precauciones necesarias al responder a una llamada de urgencia; sin embargo, este hecho no debe sugerir que todas las personas en crisis sean potencialmente peligrosas, pues muchas de ellas son seres atemorizados que se sienten atrapados y desesperados debido a que han recibido insoportables heridas; algunos más son individuos que, en otras circunstancias, nunca se atreverían a dañar a otra persona. En cualquier caso, las personas que se hallan atrapadas en una situación desesperada o de urgencia pueden ser más volátiles y responder de una manera agresiva, ciega o violenta. Debido a lo anterior, es conveniente observar ciertas precauciones.

Primero, no es aconsejable acudir solo a un escenario de crisis, en particular durante la noche; ni siquiera la policía responde de manera individual a una violenta pelea familiar u otras situaciones peligrosas. De manera invariable, los oficiales de turno piden que los "cubran" (es decir, la presencia de otro oficial o equipo de policía) cuando responden a una situación crítica. Así pues, si un policía no acude solo (equipado con radio, pistola, maza y otros artefactos) a una situación crítica familiar, es lógico suponer que los profesionales de la salud mental, que carecen de este equipo, tampoco deben hacerlo.

Hemos observado que un equipo de hombre y mujer es el ideal para intervenir en las crisis familiares. Nuestro argumento es que con frecuencia es necesario, al principio, separar a los distintos miembros de la familia y hablar a solas con cada uno de ellos, con el objeto de permitir que cada cual exprese sus sentimientos y se tranquilice antes de realizar cualquier intervención terapéutica en presencia de toda la familia. A menudo es más fácil que una terapeuta hable con la mujer que se encuentra afectada por el conflicto, sin ocasionar sentimientos de ira o celos por parte del marido o amante, y que un psicólogo varón hable con el hombre en cuestión, sin despertar a su vez celos y sospechas de la otra parte.

Al llegar al escenario de la situación de urgencia, es aconsejable proceder de manera cautelosa y bien planificada; aunque lo que el profesional ha escuchado por teléfono puede haber parecido una llamada vibrante de temor y angustia, es importante que su respuesta sea bien calculada; en otras palabras, lo mejor es que no se precipite a responder sin pensar. Recomendamos el siguiente plan de acción. Estacione el auto a poca distancia de la casa y camine hasta ella despacio y en silencio; trate de percibir ruidos que sugieran disturbios o violencia. Siga escuchando con atención mientras se aproxima a la puerta y no entre en la casa sin permiso. Aunque responda al llamado de una persona que ha expresado una profunda ansiedad, no irrumpa en el domicilio; recuerde que se trata del territorio de otra persona y que la repentina aparición de un desconocido en el hogar puede ser interpretada como una agresión, más que como una muestra de interés. Además, la persona que llamó pidiendo ayuda tal vez mintió o distorsionó la situación para adaptarla a sus necesidades; un miembro de la familia dolorido, que llamó motivado por la ira, tal vez comunicó una imagen muy distinta de la situación real. Un ejemplo de lo anterior sería el del cónyuge o adolescente maltratado que desea poner "en su lugar" a la persona que le ha lastimado. La persona lesionada quizá no se dé cuenta de que ha cambiado los hechos y motivado que el profesional tenga una idea equivocada de la conducta de los otros miembros de la familia.

Las personas que solicitan ayuda durante una crisis familiar a menudo manifiestan gratitud cuando el terapeuta se presenta en el hogar, y con frecuencia se sorprenden agradablemente de que alguien se interesara lo suficiente para responder en un momento de necesidad. Empero, hay ocasiones en que algo inesperado, y tal vez peligroso, aguarde al terapeuta, así que es mejor abordar estas situaciones con mucho cuidado. Al acudir a un llamado domiciliario, como se dijo antes, el profesional de la salud mental debe concentrarse en el hecho de que se trata del hogar del *paciente*. Mientras espera a recibir el permiso para entrar, es aconsejable que se aparte un poco de la puerta; con esto logrará dos objetivos: 1) la persona que abra la puerta tendrá "espacio", y no se sentirá atrapada o amenazada; 2) si quien abre la puerta es presa de la ira, la persona que espera no será un blanco sencillo y tendrá tiempo para apartarse del camino. Es aconsejable recordar que un clínco no tiene los mismos derechos y privilegios (ante la ley) que un oficial de policía. Si, por ejemplo, el terapeuta entra en el domicilio sin autorización, técnicamente habrá cometido un allanamiento de morada. Así pues, desde el punto de vista legal y ético, es mejor esperar y utilizar la cautela.

Si una casa es en extremo oscura, será necesario entrar con mayor lentitud para adaptarse a la oscuridad. Al entrar en el hogar de una persona, el terapeuta debe presentarse y entregar a las personas presentes una identificación. Entre tanto, es importante mirar en derredor en busca de huellas de violencia, por ejemplo, objetos rotos en el suelo o muebles derribados. Además, el psicólogo debe ser cauteloso con el "espacio" de la persona con quien habla. En términos generales, las culturas norteamericana y europea, en circunstancias no amenazadoras, consideran que un espacio de entre cincuenta y sesenta centímetros entre dos individuos es una distancia segura y cómoda. En una situación de urgencia no es aconsejable aproximarse más de un metro a la persona en crisis, a menos que ésta envíe un mensaje claro de que está de acuerdo en que los demás se le acerquen.

Si la urgencia ha cedido lo suficiente de tal manera que los miembros de la familia se muestran dispuestos a dialogar con el terapeuta, lo mejor será que éste elija una habitación adecuada para la reunión. A menudo es preferible evitar la cocina, porque en ella hay cuchillos y diversos objetos pequeños y peligrosos que podrían servir de armas. Los lugares más adecuados para analizar el problema son la mesa del comedor o la sala; si eligen esta última el terapeuta debe elegir una silla de respaldo recto o llevar una a la habitación. De esta manera evitará colocarse en el sitio predilecto de alguno de los miembros de la familia y agredirle sin darse cuenta; asimismo, es aconsejable que el profesional de la salud mental se coloque a una distancia segura de la persona en crisis, sin ser muy evidente en su conducta, hasta que la situación haya sido evaluada por completo. Entonces el terapeuta podría decir: "Quiero mover esta silla para verles a todos", y pocas personas considerarán que esta afirmación es poco usual o agresiva. Durante este periodo es posible determinar si los miembros del grupo pueden o no discutir sus problemas como una familia; si resulta imposible hablar sin que alguno de ellos enfurezca, el terapeuta podría sugerir una interrupción (temporal) de la discusión de grupo para hablar de manera individual con los elementos de la familia y ayudarles a ventilar la ira antes de volver a incorporarlos al grupo.

Para determinar si la familia o pareja puede o no hablar con calma, el terapeuta podría utilizar la regla de "sólo una persona hablará a la vez", es decir, cada miembro de la familia puede describir su percepción personal del problema, por turnos, sin interrupciones o agresiones de los miembros restantes. Cuando la familia pueda apegarse a esta regla, será posible trabajar en grupo; además, dicha regla sirve para comunicar a cada individuo el mensaje de que el terapeuta quiere conocer todos los aspectos de la situación. Es aconsejable permitir que hable primero el miembro potencialmente más peligroso de la familia; al proceder así, el psicólogo le da reconocimiento y respeto y, además, averiguará en poco tiempo si dicha persona puede trabajar dentro del contexto de la familia o si requiere de atención individual.

Medidas básicas y objetivos

La primera medida importante para responder a una urgencia es establecer un buen rapport y obtener la confianza de la persona en crisis. Este punto es de vital importancia; significa que quien trabaje en el campo de la psicología de urgencia requiere de la capacidad para establecer el rapport con diversas clases de personas procedentes de ámbitos distintos. Un terapeuta de urgencias debe tener la capacidad de hablar con cualquier persona, desde el joven "callejero" hasta el alcohólico, el fundamentalista cristiano y la persona que vive en una elegante residencia de clase alta. En el trabajo de urgencia, en particular cuando responde a llamadas de urgencia de la policía, el terapeuta debe ser lo bastante flexible para responder a *cualquiera* que se encuentre presente en la escena; en esta clase de trabajo no existe selectividad de clientes, como sucede en las clínicas o consultorios privados. Así pues, la primera medida es lograr un buen rapport con la persona en crisis; y si éste es el único resultado de la primera visita, podremos considerar que fue un éxito.

La siguiente medida, después de establecer el rapport, es formular una clara definición del problema: ¿cuál es el problema real y cómo describirlo en términos de conducta? Es sorprendente comprobar que muchas personas no han meditado en la naturaleza de su problema, ni en lo que ha ocasionado la situación de urgencia. Existen dos definiciones del problema: el psicólogo puede definirlo de una manera y la persona que lo experimenta, de otra muy distinta. De hecho, es posible que el terapeuta no siempre deba compartir con la familia la definición que ha hecho del problema; es aconsejable proponer una definición del conflicto que la familia pueda comprender en términos claros de comportamiento —en un lenguaje simple: ¿qué está mal y quién lo hizo?

Después, es importante que el profesional sepa qué ha hecho la persona o la familia, en el pasado o en la actualidad, para enfrentar o resolver el problema. Resulta evidente

Diana Sullivan Everstine y Louis Everstine

que sería una pérdida de tiempo y energía recrear una estrategia de cambio que haya fracasado con anterioridad.

Entonces, el terapeuta procederá a establecer algunos objetivos para el tratamiento. Una manera de obtener una descripción conductual del problema útil para la formulación de objetivos, es la pregunta: "¿Qué cambiaría si el problema desapareciera?" —es decir, ¿de qué manera sabrá la familia que las cosas han cambiado, que el problema ha mejorado o desaparecido? Los objetivos, al igual que la definición del problema, deben ser establecidos en términos precisos de conducta. Las metas como: "Quisiera organizar mejor mis ideas" o "Quiero sentime menos deprimido" no son aceptables. Menor depresión, menor sufrimiento —éstos son deseos inespecíficos, no representan objetivos o metas. El cambio terapéutico requiere de definiciones claras y objetivos específicos que puedan ser comprendidos y valorados por todos los afectados. Es necesario que el psicólogo conozca las capacidades de los individuos una vez desaparecida la crisis, así como la clase de situaciones que dejarán de repetirse cuando cambie el ambiente. En el caso particular de las personas deprimidas, es esencial dirigir sus pensamientos a los cambios concretos de conducta que puede alcanzar (a la luz de las metas que desean lograr), debido a que los individuos deprimidos tienden a negar sus logros a menos que éstos sean demostrados de manera inequívoca.

Por último será importante enfocar la atención en las percepciones de la realidad del individuo (o de la familia). Cuando las personas se encuentran en un estado de crisis, sus percepciones de la realidad se vuelven muy limitadas y rígidas a consecuencia del intenso estrés que experimentan. Este fenómeno podría describirse como una "visión en túnel" emocional; debido a ello, las personas en crisis son más suceptibles a técnicas como la de Milton Erickson (Erickson, *et al.*, 1976) y las técnicas indirecta o paradójica del *Brief Therapy Center* (Centro de Terapia Breve, Watzlawick, *et al.*, 1974). Algunos enfoques terapéuticos más tradicionales que requieren de introspección, razonamiento e interpretación pueden provocar que las personas agitadas o agresivas que pasan por una crisis aguda, se vuelvan aún más defensivas y resistentes a la terapia. En otras palabras, es absurdo pretender que las personas en crisis actúen de manera razonable. En consecuencia, sugerimos que el terapeuta trate de convertir la rigidez conceptual del individuo en una ventaja clínica, utilizando los métodos que recomendamos a continuación.

Estrategias para desactivar urgencias

El terapeuta debe tratar de incorporar la visión del mundo y la autopercepción del individuo en crisis al diseño de una interacción. Podemos obtener valiosa información clínica a través del uso del lenguaje, por ejemplo, cuáles son los valores de la persona, sus temores y las percepciones del yo y los demás. Debido a que la gente se apega a estas percepciones cuando cruza por un periodo de crisis, el terapeuta perspicaz tendrá una gran libertad de movimiento en una situación crítica mediante la redefinición de una conducta deseada o indeseable según la rígida definición de realidad del individuo. Por ejemplo, si la personalidad fuerte y viril es fundamental para la autopercepción del individuo, es posible reformular (redefinir) la continencia y el autocontrol como conductas masculinas, en tanto que el comportamiento agresivo se vuelve infantil o poco varonil. (Una definición concisa de reformular [reframing] aparece en Watzlawick, 1978, p. 119.)

Otro ejemplo de reformular la realidad individual es el de la persona que desea castigar a un ser amado que le abandonó, recurriendo al suicidio. El terapeuta puede redefinir la realidad del suicida en estos términos: si el suicida de verdad quiere castigar al amante anterior, debe tratar de encontrar uno nuevo y establecer una relación feliz con dicha persona. De este modo, el amante anterior se daría cuenta de que ya no tiene importancia y de que, de hecho, es fácilmente reemplazable. Y de este modo el suicida en potencia puede tener el exquisito placer de estar presente para disfrutar de la venganza.

Debido a que la realidad es un fenómeno subjetivo, el profesional de la salud mental puede tratar de alterar la percepción de la realidad personal mediante la reformulación de ciertos componentes de dicha percepción, como describe Watzlawick:

> En esta capacidad de cambiar las "realidades" subjetivas radica el poder de las intervenciones terapéuticas que hoy son conocidas bajo la rúbrica de reformulación. Recordemos que: jamás tratamos con la realidad *per se*, sino con *imágenes* de la realidad —es decir, con interpretaciones. Aunque es muy grande el número de interacciones potencialmente posibles, nuestra imagen del mundo nos permite percibir sólo una —y ésta, en consecuencia, parece ser el único enfoque posible, razonable y permitido (1978, p. 119).

La descripción es muy pertinente a las personas en crisis, quienes presentan una resistencia especial a la intervención clínica y el cambio. Debido a que se encuentran atemorizadas y confusas, se apegan a sus patrones de conducta habituales, aunque neuróticos, los cuales sólo sirven para perpetuar el problema.

Los intentos directos o "racionales" para persuadir a la persona en crisis de renunciar a sus antiguas y fracasadas técnicas para solucionar problemas suelen ser inútiles, debido a que lo conocido —aun cuando sea un fracaso— suele provocar una sensación de seguridad. En consecuencia, sería mejor aceptar la actitud defensiva del paciente e incorporar esta resistencia a la intervención clínica. Presentamos a continuación un ejemplo para aprovechar la resistencia.

Un terapeuta del Emergency Treatment Center recibió una llamada para acudir al hogar de una joven pareja con el propósito de determinar si el marido requería o no de hospitalización. A su llegada, la psicóloga fue informada de que el marido se encontraba tirado en el suelo, gritando que quería morir porque acababa de descubrir que su esposa sostuvo una aventura extramarital. Como la profesional era pequeña y el hombre muy corpulento, determinó que un enfoque directo sería poco aconsejable e ineficaz; además, el marido estaba obteniendo considerable "recompensa" emocional con sus actos, los cuales servían para estimular la humillación y el dolor en su esposa. En consecuencia, la terapeuta decidió aceptar la resistencia del hombre y trató de "anticipar" (en inglés, "*pre-empt*", Watzlawick, 1978, p. 151) cualquier acting-out ulterior de su parte recurriendo a diversos métodos.

Primero, dijo a la esposa, con un tono de voz muy severo (y lo bastante alto para que la escuchara el marido), que consideraba que ya había "lastimado" bastante al esposo. Además, el hombre necesitaba rodar en el suelo para expresar sus profundos sentimientos de angustia con respecto a lo que ella le había hecho. En realidad, era muy posible que tuviera que permanecer en el suelo durante una hora más antes de expresarse por completo y así experimentar cierto alivio. Luego la terapeuta procedió a estimular al hombre a gritar con más fuerza y a rodar en el suelo con mayor intensidad. Después de unos momentos de semejante intervención, el hombre dejó de revolcarse en el suelo y dijo (a la terapeuta): "¿Qué le pasa? ¿Está loca?" La terapeuta respondió que no lo estaba, pero que sabía que él se sentía muy herido y que necesitaba expresar a su esposa la intensidad del dolor emocional que experimentaba. El marido estuvo de acuerdo con este último comentario.

En una situación semejante, si la psicóloga hubiera insistido en un enfoque más directo para tener el control del marido, la urgencia habría llegado a una conclusión distinta. Con toda seguridad la policía habría acudido y el marido habría sido enviado a una unidad psiquiátrica para observación. Aunque la intervención misma puede parecer bastante simple y tal vez poco adecuada para desactivar una situación de tanta carga emocional, esta característica es, posiblemente, lo que aseguró el éxito. En cualquier caso, la terapeuta pudo evitar una confrontación al aceptar primero la conducta del marido y después ofrecerle una razón para que fuera él mismo quien la cambiara.

Otro concepto (antes mencionado en el Capítulo 2) que resulta útil para desactivar una situación aguda de urgencia es el de la "ilusión de alternativas" según la definición de Weakland y Jackson (1958), Erickson y Rossi (1975), y según Watzlawick (1978), quien definió el concepto de esta manera:

> ...establecer un contexto dentro del cual se ofrezca una opción aparentemente libre entre dos alternativas, las cuales conducen al mismo resultado —es decir, el cambio terapéutico. De este modo se crea una ilusión que sugiere que sólo existen dos posibilidades o —en otras palabras— un estado de ceguera para el hecho de que, en realidad, hay posibilidades *fuera* de este contexto (p. 120).

Esta clase de intervención puede utilizarse, con beneficios terapéuticos, en diversas situaciones de urgencia precisamente porque la persona en crisis carece de flexibilidad perceptual. Por ejemplo, esta técnica podría aplicarse en una situación en la que el psicólogo ha determinado que un individuo debe ser hospitalizado y éste se muestra reacio a aceptar. En el curso de la negociación de este importante acontecimiento en la vida de una persona, el clínico puede ofrecer transportación al hospital en ambulancia o en auto patrulla, y dar a la persona en crisis la libertad de elegir entre estas alternativas.

Habrá ocasiones en que un terapeuta se sienta frustrado durante las etapas iniciales del tratamiento y busque un proceso más eficaz para obtener información sobre la naturaleza del problema. Una manera de hacerlo es pedir a la gente que no cambie de inmediato —siempre que no haya riesgos implícitos en esta petición (por supuesto, esto no se aconseja como técnica de intervención en situaciones donde hubo violencia). El terapeuta puede pedir a la gente que haga anotaciones o lleve un diario de ciertas clases de conducta, según se presenten entre una y otra sesión. El tema de estos registros será los actos o incidentes que el terapeuta necesita conocer con mayor detalle y así, durante este periodo, la atención de las personas en crisis se centrará en la observación estrecha de sus conductas e interacciones. En este proceso se llevará a cabo un cierto cambio, debido a que la concentración se desviará de la creciente intensidad del conflicto a la documentación del mismo. Por supuesto, el cambio será pequeño, pero tal vez resulte significativo si produce información que el psicólogo pueda utilizar para formular nuevas intervenciones.

Si la situación de urgencia volviera a escalar en intensidad, las siguientes tácticas de distracción suelen permitir que el terapeuta recupere el control de las circunstancias. Puede formular una serie de preguntas insignificantes, pero de tónica pofesional, acerca de la vida de cada miembro de la familia —de hecho, realizará una historia clínica superficial al inquirir acerca de cosas como: "¿Cuántos hijos hubo en la familia de su madre?" "¿Cuál fue la profesión de su padre?" "¿A qué escuela asistió?" La mayoría estamos acostumbrados a visitar al médico y a responder preguntas extrañas, aunque inocuas, que evocan respuestas automáticas y establecen con claridad que el profesional debe hacer preguntas en tanto que el paciente responde. En términos generales, a los pocos minutos el psicólogo habrá estructurado la situación de tal manera que recuperará el control para proceder a la aplicación de una intervención.

Otra técnica útil para tranquilizar a las personas es que el terapeuta finja cierta "torpeza" o confusión, o que actúe como si no entendiera con claridad lo que la gente pretende comunicar. La lógica es que la mayoría de las personas, a pesar de su perturbación o ira, quieren que los demás en-

Diana Sullivan Everstine y Louis Everstine

tiendan su versión del asunto. Si el psicólogo actúa de manera interesada, pero poco comprensiva, la persona en crisis realizará un esfuerzo especial para esclarecer su punto de vista. Por supuesto, es importante actuar con cautela para que nuestro interlocutor no pierda los estribos. En este caso, el terapeuta podría decir: "Quiero estar seguro de que entendí bien" y luego repite a la persona lo que acaba de explicar, pero lo hace incorrectamente. Como consecuencia, la persona en crisis tendrá que invertir mayor esfuerzo y energía en explicar lo que ha tratado de decir; este proceso puede disipar parte de la energía de la ira y canalizarla en el intento de esclarecer la versión que presenta al terapeuta.

Otro método útil para calmar a una persona o lograr que escuche de una manera tolerante, es enmarcar la conducta dentro de un contexto más positivo. Esto no significa "verlo todo de color de rosa" o actuar con cobardía, sino encontrar los aspectos positivos de la conducta de un individuo y centrar la atención en esa parte, con el fin de conseguir su confianza. Por ejemplo, con un marido agresivo y tal vez violento, el terapeuta podría referirse a su conducta como la de un hombre "fuerte" y hacer algunos comentarios sobre la importancia de la fuerza. El psicólogo podría decirle que da la impresión de ser un individuo que desea controlar su ambiente, y que quiere tener cierta autoridad en todo lo que sucede a su alrededor. Esta táctica resalta los aspectos positivos de la conducta del hombre, mismos que él puede "escuchar", y da al terapeuta cierta influencia para inducirlo a prestarle atención.

Existe otro método útil para hacer que las personas se tranquilicen y presten atención; es la paradoja. A veces una intervención paradójica cambia la situación o la "disposición" de una persona lo suficiente para interrumpir la creciente intensidad del ciclo de ira y violencia. Por ejemplo, el terapeuta, al visitar el hogar de la persona, podría pedir, con cortesía, una taza de café o un vaso de agua. Ésta es una petición un poco extraña que puede cambiar de inmediato el papel antagónico en una crisis al rol habitual de anfitrión. Una solicitud tan simple o inesperada a menudo resulta exitosa, debido a que sirve para distraer la atención de la persona el tiempo suficiente para desescalar la ira. Un miembro del personal de ETC en cierta ocasión interrumpió la acalorada pelea de una pareja con sólo preguntar: "¿No les parece que huele a gas? Creo que percibo un olor extraño". En un instante, toda la atención quedó concentrada en algo ajeno al conflicto, lo que dio al terapeuta la oportunidad de interrumpir el escalamiento de la ira y proceder a la comunicación de otra manera.

Por último, el humor puede ser muy útil para distraer, tranquilizar o reducir una conducta de ira. Sin embargo, el humor debe utilizarse con gran cautela y sensibilidad, para no lastimar el orgullo y la dignidad de las personas afectadas. Es necesario tener cuidado de que el humor, así como la manera como lo aplicamos, no sea mal interpretado o tomado como una forma de burlarnos de otra persona. Algunos terapeutas y consejeros utilizan el sentido del humor con naturalidad y otros no pueden hacerlo. Si el humor es algo que el terapeuta puede aplicar con facilidad y suavidad, puede ser muy valioso en una situación de urgencia, mas si no es espontáneo y natural, es aconsejable que el terapeuta se abstenga de utilizarlo.

Bibliografía

Erickson, M. H., Rossi, E. L., y Rossi, S. I. *Hypnotic Realities*. Nueva York: Irvington, 1976.
Erickson, M., y Rossi, E. L. "Varieties of double bind". *American Journal of Clinical Hypnosis*, 17:143-57, 1975.
Watzlawick, P., Weakland, J., y Fisch, R. *Change*. Nueva York: Norton, 1974.
Watzlawick, P. *The Language of Change*. Nueva York: Basic Books, 1978.
Weakland, J., y Jackson, D. "Patient and therapist observations on the circumstances of a schizophrenic episode". *Archive of Neurology and Psychiatry*, 79:554-74, 1958.

CAPÍTULO 4
Hospitalización de personas en crisis

Una de las determinaciones clínicas más difíciles que deberá tomar el terapeuta, es la de hospitalizar o no a una persona en crisis. Por supuesto, esta decisión adquiere mayor importancia cuando se trata de un internamiento involuntario. A menudo los profesionales de la salud mental que se encuentran cómodos en un ambiente hospitalario, olvidan que la hospitalización puede ser aterradora para un "enfermo" y el significado simbólico o real que adquiere en la vida de la persona. La hospitalización significa que, durante un tiempo determinado, la vida del individuo quedará bajo el control de otras personas que, en la mayor parte de los casos, son perfectos desconocidos. Además, el internamiento de un individuo en un hospital psiquiátrico expone a la persona a la amenaza de un estigma difícil de olvidar —gracias a la proliferación de bancos de información y a los sistemas de registro automatizados, combinados con una inadecuada protección de la intimidad de los expedientes médicos de los clientes. De allí que la hospitalización pueda afectar al individuo durante el resto de su vida.

En situaciones críticas, como las descritas en este capítulo, el terapeuta a menudo se encuentra bajo una intensa presión, por parte de amigos y parientes del cliente, para hospitalizar o no a la persona; el psicólogo o psiquiatra debe valorar todas las posibilidades de manera independiente y fundamentar su determinación en lo que considera más adecuado para su cliente. Este capítulo pretende ayudar al terapeuta a tomar esta difícil determinación, sustentado en consideraciones clínicas. Los aspectos legales de la hospitalización serán analizados en el Capítulo 13. El presente apartado analiza los procedimientos generales para preparar al individuo para la hospitalización, ya sea voluntaria o no, y ofrece algunos lineamientos para valorar el grado del potencial de violencia del cliente hacia otras personas (consulte el Capítulo 12 para obtener información útil sobre la valoración del riesgo de suicidio). Aquí presentamos dos estudios de caso para ejemplificar el proceso de hospitalización; además, hacemos sugerencias sobre la manera de enfrentar la situación cuando el terapeuta, contrario a los deseos del cliente y sus parientes o amigos, determina que la hospitalización *no* es lo más indicado para los intereses de una persona.

Cómo decidir si se debe o no hospitalizar

Aunque el terapeuta tenga una relación prolongada con un cliente, el proceso de hospitalización no siempre resulta sencillo. En esencia, la decisión debe tomarse basada en consideraciones como: si el terapeuta cree que el estado del cliente puede deteriorarse a menos que sea internado en un ambiente protegido; si el cliente tiene una enfermedad mental que representa un riesgo para sí y los demás; si la persona está tan incapacitada por una enfermedad mental que ya no puede cuidar de sí misma.

Esta crítica decisión no debe tomarse sólo porque el cliente desea ingresar en un hospital; algunas personas utilizan la hospitalización para castigar o manipular a los demás, y algunos individuos que padecen de enfermedades crónicas utilizan los hospitales como un refugio que los protege de la responsabilidad de vivir. Por otra parte, la decisión de hospitalizar no debe tomarse sólo porque una persona actúa de manera extraña o que complica la convivencia; el terapeuta tendrá dificultades para resistir a las presiones de parientes, amigos o vecinos que votan en favor de hospitalizar a una persona que les resulta irritante. En casos semejantes, el terapeuta debe restituir la responsabilidad del cuidado de esta persona a la familia o los amigos, que es donde debe quedar; su obligación es ayudar a estas "personas significativas" a comprender que un periodo de hospitalización podría aliviar, temporalmente, la presión que experimentan, pero que no servirá para cambiar a la persona ni facilitará la convivencia. Por el contrario, los cambios de actitud hacia el cliente serán más útiles para alterar, a la larga, una conducta inadecuada.

Valoración y plan

Si la persona en crisis es deconocida para el terapeuta que valora su estado para determinar la necesidad de hospitalizar o no, la situación a menudo requerirá de considerable habilidad. Ante todo, es aconsejable observar al paciente con detenimiento, al tiempo que nos aproximamos con lentitud. Mientras observamos su conducta no verbal, es importante conservar suficiente espacio personal para que el individuo no se sienta atrapado o confuso; las personas agitadas o perturbadas pueden considerarse amenazadas a la menor provocación y suelen actuar de repente cuando alguien se les aproxima mucho. En estos casos, la distancia habitual de cincuenta o sesenta centímetros de espacio personal aceptable debe incrementarse a un metro o más. Como sucede en otras situaciones de urgencia, el terapeuta debe, ante todo, tratar de establecer un buen rapport, al tiempo que trata de entender qué ocasionó el estado de agitación del individuo. Tampoco debe olvidar que esa persona no le eligió como terapeuta y que, posiblemente, el cliente no haya definido su situación como crítica o de urgencia. Con frecuencia el individuo sometido a valoración no fue quien pidió ayuda, y también es posible que haya recibido un tratamiento brusco o provocativo antes de la llegada del terapeuta; en consecuencia, el especialista no sólo debe enfrentar el problema de establecer rapport con una persona perturbada, sino que tiene la tarea adicional de hacerle olvidar el tratamiento insensible o cruel de los demás. También existe la posibilidad de que la persona en cuestión haya sido hospitalizada con anterioridad, lo que pudo representar una mala experiencia personal.

Para iniciar el proceso de valoración, es útil recordar el consejo de Salamon de "tratar con lo sano" (1976, p. 110), porque aun una persona que presenta un estado de crisis conserva cierta fortaleza del yo. Lo más aconsejable es abordar la situación de una manera que inspire confianza, y transmitir a la persona el mensaje de que su seguridad y bienestar son lo más importante. Después, el terapeuta debe descubrir cuáles son los motivos con que el individuo explica su comportamiento; incluso las personas que sufren de una perturbación aguda y actúan de manera extraña, tienen alguna explicación para sus actos y, con frecuencia, la conducta que nos parece rara resulta bastante coherente después de analizar la lógica del cliente. Debemos insistir en que las personas que pasan por un estado crítico —aun las que actúan de manera violenta o agresiva— suelen estar muy atemorizadas; no sólo tienen miedo de sus impulsos, sino de los impulsos imaginarios o reales de los demás. El éxito de este proceso de valoración dependerá de la capacidad del terapeuta para inspirar confianza y establecer un buen rapport con la persona en crisis.

Los individuos perturbados son muy sensibles (y perceptivos) a la conducta de los demás, aun cuando ellos mismos no quieran o puedan comportarse de manera adecuada. En consecuencia, suelen tener conciencia de los mensajes dobles y el engaño por parte del clínico: por ejemplo, cuando el terapeuta afirma falsamente que no tiene miedo, o al mentir diciendo que le agrada la persona en crisis. En tales circunstancias lo más aconsejable es que el profesional reconozca sus sentimientos de una manera neutral; por ejemplo, puede decir que la persona le hace sentirse incómodo, en vez de afirmar que no tiene miedo —lo que podría interpretarse como un desafío para perpetuar el acting-out. Esta clase de confesión neutral es la más indicada debido a que, si la persona en crisis está irritada y trata de expresar la ira o de "mantener a raya" al terapeuta, tales palabras le harán saber que el terapeuta ha comprendido el mensaje. En contraste, una negación de la incomodidad podría provocar una ira mayor en la persona perturbada, pues aumentará su resentimiento al darse cuenta de que su mensaje no fue comprendido. Ante todo, es una respuesta más sincera que, a la larga, será agradecida por la persona en crisis.

El clínico debe adoptar una actitud firme, aunque tranquilizadora, y controlar la dirección y el flujo de la conversación. Las preguntas iniciales serán sencillas, directas y fáciles de responder con frases simples; después, el terapeuta puede proceder, con lentitud, a preguntas más abiertas una vez que se haya establecido la comunicación y la persona en crisis se muestre más tranquila. Si el cliente se niega a responder, el terapeuta podrá aliviar algo de la tensión y evitar un enfrentamiento si sugiere que la persona en crisis se limite a asentir o negar con la cabeza. Si el paciente insiste en no responder, el psicólogo o psiquiatra puede recurrir a un enfoque paradójico fingiendo que le "ordena" no hablar. En tal caso, el clínico podría decir: "Me parece que está muy alterado y que hablar podría ser demasiado para usted, así que creo que lo mejor es que no diga más". Este enfoque paradójico puede lograr dos objetivos: si la persona habla después, el clínico habrá evitado un enfrentamiento; o si la persona permanece en silencio, se sentirá liberada de una gran presión.

Lo más importante es que el terapeuta conserve el control y se conduzca con propiedad, sin importar lo que haga la persona en crisis. Los individuos que sufren de una perturbación aguda pueden tener la habilidad de provocar ira o desconfianza en los demás, y a menudo utilizan esta capacidad como un medio para controlar la situación o hacer que los demás les dejen en paz. Estas personas suelen ser perceptivas y pueden elegir la palabra o acto indicado para frustrar o irritar a otros; en consecuencia, el terapeuta debe tener conciencia de sí en todo momento, y los miembros del personal tienen que mostrarse sensibles y dar apoyo a su compañero clínico en estos momentos de gran demanda emocional.

En el transcurso de una entrevista de valoración, el terapeuta debe comunicar al paciente que hará todo lo necesario para ayudarle, pero aun cuando la persona en crisis no esté de acuerdo con las medidas seleccionadas, el profesional de la salud mental tendrá que actuar como crea conveniente. En pocas palabras, el terapeuta *recurrirá* a un control externo, como la hospitalización, si la persona en conflicto no logra controlarse. Aun cuando proteste al principio, el paciente a menudo experimentará alivio de saber que el terapeuta está dispuesto a tomar toda la responsabilidad de asegurarse de que recupere el control.

Una vez tomada la determinación de hospitalizar al individuo, deberá procederse de una manera muy bien planificada (cuando sea posible), y el plan debe presentarse al cliente de una manera firme, pero positiva. En condiciones ideales, deberán concluirse todos los trámites antes de informar al paciente; el motivo de esto es que cuando una persona pierde el control o se descompensa a tal extremo que requiere de hospitalización, la experiencia de ingreso en un hospital puede ser aterradora. Aun las personas agresivas o violentas pueden sentir temor de sus impulsos y su creciente pérdida de control; así que, en tal situación, a menudo es tranquilizador para el individuo (aunque proteste en ese momento) que el proceso de hospitalización se desarrolle de una manera compasiva, pero bien organizada. De hecho, la desorganización y falta de dirección por parte del profesional puede provocar, de manera accidental, un mayor acting-out por parte de la persona en crisis. En consecuencia, lo más aconsejable es llamar con anticipación al hospital para asegurar una cama y, si el terapeuta no es médico, analizar la situación con el psiquiatra de turno. Si el terapeuta decidiera más tarde que no hospitalizará a su cliente, la situación se reducirá a una llamada telefónica para cancelar la cita con el hospital.

Hospitalización involuntaria

Los estatutos pueden variar de un lugar a otro, pero en los Estados Unidos, todos los estados permiten la hospitalización involuntaria debido al peligro personal (suicidas), para los demás (homicidas) o una incapacidad grave (ver Capítulo 13). Si el terapeuta no es médico y el cliente debe ser evaluado por el psiquiatra de turno del hospital, sería útil proporcionar la siguiente información —debido a que aun las personas muy perturbadas pueden conducirse de manera bastante distinta una vez que llegan a la institución:

1) Información de identificación: es decir, nombre, sexo, fecha de nacimiento, dirección, teléfono, estado civil, fuente de referencia.
2) Aspecto general.
3) Breve historia clínica.
4) Problema actual.
5) Actitud del cliente hacia el problema actual, hacia el clínico y hacia la hospitalización (sumisión, resistencia, etcétera).
6) Conducta motora: por ejemplo, postura, marcha, temblores visibles o actitudes.
7) Forma de hablar.
8) Estado afectivo o emocional: ira, temor, alegría, y que sea o no adecuado a las circunstancias.
9) Procesos mentales: es decir, si los pensamientos son lógicos o no.

10) Contenido de los pensamientos, incluyendo delirios.
11) Percepción o alteraciones de la percepción.
12) Funciones intelectuales.
13) Orientación en tiempo, espacio y persona.
14) Juicio (capacidad de juicio y autocrítica).
15) Una clara descripción de la conducta del paciente durante la situación de crisis.

El individuo peligroso u homicida

Como se dijo antes, muchas personas que pierden el control, aun las que se vuelven agresivas u homicidas, tienen miedo de sus impulsos. En muchos casos, esto puede parecer una suposición equivocada, en particular cuando la persona en crisis es corpulenta, fuerte y/o se encuentra agitada. Sin embargo, no importa cuán imponente sea el paciente, es muy posible que se sienta asombrado y confuso por sus actos. Así que lo mejor es proteger a estas personas de todos los estímulos provocadores o agravantes posibles; para ello, el terapeuta deberá hablar con el paciente en un sitio tranquilo, pero no estrecho, debido a que un área cerrada puede provocar pánico en la persona en crisis, quien se sentirá atrapada. También es aconsejable, como dijo Salamon (1976), que el terapeuta dé libre acceso a la puerta en el caso de una persona agresiva, de tal manera que si ésta quiere escapar no ataque al profesional cuando trate de cruzar la habitación; en la mayor parte de los casos, es posible hacer que el paciente vuelva a la habitación recurriendo a la policía o a un guardia de seguridad en el caso de que trate de fugarse.

Si la persona se vuelve agitada y es necesario limitar su movimiento, el clínico no deberá intentar un enfrentamiento individual sino solicitar suficiente ayuda para impedir la resistencia. Salamon (1976, p. 111) también advierte que un terapeuta debe tener cuidado al limitar los movimientos de un hombre agresivo de manera que éste no perciba que la restricción es un desafío a su masculinidad: es decir, cuando tres o cuatro personas participen en el proceso de restricción, el paciente posiblemente no lo considere como un desafío. Por supuesto, el terapeuta deberá hacer preparativos para disponer de esta ayuda; una persona perturbada podría sentirse tentada a actuar con mayor violencia si el especialista recomienda la hospitalización y después no puede respaldar su afirmación porque no cuenta con otras personas que le brinden apoyo.

A continuación presentamos algunos lineamientos para realizar la valoración de la peligrosidad de un individuo. Observe que la persona en cuestión quizá no parezca violenta durante la entrevista con el terapeuta; algunos paranoides son capaces de controlar sus tendencias violentas durante algún tiempo, de ser necesario. En tal caso, sería provechoso incluir a una o más personas significativas para el paciente durante la entrevista, debido a que la persona en crisis tal vez no puede enmascarar sus pensamientos o actos con facilidad en presencia de personas con las que tiene una relación emocional. Empero, la habilidad clínica será ineficaz para penetrar la conducta apacible de algunos paranoides.

Debido a que no todos los individuos violentos son homicidas, las siguientes preguntas críticas, sugeridas por Salamon (1976, p. 113, 114) podrían ser de utilidad para el terapeuta que pretende diferenciar entre una persona violenta y un homicida. Primero, ¿qué *significa* la conducta violenta que se está presentando? Es evidente que la violencia dirigida contra una víctima específica presenta una situación más grave. ¿Acaso la conducta violenta permitió el descubrimiento por ser tan abierta, o tal vez el cliente trató de ocultar sus verdaderas intenciones? ¿Es posible que la víctima sea inocente, o hizo algo para provocar la agresión? ¿Cuán delusorio es el estado del paciente: es decir, conserva algún contacto con la realidad, o su sistema de autoengaño es tan complejo y firme que justifica una conducta homicida? ¿El paciente tiene un plan bien delineado y acceso a los medios (por ejemplo, armas) para llevarlo a cabo?

Los antecedentes personales del individuo pueden ayudar al profesional de la salud mental a valorar su peligrosidad potencial, ¿Esta persona procede de un ambiente familiar violento? ¿Fue víctima de maltrato o brutalidad? ¿Alguna vez fue sacado de su hogar (aislado de la atención de sus progenitores), o tal vez sus padres murieron o lo abandonaron? ¿Alguna vez el paciente ha presentado la "triada" de prender fuego (piromanía), mojar la cama (enuresis) y ser cruel con los animales, descrita por Salamon (1976, p. 115)? Debido a que la conducta anterior del individuo es el mejor indicador de su comportamiento futuro, ¿hay antecedentes de alguna forma de violencia doméstica? Además, debido a que conducir un auto puede tener la función simbólica de descargar agresión, un antecedente de accidentes frecuentes o incidentes de embriaguez o conducir de forma arriesgada podrían sugerir un mal control de los impulsos agresivos.

Si el psicólogo o psiquiatra descubre que la persona en crisis lleva armas consigo, lo primero que debe recordar es que el paciente porta un arma para protegerse *contra* los demás; en consecuencia, el terapeuta debe ser muy cuidadoso de no hacer algo que el cliente considere agresivo o atemorizador. Puede parecer paradójico, pero el individuo que tiene un arma está más temeroso del terapeuta que éste del paciente, debido a que quien porta un arma lo hace para sentirse protegido. Con esto en mente, será más sencillo que el profesional de la salud mental sostenga negociaciones con el cliente agitado que tiene un arma consigo, debido a que el temor y la desesperación subyacentes pueden entenderse con claridad.

Es aconsejable preguntar por qué porta un arma, en vez de pedir que la entregue. Después de averiguar la razón, el terapeuta puede tratar de convencer a su cliente de que el arma no es necesaria, porque él o ella no está armado. El clínico tal vez pueda agregar que se sentiría más cómodo si el cliente le entregara el arma o la depositara en una mesa.

El terapeuta, en ninguna circunstancia, deberá tratar de desarmar al paciente; si la persona en crisis se niega a entregar el arma, el clínico tendrá que entregar el caso al departamento de policía o al servicio de seguridad del hospital.

Por último, debemos recordar que un elemento fundamental para la valoración de la peligrosidad de un individuo es su respuesta al ofrecimiento de ayuda terapéutica. La persona que sea receptiva al tratamiento y tenga el apoyo de parientes y amigos será mejor candidato que el individuo que se resiste a recibir ayuda y no tiene una red de apoyo que funcione bien.

Un caso para ejemplificar el proceso de hospitalización

El Emergency Treatment Center (ETC) recibió una llamada de un comandante de guardia, alrededor de las 8 de la noche, solicitando que enviaran a un clínico a la estación de policía. El comandante de guardia explicó que un joven había entrado en la estación y se comportaba de manera muy extraña. No sabía qué hacer con él, aunque resultaba evidente que el joven tenía un problema. Cuando el terapeuta llegó, lo condujeron a una oficina donde esperaba Richard MacMillan. El comandante de guardia presentó al terapeuta y pidió a Richard que le contara su historia. Al principio, el joven se mostró receloso y protestó que ya había relatado su caso en tres ocasiones. El terapeuta aseguró a Richard que acudió a la estación con el objeto de ayudarle, y que ésa sería la última vez que contara su historia. Después de cierta vacilación, acompañada de exagerados ademanes, Richard accedió a repetir su relato.

El joven dijo que un hombre que se hacía pasar por su padre estaba ocupando la casa móvil de su padre. Cuando el terapeuta le preguntó qué pensaba que había ocurrido, la respuesta fue que no lo sabía, pero que estaba seguro de que ese hombre no era su verdadero padre. Richard agregó que su padre tenía ojos azules y el impostor los tenía pardos. El terapeuta le preguntó si el hombre se parecía a su progenitor y Richard replicó, con ademanes y muecas, que el impostor era muy astuto y sabía mucho, pero que su auto era de otro color. Cuando el terapeuta preguntó si tenía amigos o parientes que vivieran en la zona y pudieran identificar a su padre, Richard explicó que todos sus parientes eran impostores. Dijo que también eran muy listos y que, aunque pensaran que lo sabían todo sobre él, en realidad mentían. A pesar de que todos se mostraban amigables y a menudo lo invitaban a visitarlos y a cenar, sabía que sólo eran amables para que no los delatara. Richard agregó que estos parientes tratarían de sacar a relucir su "pasado", pero que eso no importaba. El terapeuta preguntó qué era lo que esas personas tratarían de sacar a relucir; al oírle, Richard se tornó muy agitado y exclamó: "No hablaremos de ello porque nada tiene que ver con esto".

El clínico explicó que tendrían que encontrar la manera de demostrar si su padre y las otras personas eran o no impostores. Al principio, Richard se opuso porque le pareció que no era necesario, debido a que él ya tenía pruebas de su impostura. Eso no importaba, explicó el terapeuta, pues por razones legales lo mejor sería conseguir un medio de identificación irrefutable. El terapeuta pidió a Richard que escribiera una lista con los nombres de los parientes que él creía eran impostores, y solicitó que incluyera la dirección, el número telefónico y una descripción de tales personas. Richard dudó, al principio, ante la idea de incluir direcciones y teléfonos porque temía que alguien llamara o visitara a los parientes; dijo que se enfurecerían si alguien los llamaba muy tarde por la noche. Cuando el terapeuta ofreció hacer llamadas telefónicas sólo durante el día, Richard incluyó los números. Cuando el terapeuta preguntó a Richard si vivía cerca de allí y tenía un empleo, el joven respondió que llevaba cuatro meses de residir en esa zona y que acababa de mudarse a un hotel cercano; no tenía empleo, pero recibía un ingreso del seguro social. Richard agregó que estaba solo y que deseaba intensamente encontrar a su "verdadero" padre.

El clínico dijo a Richard que tal vez no pudieran hacer mucho más esa noche, en particular porque él se negaba a que llamaran por teléfono a la gente que fingía ser su familia; así que el terapeuta decidió invitar a uno de los (supuestos) parientes a visitar las oficinas del Centro, la mañana siguiente, para que Richard pudiera indentificarlo. Aunque persistía en su recelo, Richard aceptó, con renuencia, la proposición. El objetivo del clínico al organizar este encuentro era obtener información adicional porque, a pesar del hecho de que su conducta era bastante extraña y claramente delusoria, en ese momento Richard no parecía tan perturbado que requiriera de hospitalización.

Cuando el terapeuta preguntó si había pensado en buscar otro lugar donde vivir que no fuera el hotel, Richard respondió que estaba buscando algún sitio y "una mujer con quien vivir". Agregó que pensaba encontrar una pensión temporal, para no estar solo. El clínico dijo a Richard que el Centro tal vez pudiera ayudarle a encontrar una pensión donde vivir hasta que obtuviera un empleo y hallara un apartamento; anotó el nombre y el número telefónico del hotel donde se hospedaba el joven y dijo que lo llamaría poco antes del mediodía, al día siguiente. Cuando el terapeuta se ofreció a caminar con él hasta el hotel, Richard pareció muy aliviado de que alguien tratara de ayudarlo. El clínico concluyó que Richard, aunque esquizofrénico, todavía funcionaba en un nivel que permitía que lo tratara como paciente externo. Quería encontrar un lugar para él en una pensión e inscribirlo en un programa diurno de tratamiento para evitar que el episodio esquizofrénico del joven pudiera escalar en intensidad.

Miemtras el terapeuta y Richard caminaban hacia el hotel, el joven comenzó a mostrarse cada vez más temeroso. Se detuvo frente a la puerta del hotel y dijo: "Por favor, ¿podríamos caminar un poco más? No quiero entrar, porque no podría dormir". Richard propuso ir al bar de la esquina, tomar una cerveza y charlar un poco más; pareció muy aliviado cuando el terapeuta accedió. Éste pasó media hora más con Richard, asegurándole que no lo abandonaría. Cuando preguntó al joven si había tomado alguna clase de medicamento con anterioridad, Richard contestó que sí, mas no recordaba los nombres de los fármacos; además, no importaba porque jamás volvería a tomar medicamentos. Habló largo rato del hecho de que su madre había muerto y de cuánto la extrañaba. Aunque contaba 26 años, su vocabulario y actitud parecían propios de un chico confuso, de 12. Después de una hora de charla, dijo que pensaba que era hora de volver al hotel para acostarse a dormir.

Al día siguiente, el terapeuta empezó a localizar a los parientes de Richard y la pensión donde hospedarlo. Por fin logró comunicarse con un hermano mayor de nombre Ralph, hombre casado que vivía cerca del área, y también encontró una pensión que tenía una vacante. El único requisito para su ingreso era que el cliente se presentara de manera voluntaria para una entrevista psicológica y otra financiera. El personal de la pensión consideraba importante que los clientes potenciales establecieran el contacto con la casa, como una muestra de su motivación.

Luego, el terapeuta telefoneó a Richard y le dijo que había hablado con su supuesto hermano Ralph, y que éste estaba dispuesto a presentarse en el Centro la tarde del siguiente sábado. Agregó que en esta entrevista podrían identificar a Ralph como un impostor o como el verdadero hermano de Richard. Cuando Richard accedió a presentarse para la entrevista, el clínico le habló de la pensión; el joven no se mostró muy entusiasmado con la idea, reiteró que preferiría encontrar una mujer con quien vivir, pero dijo que pensaría en la posibilidad.

Al llegar el fin de semana, Richard aún se resistía a llamar por teléfono a la pensión, a pesar de los intentos del clínico para que lo hiciera. Cuando el joven se presentó en el Centro para la reunión del sábado, el terapeuta hizo una llamada de larga distancia al (supuesto) padre de Richard. El joven habló unos momentos con su padre y, cuando al fin le pidió que se reuniera con él y el terapeuta en otro momento, el progenitor aceptó. El único comentario de Richard después de la prolongada conversación telefónica, fue: "Es un buen impostor". El encuentro con Ralph no fue exitoso —el hermano, de pronto, se mostró muy irritado y partió, diciendo que estaba "harto" de Richard y sus "estúpidas locuras". El terapeuta dedujo que una demostración de cálida aceptación e interés, transformada de súbito en un airado rechazo, era la dinámica típica del sistema familiar.

Organizó una reunión de Richard con su padre, y éste repitió el mismo esquema de aceptación-rechazo que se presentara durante el encuentro entre hermanos. El terapeuta se enteró de que el padre de Richard, hacía algunos años, pasó 10 meses internado en un hospital estatal para enfermos mentales; al parecer se sentía inseguro y avergonzado de su enfermedad y la hospitalización. Durante la reunión, el padre rechazó con frialdad a Richard (porque el joven le recordaba su brote esquizofrénico), y luego, motivado por la culpa de su rechazo, mostraba débiles ademanes paternales; pero cuando Richard respondía a las muestras de amistad de su padre y trataba de acercarse más a él, el hombre mayor volvía a rechazarlo. A lo largo de toda la entrevista, la actitud del padre fue brusca y formal, en tanto que Richard, como era evidente, esperaba que su progenitor mostrara cierto interés. El padre nada dijo, pero dejó muy claro que no quería tener relación alguna con Richard; permaneció en el Centro durante casi la mitad de la entrevista, programada para una hora de duración, y luego se marchó argumentando que tenía una cita de negocios.

Después de los rechazos de su padre y hermano, el estado de Richard empeoró. El terapeuta estaba reacio a permitir que viviera sin vigilancia, pero Richard no tenía parientes o amigos que le ayudaran o dieran apoyo en ese momento. Por esta razón, el clínico lo instó, en repetidas ocasiones, a que ingresara en la pensión. Richard se negó con testarudez, insistía en que tenía que encontrar a su verdadero padre. El terapeuta determinó al fin que debía realizar una hospitalización involuntaria porque Richard mostraba señales de acelerado deterioro, al grado de que ya no podía cuidar de sí. Cuando tomó esta decisión, el terapeuta realizó los preparativos necesarios antes de informar a Richard al respecto, porque conocía la intensidad de los sentimientos del joven hacia la hospitalización. Habló con los encargados del hospital y analizó el caso con el psiquiatra de turno, quien aseguró que dispondría de una cama en una sala con cerradura. El terapeuta pidió que el hospital alertara a dos corpulentos asistentes de seguridad, en caso de necesitarlos, debido a que Richard era un joven muy alto y atlético.

Cuando el clínico presentó a Richard su plan de hospitalización, el joven se mostró muy agitado y comenzó a caminar con grandes pasos por el consultorio. En ese momento, el terapeuta pidió ayuda; cuando llegaron dos miembros del personal del Centro, Richard se levantó de un salto, tomó una taza de la mesa del terapeuta, y la rompió con ademán desafiante. Pero cuando se dio cuenta de que los miembros del personal permanecían impasibles, accedió al internamiento. El terapeuta acompañó a Richard durante todo el proceso de hospitalización; lo visitó con regularidad y sostuvo varias interconsultas con el personal de la sala psiquiátrica. Al principio, Richard se resistió a todo tratamiento, pero depués de una semana, comenzó a mostrar mejoría. Cuando estaban a punto de transferirlo a otra sala sin cerradura, el terapeuta del Centro participó en la decisión del sitio al que sería enviado. Richard accedió, de manera voluntaria, a ingresar en una instalación residencial sin cerraduras, la cual proporciona tratamiento posterior para pacientes que han sufrido una crisis aguda.

Richard respondió bien al tratamiento; incluso su hermano, Ralph, comentó que no recordaba haberlo visto "en tan buena condición". El hermano también ha mejorado en su relación con Richard. Sin embargo, la actitud del padre hacia Richard no ha cambiado. Richard ha llamado en varias ocasiones posteriores al Centro, para expresar su agradecimiento e informar al terapeuta sobre su mejoría.

Un caso para ejemplificar que las cosas no siempre son lo que parecen

Dan Wilson era un alcohólico crónico de 51 años de edad, quien fue presentado al Centro por un oficial de policía con el cual había entablado amistad dos años antes. Inadvertido por los parientes o amigos de Wilson, el policía observó que éste tenía una tumoración en el labio superior que parecía inflamada y crecida; acudió al médico, quien lo refirió a un cirujano. Éste analizó la lesión durante unos momentos, y declaró que Wilson podría tener una lesión cancerosa en el labio; tendría que ingresarlo en el hospital, la semana siguiente, para operarlo. Después de dar la noticia, el cirujano se disculpó para ir a atender a otro paciente. Wilson tuvo que hablar con la secretaria, quien hizo los arreglos necesarios para la hospitalización. Desde que Wilson se enterara de la naturaleza de su tumor, pensó que tenía un cáncer incurable, que la operación lo dejaría desfigurado, y que en poco tiempo moriría tras una agonía espantosa.

Wilson compró una pistola al salir del consultorio del cirujano y después, esa misma noche, se puso a tomar sin medida. Trató de suicidarse al estrellar su auto a gran velocidad contra una pared de cemento; destrozó el vehículo, pero él, de manera milagrosa, no sufrió lesiones. Al día siguiente, su familia (es decir, su hijo y nuera) trataron de internarlo en un salón para alcohólicos del Hospital para Veteranos de la localidad, pero cuando lo llevaron a la institución, Wilson se mostró tan atemorizado que se negó al internamiento. En ese momento, sus parientes enfurecieron de tal manera, que lo abandonaron en el hospital.

Wilson caminó varios kilómetros hasta el domicilio de un amigo, quien lo llevó a su casa. Tan pronto como llegó, llamó por teléfono a su hijo, le dijo que tenía una pistola y que si alguien trataba de hospitalizarlo, dispararía a quien tratara de acercarse a él y luego se suicidaría. El hijo, a su vez, llamó al amigo policía de Wilson porque creyó que su padre había enloquecido y necesitaba que lo encerraran. Cuando el oficial telefoneó a Wilson, éste repitió la amenaza de que pretendía encerrrarse en su casa y suicidarse. El oficial llamó entonces al ETC, pidiendo ayuda, y dos terapeutas de turno se reunieron con él en la casa de Wilson. Los tres hablaron con el hombre a través de la puerta cerrada; con el tiempo, surgió la historia del temido tumor canceroso y se vio que Wilson no era una persona que quisiera dañar a los demás. En vez de ello, le aterraba que la tumoración del labio superior lo dejara desfigurado y, a la larga, lo llevara a la muerte después de una enfermedad prolongada, dolorosa e irremediable. Los terapeutas lograron convencerlo de que tenía alternativas y de que pidiera, por lo menos, otra opinión. De mala gana, Wilson accedió a presentarse, voluntariamente, en la sala de pacientes psiquiátricos del hospital general (para entonces, estaba completamente sobrio).

Cuando los terapeutas del ETC visitaron a Wilson en el hospital, esa noche, se encontraron con un hombre muy agradable. Éste les dijo que lamentaba mucho haber ocasionado tantos problemas, pero que tenía dificultades para controlar su terror ante la idea del cáncer que tenía en la cara. Recordó que el cirujano le había dicho que tenía un carcinoma y que sería necesario quitarle la mitad del labio superior. Uno de los terapeutas sugirió que el personal del hospital general podría ayudarle a encontrar otro cirujano. Wilson aceptó que era una buena idea que le revisara otro especialista y agregó que, en una época, trabajó como técnico quirúrgico; había visto muchas operaciones de cánceres que

Diana Sullivan Everstine y Louis Everstine

fueron un fracaso y se mostró aliviado de poder hablar de sus temores acerca de la intervención quirúrgica.

Después de esta entrevista con Wilson, los terapeutas concluyeron que aún tenía tendencias suicidas; pidieron a la jefa de enfermeras que no diera de alta a Wilson hasta después que el segundo cirujano hubiera valorado la tumoración de su labio. La enfermera accedió y dijo que haría que una persona lo acompañara al consultorio del cirujano. Al día siguiente, Wilson fue examinado por un renombrado especialista en cáncer.

Dos días depués, Wilson llamó por teléfono a los terapeutas de ETC para informar que había visto al especialista, quien se tomó la molestia de explicarle el problema. El cirujano le dijo que aunque no podría asegurar que la tumoración no fuera concerosa hasta que hiciera una biopsia, podría quitar el tumor en su consultorio y luego realizar la biopsia. El cirujano agregó que Wilson tendría los resultados en una semana; si el tumor era canceroso, tendría que quitar un poco más de tejido circundante, para asegurarse de que todo el tumor hubiera sido extraído.

Dan Wilson llamó a ETC en dos ocasiones posteriores. La primera vez nos dijo que la operación fue un éxito; con la segunda llamada informó que la biopsia había demostrado que no tenía un carcinoma. En este caso, pudo evitarse una situación de suicidio o encierro, una hospitalización involuntaria, y se identificó y eliminó un factor contribuyente a una crisis alcohólica.

Bibliografía

Salamon, I. "Violent and aggressive behavior". En R. Glick, A. Meyerson, y J. Talbott (editores). *Psychiatric Emergencies*. Nueva York: Grune & Stratton, 1976.

CAPÍTULO 5
Violencia doméstica

La dimensión del problema

Se ha dicho que la violencia familiar es una "cuestión privada" o un acontecimiento que "no se presenta" en las buenas familias. A menudo, los participantes (tanto la víctima como el perpetrador) hacen todo lo posible para ocultar la violencia de su familia ante los extraños. Gelles (1972) observó que las personas suelen reprobar, en público, la conducta violenta que permiten o justifican en privado. Del mismo modo, Marsden y Owens (1975) describen al marido de la clase "Jekyl y Hyde" que por momentos es amable y amistoso, especialmente en público, pero después, a solas, se vuelve violento con su familia. La mayoría de las víctimas consideran que son las únicas personas que han experimentado tal situación; en realidad, la violencia familiar es un problema internacional y muchas sociedades la permiten de una manera abierta o encubierta.

Hasta hace poco tiempo la gente ha comenzado a reconocer la magnitud del problema de la violencia doméstica. Durante siglos, la familia era considerada el refugio que nadie, menos aún un extraño al grupo familiar, tenía derecho de invadir. Cuando las esposas golpeadas y otras formas de violencia intrafamiliar comenzaron a salir a la luz, estos casos a menudo eran considerados como situaciones raras, excepto en las familias pobres o de extranjeros. Por otra parte, estos acontecimientos solían ser "ocasionados por mujeres provocadoras" que en realidad querían que "las pusieran en su sitio" de vez en cuando. Sin embargo, en los últimos años, y a consecuencia de los esfuerzos de diversos investigadores como Gayford (1978), Steinmetz y Strauss (1974), Strauss (1974) y particularmente el conmovedor trabajo de Pizzey (1974), la violencia familiar al fin recibe el reconocimeinto de una realidad de dimensiones más complejas de lo que antes se pensaba.

Un factor importante que contribuye a la violencia familiar, a nivel internacional, es la nuclearización de la familia. La sociedad industrial moderna ha ocasionado que la gran familia extendida se divida en grupos familiares más pequeños (nucleares). En ETC, al igual que Glick (1975), hemos observado que hay una tendencia a una menor violencia en la gran familia extendida. Cuando surge la fragmentación, se desintegra con rapidez el sistema de apoyo que a menudo impide el conflicto intrafamiliar; sin abuelos, tíos, tías, primos y demás, la familia se convierte en un lugar aún más "privado" donde el dolor, la ira y las frutraciones se dirigen intensamente contra una o dos personas. Debido a que la familia nuclear de hoy suele aislarse de los parientes restantes, son cada vez menos las personas que pueden tener conocimiento de la violencia dentro de una familia.

La mayoría preferimos pensar que los actos de violencia, como golpear al cónyuge y maltratar a los hijos, sólo se presentan en familias "enfermas" o desviadas. Este erróneo y común concepto sirve para aislar aún más a las víctimas de la violencia familiar, de tal manera que sigan pensando que son las únicas personas que sufren actos de violencia; y debido a que son los únicos, entonces hay algo malo en ellos. Steinmetz y Strauss (1974) tal vez han hallado una fuente de este frecuente mito al revisar los medios masivos de información en los Estados Unidos (en particular la televisión y el cine), para ver cómo proyectan la imagen de la violencia doméstica. En su estudio descubrieron que la violencia jamás ha sido plasmada dentro de una familia "normal" o promedio; en contraste, cuando surgía la violencia familiar, la persona que tenía el acting-out aparecía como un pervertido, criminal o extranjero.

Muchas personas preferirían pensar que las familias violentas pertenecen a otros grupos étnicos o, por lo menos, a una clase social muy diferente de la propia, mas nuestra experiencia clínica, y la de Freitas (1979) y Gelles (1978) (este último escribió que, en los Estados Unidos, 50 por ciento de todas las mujeres casadas eran atacadas por sus maridos durante el matrimonio y que, en un momento determinado, cerca de un millón de niños estadunidenses son maltratados o abandonados), sugiere que este mito dista mucho de la realidad. Otra prueba de importancia fue la proporcionada por el clásico estudio de Wolfgang (1958) sobre el homicidio: descubrió que, en tanto que sólo 12 por ciento de las víctimas de homicidios son asesinadas por desconocidos, una gran mayoría murió a manos de parientes y amigos; asimismo, 94 por ciento de los asesinos y sus víctimas pertenecían a la misma raza. Gelles (1978) resumió así la situación: "...la relación más común entre asesino y víctima, es una relación de parentesco" (p. 172).

Al parecer, la violencia está más próxima a nosotros de lo que quisiéramos pensar; nos encontramos más expuestos a la violencia entre amigos y parientes que con el (mítico) desconocido de otra raza. Las posibles causas de esta falsa concepción son muy complejas; una de ellas puede ser que muchos científicos conductistas tienen dificultades para aceptar y comprender el hecho de que individuos "normales", como ellos, en ciertas circunstancias podrían volverse violentos contra sus cónyuges, hijos o amigos cercanos. Es posible que esta renuncia haya ocasionado, en el pasado, que algunos clínicos relegaran las verdaderas acusaciones de incesto al terreno de la fantasía, debido a que este tema era muy desagradable y no podían encararlo como una realidad.

Una prueba ulterior de nuestra renuncia a aceptar como real la violencia familiar es el hecho de que esta clase de conducta no fue un tema común de interés público, investigación académica o, incluso, de discusión entre terapeutas sino hasta 1962, cuando Kempe y colaboradores publicaron su fundamental artículo sobre los niños golpeados de los Estados Unidos; o hasta 1974, cuando Pizzey publicó su dramático artículo *Scream Quietly or the Nieighbors Will Hear* (Grita en voz baja, o los vecinos escucharán). A partir de entonces, varios acontecimientos han dado luz al desagradable tema de la violencia familiar, por ejemplo: 1) la Comisión Nacional sobre las Causas y la Prevención de la Violencia (organización norteamericana) surgió después de los asesinatos de Kennedy y King, y presentó la asombrosa información sobre la naturaleza y las dimenciones de la violencia en la vida de los Estados Unidos (vea, en particular, el trabajo de Mulvihill, *et al.*, 1969); 2) el movimiento feminista sirvió para despertar la conciencia pública de que muchas mujeres eran víctimas de ataques violentos en sus hogares. Estas situaciones encontraron fundamentos en las revelaciones de Gelles y Wolfgang (mencionados antes), es decir, que la relación más frecuente entre asesino y víctima es la de miembros de la misma familia o amigos. Además, en años recientes se ha sabido que la violencia familiar es la causa de la mayor parte de las llamadas de auxilio al departamento de policía. Estos llamados son los más peligrosos para dicho departamento, porque más oficiales resultan heridos o muertos durante una intervención en alguna crisis familiar que en cualquier otra clase de casos atendidos por la policía (Parnas, 1967).

Hemos observado que existe un factor muy relacionado con la violencia familiar: las sustancias intoxicantes. De hecho, en cerca de 40 por ciento de los casos de violencia familiar atendidos por el Centro, un factor contribuyente en la crisis fue el alcoholismo o alguna otra forma de adicción. Los hallazgos de ETC son consistentes con los del estudio de Gayford (1978) sobre las familias violentas, en el cual descubrió que el abuso del alcohol era la causa de casi la mitad de los casos de esposas maltratadas en su muestra. Esto no quiere decir que el uso de sustancias intoxicantes, por sí mismo, sea una causa directa de la violencia familiar, sino que el alcohol u otras clases de drogas tienden a interferir con la capacidad del individuo para controlarse bajo condiciones de estrés; de hecho, estas sustancias permiten que el temor, la ira o los celos, hasta entonces controlados y mantenidos ocultos, aparezcan de pronto en un violento acting-out.

Aunque debemos reiterar que no pretendemos afirmar que la violencia familiar sea un producto de la clase social o la cultura, otros investigadores que realizan estudios sobre la violencia (por ejemplo, Gelles) han observado que las personas de las clases trabajadoras y de familias de bajos ingresos son las víctimas más frecuentes de la violencia en el hogar. El motivo no es que dichos individuos tengan un potencial mayor para la violencia, sino que, como señaló Gelles (1972, 1978), la clase trabajadora y las familias de bajos ingresos son más vulnerables a las presiones sociales como el desempleo y la inseguridad económica, el hacinamiento y la promiscuidad, los embarazos no deseados, e infinidad de problemas similares. Debido a estas presiones, a veces los miembros de la familia tienen enfrentamientos y recurren a la violencia. Además, las familias de la clase trabajadora no pueden pagar los servicios privados de que gozan las familias de clase media y alta, y en consecuencia suelen presentar sus problemas ante una agencia de servicio público, convirtiéndose en parte de un sistema de registros y en estadísticas públicas.

Una factor significativo en la etiología de la violencia familiar, según informes de un importante grupo de investigadores norteamericanos y extranjeros (por ejemplo, Bakan, 1971; Gayford, 1978; Gil, 1971; Gelles, 1976; Kempe y cols., 1962; Levine, 1975; Sears, Maccoby y Levin, 1957; Steele y Pollock, 1968), es que cuanto mayor sea la violencia que experimente un niño durante su desarrollo, mayor será la probabilidad de que se convierta en un adulto violento. Es deprimente comprobar que estos hijos de familias violentas se convertirán, posiblemente, en los adultos, cónyuges y progenitores violentos del futuro, a menos que hagamos algo humanitario y realista para interrumpir el trágico círculo.

Por desgracia, son pocos los programas sociales, médicos o de salud mental que proporcionan servicios adecuados y eficaces para las familias violentas. Los profesionales del sistema de justicia, incluyendo a los oficiales de policía, suelen protegerse con la excusa de que, debido a que se trata de cuestiones privadas o "civiles" (es decir, no "criminales"), no pueden verse implicados en la situación. En algunas regiones de los Estados Unidos, las actitudes comienzan a cambiar, pero en muchas comunidades imperan todavía los conceptos anticuados (como: "Las mujeres necesitan, e incluso disfrutan, de los golpes ocasionales para que recuerden quién manda", y: "Los padres tienen el derecho de castigar a los hijos, de la forma que mejor les parezca"). A la larga, en opinión de los autores, tendrá que ocurrir la imprescindible inversión de esta renuencia de la sociedad a verse implicada en situaciones familiares "privadas"; aunque "el hogar de un hombre es su castillo", esto no le da el derecho de golpear a su esposa o hijos.

Parejas que pelean con violencia

Muchos desacuerdos entre los miembros de una pareja pueden conducir a peleas violentas en las que uno golpea o lanza un objeto contra otro; esta clase de pelea violenta crónica es un fenómeno muy diferente del síndrome de la esposa golpeada, del cual hablaremos en el Capítulo 6. Esta sección está destinada a un análisis de la pelea crónica en la pareja.

La conducta violenta suele presentarse cuando se debilita algún factor (o interacción de factores) que, en condiciones normales, impide el acting-out, o cuando la persona que se violenta tiene un mal control de impulsos. Algunos factores que pueden ocasionar la pérdida del control son de origen químico (es decir, drogas o alcohol) y neurofisiológico (por ejemplo, daño cerebral), o bien psicológico y social. A continuación presentaremos un análisis enfocado en los factores psicológicos (por ejemplo, de comunicación) y sociológicos que conducen a la violencia.

Al describir la violencia familiar, el término "escalamiento" suele utilizarse con libertad; por desgracia, este vocablo tiene más de un significado, y sería útil aquí distinguir entre sus dos acepciones para definir el término con exactitud, según lo utilizaremos en este análisis. Watzlawick y cols. (1976) utilizaron "escalamiento" para describir la patología que se presenta en las "relaciones simétricas", en la que uno de los miembros de la relación comienza a sentirse muy incómodo si llega a percibirla como "desigual". Esta forma de competitividad suele denominarse el aspecto de "yo puedo hacer cualquier cosa mejor que tú" de una relación simétrica. Una segunda acepción de "escalamiento" se refiere a la exacerbación de una *dificultad* de la vida común, la cual empieza a experimentarse como un *problema*; esto puede suceder cuando la manera como un individuo decide solucionar una dificultad, sólo sirve para intensificarla. Como escribieron Weakland y cols.: "La acción que pretendía *aliviar* la conducta de la otra parte, la *agrava*; el 'remedio' es peor que la 'enfermedad' " (1974, p. 149). Este segundo significado del término "escalamiento" es más parecido al de los vocablos "intensificación" o "exacerbación"; sin embargo, existe una relación entre la forma como se utilizó la palabra "escalamiento", en su versión original (para describir una competencia excesiva en una relación simétrica) y la segunda acepción del término, es decir, cuando un remedio "razonable" convierte una dificultad cualquiera en un problema enorme. La relación es que una exacerbación inicial e inconsciente de una dificultad o desacuerdo menor, puede provocar que la familia (o pareja) tome conciencia de un problema mayor; una vez que surge esta toma de conciencia, suele originarse una lucha para lograr el control. Es en este sentido —el de una secuencia de acontecimientos, a veces intencionales y otras accidentales, que conduce a una lucha muy consciente por controlar la situación— que utilizaremos el término "escalamiento" a lo largo de nuestra discusión.

Una manera como puede presentarse el escalamiento es mediante la violación de los patrones o "reglas familiares" (ver Jackson, 1965). Dichas reglas pueden ser tácitas e idiosincráticas en cada familia, contrastado con las reglas familiares más comunes como fidelidad, intimidad (privacidad) y autoridad paterna. Existen ciertas reglas familiares que tienen reconocimiento consciente y otras que no; algunos ejemplos de reglas más sutiles son la esquivación absoluta de ciertos temas (o su omisión en presencia de determinados individuos), y el mito familiar o el "engaño compartido" que los miembros de la familia acuerdan aceptar y proteger. Las reglas familiares también pueden implicar una condición de importancia o poder de ciertos miembros de la familia. La violación de alguna de estas reglas, ya sea reconocida consciente o inconscientemente, puede originar el proceso de escalamiento. Esto es más factible cuando un miembro de la familia trata de reparar la falta o restaurar el *statu quo* de la familia mediante un remedio razonable (aunque errado).

A menudo, el escalamiento ocurre de diversas formas, dependiendo de que la regla violada fuera de la variedad consciente o inconsciente. La violación de una regla de reconocimiento consciente suele provocar un estallido inmediato de ira, en tanto que la violación de una regla inconsciente a menudo provoca un estallido de ira retardado. Es fácil comprender el hecho de que la violación de reglas que se siguen *sin* conocimiento consciente provoque un escalamiento más lento, debido a que el individuo que "recibe" la violación de la regla (denominado recipiente) sólo se percata de la misma más tarde (después de que ha sido rota), y es hasta ese momento que aparecen las consiguientes emociones de dolor o ira. De hecho, quien tiene la sospecha de que una regla ha sido violada puede sentirse inquieto, lastimado, o "violado", sin tener la capacidad de explicar el motivo con exactitud.

Diana Sullivan Everstine y Louis Everstine

Este recipiente puede responder con ira hacia el violador y sentirse justificado al actuar de esta forma; además, el recipiente quizá no pueda articular con claridad alguna "razón" clara cuando, en ese momento, sea desafiado por el infractor, debido a que el recipiente tal vez considere que hizo "bien" al responder. Y debido a que la represalia no parece tener una justificación visible para el infractor de la regla, éste podría vengarse a su vez, debido a que se siente "atacado sin motivo".

De esta forma, los cónyuges o dos miembros de la familia se convierten en combatientes indignados, y ambos afirman que son la víctima inocente de la provocación del otro. Lo que ninguno de los dos comprende es que cada cual tiene razón de cierta manera, y que ambos están equivocados en cierto aspecto. Un individuo responde al estímulo proporcionado por el otro y, como es natural, cada cual preferirá interpretar una secuencia de escalamiento que pueda respaldar su punto de vista de la realidad. Estas situaciones son aun más complejas y difíciles de descifrar cuando una persona tiene un grupo de reglas inconscientes y la otra respeta reglas conflictivas; es entonces cuando los dos proseguirán con la pelea, y cada cual disculpará su conducta "responsiva" justificado por el comportamiento "provocador" o "injusto" del otro. Así, uno siente que ha sido dañado por el otro, pero ninguno de los dos puede especificar con claridad el motivo o la forma como se inició el conflicto. De este modo, una secuencia de interacción que se inicia con el rompimiento de una regla inconsciente (o en extremo sutil) puede, de súbito, convertirse en una lucha muy consciente y competitiva por adquirir el poder y el control.

En ETC hemos observado que existe un importante factor psicológico que puede provocar un acting-out violento entre las parejas: la manipulación consciente o inconsciente del temor a la soledad o ei abandono. Las personas que ya sospechan que no son amadas o dignas de recibir amor —por una parte debido a la conducta del ser amado y, por otra, porque su entrenamiento temprano les orilló a dudar de su capacidad para ser amados—, son especialmente vulnerables a las amenazas reales o imaginarias de abandono. Debido a que no pueden encarar la posibilidad del peor de los acontecimientos (el abandono), no es sorprendente que una situación que implique esta clase de amenaza tenga un elevado potencial para una conducta violenta; esto es especialmente cierto cuando se combinan otros factores psicosociales (por ejemplo, modelos violentos en la infancia, presiones económicas o temor a la humillación social) que acaban por destruir los controles que la persona podría utilizar en condiciones normales.

Una situación de tensión puede ser exacerbada por los intentos de un individuo para solucionar el problema utilizando uno o más de los razonables remedios bien intencionados, pero potencialmente peligrosos, por ejemplo: "Si amenazo con marcharme, lo asustaré y cambiará". Otros mitos del razonamiento que a menudo se convierten en artículos de fe para las personas que dudan de su capacidad para ser amadas, se refieren a las cuestiones sexuales, como la idea de que "el sexo es mejor después de una pelea". Esta clase de suposiciones suelen estar fundamentadas en el sentimiento, por parte de uno o ambos elementos de la pareja, de que uno de ellos no es adecuado sexualmente bajo circunstancias más normales; por ello, la pareja desarrolla un patrón o grupo de reglas basadas en el acuerdo tácito de que la intimidad será precedida por una pelea. Sin embargo, si durante uno de estos encuentros preparados como preludio para la intimidad, una persona "toca un punto delicado" diciendo algo que de verdad lastime a la pareja, esta pelea "fingida" puede convertise en una lucha violenta y terrible.

Debido a que la ira es contagiosa, estas patéticas medidas razonables, que fueron diseñadas con la inocente intención de evocar demostraciones de amor y afecto, pueden tener un resultado paradójico. De hecho, cada elemento de la pareja, con el fin de responder de la manera deseada, tendría que conocer el temor y la desesperación que el compañero disfraza con una máscara de furia, y requeriría de un grado de percepción que es difícil de encontrar en esta clase de parejas. En términos generales, estos intentos razonables para manipular al compañero y obtener la confianza necesaria, están condenados al fracaso porque es imprescindible que una persona presa de la ira "lea la mente" de otra. Las necesidades del manipulador en potencia no encontrarán satisfacción por un motivo adicional: muchas de estas necesidades nutricias, por parte de un adulto, son producto de necesidades de dependencia que no fueron satisfechas en la infancia, y muy pocas de estas necesidades serán resueltas de manera adecuada por un cónyuge o amante.

A continuación presentamos un ejemplo de la forma como una pelea entre dos personas puede escalar cuando existen percepciones diferentes o conflictivas de la realidad de la situación. Una pareja de cerca de treinta años solía enfrascarse en violentas peleas; tenían cinco años y medio de matrimonio y desde los primeros seis meses surgían interminables oportunidades para discutir todos los días. Una vez, cada dos meses, sus peleas verbales estallaban en enfrentamientos físicos que alcanzaban el umbral de violencia real; el problema, según la esposa, era que el marido la ignoraba y no le daba el afecto que ella necesitaba, así que se veía obligada a adoptar medidas extremas para lograr que él prestara atención. De manera periódica, reafirmaba la necesidad que su marido tenía de ella mediante estallidos de celos que ella provocaba de manera consciente cada vez que sentía temor. Él, a su vez, aseguraba que no podía mostrarse afectuoso con ella porque su mujer siempre lo "mantenía a raya"; decía que, cuando se sentía más inseguro y temeroso de que ella se interesara en otro hombre, su esposa salía de la casa y se negaba a decirle adónde iba o cuándo volvería. Y cuando él exigía saber lo que hacía, ella respondía: "¡Adónde voy y lo que hago son asunto mío!" En ese momento, el marido la metía a empellones en la casa y casi siempre se iniciaba un acalorado forcejeo.

Muchas peleas familiares, que en apariencia tienen una "víctima" fácil de identificar y un "villano" igualmente obvio (dependiendo del miembro de la familia que emite su opinión), tienen origen en un contexto de interacción compartido. Debido a que los miembros de la familia y la pareja marital comparten antecedentes inportantes, han tenido multitud de oportunidades para aprender los patrones que constituyen las reglas familiares. De hecho, el marido en el caso antes descrito tenía buenas razones para saber que si ignoraba a su esposa o no se mostraba afectuoso, ésta enfurecía (reafirmando así que necesitaba el amor de él); pero debido a que no podía proporcionarle la seguridad que *ella* necesitaba, el temor y la ira de la mujer continuaban creciendo hasta que se sentía orillada a lanzar su "frase de despedida"; ante esto, él respondía con una restricción física. Cuando se suscitaba esta situación, la esposa estaba tan enfurecida que no podía ver que los intentos de su marido para retenerla no eran más que una equivocada muestra de afecto; en el forcejeo, ella respondía con mayor ira y se resistía a la restricción. El marido respondía con golpes para "hacerle entender" cúanto la amaba, y así evitar que de verdad se fuera.

La esposa también tuvo muchas oportunidades para observar el patrón de las respuestas de celos y violencia del marido ante sus discursos de despedida. Sin embargo, como se mencionó antes, es posible ofrecer dos versiones muy diferentes de la situación, dependiendo de la persona interrogada. Para repasar el caso, la imagen que tenía la esposa de la situación era la de ser una persona amorosa que era ignorada y privada emocionalmente por un marido egoísta y frío; la percepción masculina de la realidad era que él trataba de ser afectuoso a su manera, pero ella siempre lo "mantenía a raya" con un actitud distante y misteriosa.

El hecho de que estos patrones de interacción hubiesen durado más de cinco años sugiere que cualquiera de los dos habría podido interrumpir el ciclo si hubiera percibido que sólo causaba sufrimiento. El hecho de que no hicieran algo para detener el ciclo de sus peleas cada vez más violentas (al principio mostraban gran resistencia a la intervención de extraños, a pesar de las quejas de vecinos y de varias visitas de la policía) sugiere también que el patrón satisfacía alguna necesidad. Por ejemplo, el marido quizá actuaba así para inducir a su mujer a "sacudirlo" para que abandonara su habitual conducta inexpresiva y aislada de autoprotección. Asimismo, las escenas de celos del marido ofrecían una demostración emocional y dramática que la esposa necesitaba para sentir que alguien la quería.

Si desea tratar con éxito a la pareja, el terapeuta tendrá que descifrar estas dos "realidades" tan diferentes para interpretar la forma como interactúan saludablemente, además de hacerlo de una manera neurótica o destructiva. Después, el clínico podría analizar lo que cada individuo es capaz de recibir con respecto al otro —considerando la condición de sus autoimágenes actuales. Debido a que la gente tiende a pensar de una manera más rígida cuando es presa del temor o la ira, la conducta de cada individuo, a su vez, tendrá que ser esclarecida, interpretada y reformada (es decir, expresada en términos que encajen dentro del patrón congnoscitivo de cada uno y que no represente una amenaza a la autoimagen propia y del compañero). Por último el terapeuta debe favorecer alternativas de conducta que creen patrones de interacción nuevos y más saludables.

En el ejemplo de la pareja antes descrita, el terapeuta de ETC se enfocó primero en la evidencia de que los dos elementos de verdad se tenían afecto, aunque no lo expresaban de manera adecuada y no lo pedían en términos que la otra persona pudiera comprender. El marido fue criado en una familia tradicional donde los hombres eran fuertes y poco comunicativos; expresaban su afecto con el trabajo y con un papel de "buenos proveedores". Debido a sus antecedentes, él consideraba que era lo que debía ser un buen marido, y se percibía como un esposo amoroso. Además, le parecía que las constantes demandas de atención o afecto, por parte de la esposa, eran una muestra de su falta de aprecio.

En contraste, la mujer procedía de una familia donde el padre y la madre eran alcohólicos; se vio obligada a crecer con rapidez para hacerse cargo de sus hermanos menores, debido a que los progenitores rara vez estaban en casa. Se sintió atraída por el marido debido a que lo consideraba un hombre fuerte, estable y amoroso que nunca la abandonaría como lo hicieron sus padres. El terapeuta le ayudó a esclarecer que ella había creado una fantasía idílica, cuyo tema era que todas las personas ajenas a su terrible familia original eran seres amorosos; una vez que abandonó el hogar paterno, la mujer pensó que todo sería distinto. El terapeuta ayudó al esposo a darse cuenta, con el paso del tiempo, de que era correcto —tal vez incluso masculino— demostrar su afecto. A la larga, el clínico ayudó a la pareja a establecer una comunicación mutua en términos que ambos podían comprender y que no representaban una pérdida de prestigio para alguno de ellos.

Este caso presenta la manera habitual como las autoimágenes conflictivas pueden contribuir a una situación de interacción donde las reglas familiares provoquen el escalamiento de la violencia doméstica. Si la pareja sufre mucho, estos estallidos periódicos de violencia satisfarán las necesidades individuales de sus miembros para permitirles seguir adelante. En ocasiones, reiniciarán el ciclo de manera activa y resistirán cualquier intento para impedir que siga desarrollándose sin cesar.

A continuación presentamos los estudios de dos casos de terapia con personas que tuvieron violentas peleas familiares, en los cuales se describen algunas técnicas de intervención que fueron útiles en el trabajo con estas familias.

Un marido violento

El Centro recibió la llamada de un oficial de policía que había respondido a un violento disturbio familiar. Pidieron a ETC que respondiera de inmediato, debido a que la pareja (los señores Campbell) seguían en actitud combativa. El oficial recibió a los terapeutas frente al domicilio de los Campbell con la noticia de que la situación dentro de la casa seguía "candente": el marido había tratado de apuñalar a la mujer, pero un amigo lo detuvo. El oficial agregó que el esposo se hallaba sentado en un rincón, maldiciendo y murmurando algo sobre flores.

Cuando los miembros del ETC entraron en el sombrío hogar de clase media baja de los Campbell, vieron que había muebles volcados y botellas vacías y latas de cerveza en el suelo. El señor Campbell se encontraba sentado en un rincón de la estancia; la señora Campbell se hallaba en la habitación contigua con otro policía, quien llegó a la conclusión de que la pareja no permanecería separada si alguien no los vigilaba. En ese momento, se llegó a la determinación de que sólo un policía permanecería en la escena con los dos terapeutas de ETC.

Los clínicos decidieron entrevistar al marido en primer término, porque era el más airado de los dos y el que estallaría con violencia con mayor facilidad. Después que el señor Campbell se tranquilizó un poco, uno de los terapeutas le preguntó cuál era, en su opinión, el problema principal. El hombre respondió que no podía soportar la presencia de su mujer; cuando le preguntaron desde cuándo no soportaba la presencia de la esposa, Campbell contestó que desde hacía tres años la mujer no lo dejaba "en paz" con su alcoholismo. Dijo que en ese momento se encontraba desempleado, pero que estaba buscando un trabajo. Los clínicos hablaron un rato con el señor Campbell, pero resultó evidente que estaba muy intoxicado y no podrían entrevistarlo de manera eficaz esa noche. Un terapeuta decidió que Campbell, si era posible, debía internarse de inmediato en una instalación para desintoxicación alcohólica, debido a que hacía algún tiempo que tomaba grandes cantidades. Cuando le propusieron esto, Campbell accedió de mala gana a presentarse en las instalaciones para pacientes internos.

Después, el terapeuta habló con la señora Campbell para conocer su punto de vista. La mujer dijo que cuando su marido se embriagaba, se volvía irracional y violento; dijo que era demasiado orgulloso y "ciego" para darse cuenta del efecto que su hábito tenía en la familia y el trabajo. Agregó que lo habían despedido de su puesto como capataz, mismo que tuviera durante 11 años, debido al alcoholismo y añadió que estaba harta de él y que lo había amenazado con el divorcio. Cuando el clínico propuso la idea de hospitalizar al señor Campbell, la esposa aceptó que sería una buena idea, considerando que su marido acababa de beber en exceso.

Llamamos a una instalación para desintoxicación de la localidad, reservamos una cama y pedimos a los trabajadores del lugar que enviaran un vehículo para recoger al señor Campbell. Éste se mostró bastante cooperador al principio, pero cuando llegó el auto se negó a partir y volvió a ponerse agresivo. Por último, el oficial de policía tuvo que intervenir, informó a Campbell que si no obedecía sería hospitalizado involuntariamente, debido a su anterior ataque a la esposa con un cuchillo. Después que el señor Campbell fue llevado al hospital, un terapeuta del ETC se quedó en el domicilio para hablar con la señora Campbell, los hijos adolescentes y el amigo que arrebató el cuchillo al hombre alcoholizado. Este amigo confesó que era un exalcohólico que había dejado de beber desde hacía seis años; dijo que Campbell sufría del síndrome del "buen tipo", porque era agradable con sus enemigos y cualquier desconocido, pero muy agresivo con sus amigos y parientes. El amigo agregó que el señor Campbell había agredido sin piedad a la esposa y sus hijos; que moslestaba a los chicos constantemente, pero presumía de sus logros cuando éstos no se hallaban presentes.

Después de una discusión, el clínico hizo una cita de seguimiento en el consultorio con la señora Campbell, para dos días después. También sugirió que llamara al día siguiente a un abogado para obtener una orden de aprehensión y manifestar su deseo de iniciar los trámites del divorcio. El terapeuta, además, se ofreció a hablar con el abogado sobre la redacción de una orden de aprehensión especial, es decir, una que incluyera un mensaje específico del juez para la policía, indicándoles que intervinieran para conservar el orden a petición de la señora Campbell (en vez de la más usual de informar a la mujer que su problema es de orden civil y que debe acudir a la corte). El terapeuta también recordó a la señora Campbell que la policía opinaba que debía cambiar las cerraduras de la casa, en caso de que su marido quisiera volver para vengarse.

Durante la primera visita de seguimiento, la señora Campbell dijo que durante el primer día en la clínica para desintoxicación, su marido la llamó por teléfono y expresó ideas suicidas. Le preguntó cuánto dinero tenía en el seguro de vida y si pagarían la póliza en caso de suicidarse. El terapeuta de ETC le aconsejó que no respondiera a las amenazas de suicidio, debido a que esto provocaría un acting-out mayor. La señora Campbell también dijo que su esposo sería transferido, esa misma tarde, a una clínica residencial privada para alcohólicos. Agregó que la clínica tenía un programa intensivo de tres meses.

El terapeuta preguntó a la señora Campbell desde cuándo presentaba su marido ese problema de alcoholismo, y si ella sabía de algo específico que puediera relacionar con el inicio del padecimiento. Ella respondió que su marido había comenzado a tomar desde hacía 12 años y que, más o menos por la misma época, ocurrieron cuatro cosas: 1) nació su hijo; 2) murió la madre del señor Campbell; 3) compraron una casa; y 4) ella (la esposa) consiguió un empleo. Dijo que Campbell estaba muy arrepentido de no haber demostrado más afecto por su madre antes que ésta muriera; agregó que su esposo tenía miedo de envejecer y que se teñía el cabello, aunque no se "alocaba" ni era jovial. Después de cierta vacilación, la señora Campbell confesó al terapeuta que había tenido un aborto dos años antes y que su esposo estaba muy resentido por eso. También dijo que Campbell a menudo la llamada "bastarda" porque se había hecho la idea de que ella fue una hija ilegítima.

A la vez que el terapeuta continuaba la conversación con la señora Campbell, resultó evidente que el marido era un hombre que consideraba que había perdido el control de varios aspectos de su vida —en particular su esposa, la familia y su empleo. Debido a su ira contra el marido, la señora Campbell hacía, sin pensarlo, cosas que intensificaban sus sentimientos de impotencia. Durante la siguiente sesión, aunque seguía muy irritada por su situación marital, empezó a enfrentar algunos de los problemas que condujeron a la crisis de ese momento. Pudo darse cuenta de que tanto ella como Campbell contribuyeron al conflicto. El terapeuta le explicó que ella, en repetidas ocasiones, había rescatado y perdonado al marido y, al actuar así, le había impedido, de cierta manera, que renunciara a su alcoholismo. Cuando Campbell bebía, ella tenía mayor control sobre la familia e interpretaba el papel de la mujer sacrificada ante los demás.

En la siguiente visita, la señora Campbell dijo al terapeuta que quería salvar su matrimonio. Explicó que su marido había tenido una mejoría admirable y que esta situación la obligaba a analizarse a sí misma. Ahora tenía que aprender a relacionarse con un hombre que no dependía por completo de ella, así como un hombre que no hacía promesas vacías. Dijo que Campbell al fin se daba cuenta de lo infantil de su actitud, y se mostraba más comprensivo con sus hijos.

Un miembro de ETC que hizo la visita de urgencia original, siguió entrevistándose con la señora Campbell (y, en dos ocasiones, con los hijos) de manera ocasional en los siguientes cuatro meses. En ocasiones, el señor Campbell se presentaba para una sesión individual, mientras permaneció como residente del programa para alcohólicos. Cuando Campbell fue dado de alta, volvió a la familia y después participó en sesiones de terapia familiar con un terapeuta de ETC. En épocas posteriores, los Campbell tuvieron algunas dificultades; en una ocasión, el señor Campbell se enfureció contra el hijo mayor por haberle desobedecido, tuvo miedo de sus impulsos y llamó a la policía. Cuando llegaron los oficiales, Campbell explicó lo ocurrido y el agente informó al chico que el padre tenía derecho a disciplinarlo, siempre que no actuara con crueldad o violencia, lo cual, en esa ocasión, no sucedió. Excepto por este incidente menor, los Campbell se han convertido en una familia bien integrada y no han tenido necesidad de recurrir nuevamente a la policía.

Un caso de homicidio reconsiderado

Madilyn Leggett llamó a la policía una lluviosa tarde de noviembre, porque tenía miedo de quedarse sola. Una semana antes, esta mujer de más de cincuenta años fue víctima de un intento de violación por un hombre que entró en su casa, y lo que ella temía era que el violador regresara para atacarla de nuevo. Su hija y yerno se quedaron con ella desde el ataque, pero esa tarde terminaban los preparativos para volver a su hogar. Debido a que el oficial de policía que respondió al llamado no podía acallar sus temores y tenía que volver a patrullar la zona, pidió ayuda al Emergency Treatment Center.

Cuando los terapeutas del ETC llegaron y fueron informados de los detalles del caso, el oficial se marchó y Madilyn Leggett ofreció su relato del intento de violación y su inseguridad del momento. Al hablar, pareció tranquilizarse de manera gradual y recuperar la compostura, y por alguna razón, decidió llevar a los especialistas en un recorrido de la pequeña casa. Mostró especial placer en la biblioteca, donde guardaba una enorme colección de libros de ocultismo, religiones esotéricas, etcétera.

Mientras Madilyn guiaba a los terapeutas en el recorrido, éstos pudieron ver que un hombre y una mujer aparecían por el camino de vez en cuando; estos desconocidos no parecían tener una buena relación entre sí. Trataban de evitarse y cuando Madilyn les invitó a la sala, hubo una evidente tensión entre ellos. Nos enteramos de que se trataba del yerno y la hija de Madilyn, y que estaban pasando por ciertas dificultades conyugales. Cuando les preguntamos si estarían interesados en recibir terapia de pareja, respondieron que sí e hicimos una cita para que acudieran a ver a un terapeuta de ETC al día siguiente. Cuando nos pareció que Madilyn Leggett estaba más tranquila después de persuadir a la hija y su marido de que se quedaran, por lo menos, otra noche, nos despedimos.

Al día siguiente, el terapeuta recibió a la hija y al yerno de la señora Leggett. Anthony Rivera, de 31 años y maquinista de profesión, y su esposa Gabrielle, de 32, llevaban casados 10 años. Gabrielle tenía una hija de 13 años, producto de un matrimonio anterior, y con Tony había procreado otra hija, María Teresa, de 9 años en ese momento. El terapeuta de ETC los recibió varias veces durante un periodo de tres semanas, juntos y de manera individual, y a partir de las entrevistas surgió esta dinámica de personalidad. Gabrielle Leggett Rivera estaba convencida de tener dos identidades: 1) la de un ángel o el equivalente a la Virgen María; y 2) la de una prostituta o agente del demonio. En su condición angelical era una madre y esposa complaciente, y en su estado diabólico se entregaba a su amante. Éste, Buddy Baker, tenía 25 años y su única ambición en la vida era ser aceptado en el grupo de *Hell's Angels* (una pandilla). Durante un tiempo, la terapia con Gabrielle estuvo enfocada en su relación con la madre, Madilyn, de quien se decía que había leído miles de libros sobre ocultismo. En este contexto, el terapeuta preguntó si las Leggett tenían un "secreto familiar" o "mito", y

Gabrielle respondió diciendo que, de hecho, ella era víctima de una maldición familiar que explicó de la siguiente Manera. En un álbum familiar descubrió un recorte de periódico, de 20 años de antigüedad, que hablaba de su abuela; ésta (cuyo nombre también era Gabrielle) asesinó al marido con la ayuda de su amante. El amante fue ejecutado y la abuela, sentenciada a 20 años de cárcel. Ésta era una maldición que, para Gabrielle, representaba su destino; agregó que Tony, en una ocasión, disparó contra Buddy Baker cuando éste fue descubierto en su domicilio.

Por su parte, Tony Rivera reconocía que era un hombre muy celoso en lo tocante a su mujer. Dijo que Buddy Baker fue amigo suyo en una ocasión, y reconocía haber disparado contra él en un arranque de ira. De hecho, cierta vez él y Buddy se lanzaron en frenética persecución en auto por el pueblo donde vivían, chocando entre sí en una loca versión del juego "la roña". Cuando le preguntaron qué armas tenía en su casa, Tony respondió que poseía seis pistolas en total; cuando se le interrogó acerca de si pretendía volver a disparar contra Buddy, replicó que su contestación dependería de lo que Buddy hiciera en el futuro. El terapeuta pidió a Tony que prometiera llamarle antes si, en algún momento futuro, experimentaba el impulso de disparar contra alguien; para sorpresa del especialista, Tony accedió.

Dos semanas después, justo a la medianoche, Tony (cuya voz reconoció el terapeuta de inmediato) telefoneó para anunciar: "Esta noche es la noche". El terapeuta preguntó: "¿En cuánto tiempo puede reunirse conmigo en la oficina?", y la respuesta de Tony fue: "En 15 minutos, y llevaré la pistola conmigo". El psicólogo aspiró profundo y repuso: "Podemos reunirnos en 15 minutos, pero por favor, deje el arma en su auto". Cuando Tony aceptó la condición, el terapeuta preguntó si no se oponía a que invitara a dos colegas de ETC a que les acompañaran durante la entrevista, y Tony aceptó.

A la hora señalada, Tony apareció al pie de la escalera que conducía al consultorio del terapeuta. Cuando se le preguntó: "¿Dejó el arma en el auto?", su respuesta fue: "Sí, pero tengo conmigo el cañón, porque algún chico podría abrir el auto y herirse". Durante la prolongada sesión posterior, Tony observó el cañón dentro de la chaqueta; de vez en cuando era posible ver la pieza, y los tres terapeutas concluyeron que se trataba de una escopeta recortada.

Al trabajar con Tony esa noche, los clínicos empezaron con la premisa de que el paciente era un joven neurótico cuya ira por los celos (celotipia) había llegado al límite. No era un psicótico, no sufriría una crisis de esta naturaleza, pero su potencial para un acting-out violento era muy grande. En cualquier caso, debido a que ya tenía identificado al blanco de su ira, los terapeutas se sintieron seguros de que no los dañaría.

Al pasar las horas, Tony lloró y estalló de ira de manera alternativa; pasaba de inculparse por sus pensamientos homicidas a reunir el valor necesario para hacer lo que sabía que debía hacer: "Tengo que hacerlo. Sé que estoy loco, porque tengo que hacerlo". Los terapeutas le dijeron que no estaba loco y que lo que experimentaba era comprensible, debido a todo lo que su esposa lo había hecho sufrir. Pero con el paso del tiempo, los especialistas llegaron a la conclusión de que no lograban debilitar la resolución de Tony de matar a Buddy Baker, y como sabían que utilizaba drogas con frecuencia, concluyeron que se había administrado algún estimulante esa noche, debido a su nivel de energía y fuerza.

En un momento determinado, Tony relató, con orgullo, la historia de un incidente ocurrido el día anterior y que demostraba los extremos a que estaba dispuesto a llegar para "arreglar las cosas". Quería que los terapeutas supieran que había dado a Buddy Baker una advertencia de que iba a matarlo; el día anterior llevó a Buddy consigo a la estación de policía e insistió en que el oficial lo metiera (a Tony) a la cárcel, diciendo: "Arrésteme porque voy a matar a este tipo". El policía no se dejó amedrentar y les pidió que salieran de la estación.

A las dos de la mañana, cuando la intervención comenzaba a ser improductiva, uno de los clínicos preguntó a Tony si había una persona en el mundo a quien amara de verdad. Cuando éste respondió: "Mi hija", el terapeuta dijo: "Reclínese, cierre los ojos, e imagine esta escena: se encuentra en prisión porque mató a Buddy; se siente muy complacido consigo y se regocija de lo que ha hecho; ahora, María Teresa llega a visitarlo en la cárcel y usted le pregunta: '¿Cómo estás, cariño?', y ella dice: 'Bien, papi'; y usted dice: 'Dime qué te sucede, cariño?', y ella responde: 'Los niños de la escuela cantan esto [aquí, el terapeuta comienza a canturrear y en pocos segundos sus colegas lo acompañan]: «Tu papi es un asesino, tu papi es un asesino, tu papi es un asesino...»'" Los psicólogos cantaron al unísono durante 30 segundos, más o menos, mientras Tony se dejaba caer contra el respaldo de la silla, muy conmovido; luego, Tony suspiró y después de un prolongado silencio, aspiró profundo. Después de otro silencio, susurró: "De acuerdo, no lo haré". Más tarde, como a las cuatro de la mañana, los terapeutas dejaron salir a Tony, convencidos de que cumpliría su promesa —en particular porque, para entonces, se encontraba muy cansado y emocionalmente exhausto.

Al día siguiente, cuando los miembros de ETC analizaron los acontecimientos de la noche anterior, tuvieron algunas dudas de lo apropiado de sus actos; por otra parte, deseaban que su encuentro con Tony se mantuviera confidencial, pero también tenían en mente todos los requisitos de la decisión *Tarasoff* (vea el Capítulo 13), que obliga al terapeuta a prevenir a la víctima potencial de un cliente peligroso. Además, acordaron que debían hacer algo sobre la escopeta recortada de Tony, cuya simple posesión es un delito en cualquier estado de la Unión Americana.

Después de solicitar el consejo de un abogado, un terapeuta de ETC telefoneó al jefe de policía de la población donde residía Tony. El terapeuta explicó la situación sin dar el nombre del cliente, y el jefe de policía determinó que lo mejor sería que ETC tratara de hacer que el hombre entregara sus armas. Si lo conseguían, la policía las conservaría almacenadas durante un periodo indefinido y, lo más importante, tomaría en custodia la escopeta recortada sin presentar cargos de posesión ilegal.

Con el fin de proporcionar un aviso oportuno a las posibles víctimas, el terapeuta que atendió a los Rivera en fecha reciente pidió a Gabrielle que se presentara ese mismo día y llevara consigo a Buddy Baker. Cuando llegaron, resultó evidente que la advertencia *Tarasoff* no sería escuchada. De hecho, Buddy recibió la noticia con agresivo desprecio: dijo que estaba dispuesto a enfrentarse con Tony en cualquier momento y que no tenía intenciones de terminar su relación con Gabrielle. Por su parte, la esposa de Tony no pareció alarmada y no mostró la menor inclinación a cambiar su conducta.

El terapeuta telefoneó entonces a Tony y le pidió que le visitara en su consultorio a las nueve de esa noche, con el fin de persuadirlo de entregar las armas. El razonamiento era el siguiente: como la noche anterior Tony aceptó que no mataría a Buddy, no tenía objeto que conservara las armas, en especial cuando serían una fuente de tentación para hacer lo que había prometido evitar. Pasó algún tiempo para que Tony aceptara que entregasen sus armas, temporalmente, a la policía, y aún más para convencerlo de permitir que el terapeuta lo siguiera a su casa para confiscar las armas esa misma noche.

Era ya bastante tarde cuando los dos hombres llegaron al domicilio de Tony. Las seis armas, cargadas, se encontraban en la mesa y sobre un gabinete. Despacio y con cuidado, Tony las descargó mientras el terapeuta hacía una lista de la clase de arma, su calibre y número de serie, así como de las 450 rondas de municiones según su clase y la cantidad de cada clase. Por supuesto, la lista no incluía el nombre del propietario, aunque el terapeuta dio a Tony un recibo firmado por sus armas y municiones. Luego, un solemne Tony le ayudó a llevar su arsenal al auto. Después de conducir muy despacio a la estación de policía, el terapeuta pidió hablar con el comandante de guardia y dijo: "Por favor, acompáñeme al coche. Tengo que entregarle algo".

La entrega de armas y municiones en la estación de policía señala el último capítulo de este relato de homicidio reconsiderado. Al día siguiente, Tony se presentó en la estación y pidió que le devolvieran sus armas, pero la policía se negó a hacerlo. El terapeuta continuó recibiendo a Tony con regularidad. En una ocasión, Gabrielle se presentó en el consultorio y el psicólogo le recordó que su libreto de vida exigía un asesinado, y le advirtió que rompiera su relación con Buddy o Tony; la mujer, una vez más, se negó a hacerlo.

Durante la terapia con Tony, el terapeuta pudo reformar la situación de tal manera que el cliente se diera cuenta de que la resolución más fuerte (o "masculina") para sus problemas sería divorciarse de Gabrielle. Después de un periodo de duda, Tony solicitó el divorcio y continuó visitando al terapeuta de ETC durante el periodo de espera de seis meses. Una vez más pidió la devolución de sus armas, pero el terapeuta se negó a complacerlo argumentando que Tony se encontraba muy agitado en ese momento. Depsués, cuando estuvo más sereno, Tony volvió a pedirlas y el psicólogo obtuvo las armas (excepto la escopeta recortada) de la policía y las entregó a su paciente.

Cinco años después, Tony pidió una nueva entrevista con el terapeuta de ETC. Ya estaba divorciado y obtuvo la custodia de su hija e hijastra; la hijastra, ya de 18 años, pasaba por "dificultades de crecimiento", y Tony quería ayuda para ser un mejor padre.

Así terminó la participación de ETC en el caso de Tony, Gabrielle, Buddy Baker y Madilyn Leggett. Una caso que se inició con la experiencia de violación de la abuela, terminó con la crisis de la adolescencia de la nieta. Este caso es relevante para el terapeuta de urgencias porque comprueba que:

1) La ayuda para un problema puede servir no sólo para solucionar ese conflicto, sino para permitir que surja otro problema muy diferente y mucho más grave, y darle atención.

2) La terapia exitosa se logra por muchos medios, a menudo siguiendo el sentido opuesto del que acostumbramos seguir; por ejemplo, los procesos del pensamiento pueden ser influidos *por medio de* un cambio de conducta, en vez de lo contrario —el sentido más habitual de la terapia.

3) Con respecto a proporcionar protección a la comunidad, es posible que los profesionales de la salud mental, en vez de la policía, deban desempeñar un papel fundamental en el futuro. Cuando los clínicos estén preparados y dispuestos a adoptar la responsabilidad, tendrán éxito para evitar la violencia.

4) Una pistola siempre será una pistola; ésta y otras armas peligrosas no deben ser ignoradas, ni siquiera por el terapeuta. De hecho, si el cliente tiene consigo un arma potencialmente peligrosa, esto no debe pasarse por alto durante la terapia; cuando exista la duda, el terapeuta deberá suponer que el cliente es capaz de utilizarla contra alguien (o como un instrumento de suicidio).

5) El cliente supuesto o identificado quizá no siempre sea la persona que más ayuda requiere dentro de la constelación familiar.

En suma, habrá ocasiones (a menudo muy inoportunas) en que un terapeuta no pueda *no actuar*, cuando el clínico deba comprometer toda su energía para realizar una intervención de vida o muerte. Por último, recordemos que la gente *es* capaz de cambiar, y que algunas personas pueden sufrir una transformación radical de su personalidad anterior, como el día y la noche.

Bibliografía

Bakan, D. *Slaughter of the Innocents: A Study of the Battered Child Phenomenon*. Boston: Beacon Press, 1971.

Freitas, J. "Family Fights: A social cancer must be cured". *San Francisco Sunday Examiner & Chronicle*, mayo 13, 1979, Sec. B., 3.

Gayford, J. J. "Battered wives". En J. P. Martin (editor). *Violence and the Family*. Nueva York: John Willey & Sons, 1978.

Gelles, R. J. *The Violent Home: A Study of Physical Aggression Between Husbands and Wives*. Beverly Hills, California: Sage Publications, 1972.

Gelles, R. J. "Abused Wives: Why do they stay?". *Journal of Marriage and the Family*, 38:659-668, noviembre, 1976.

Gelles, R. J. "Violence in the american family". En J. P. Martin (editor), *Violence and the Family*, Nueva York: John Willey & Sons, 1978.

Gil, D. G. "Violence against children". *Journal of Marriage and the Family*, 33:637-648, noviembre, 1971.

Glick, P. C. "A demographer looks at american families". *Journal of Marriage and the Family*, 37:15-27, febrero, 1975.

Jackson, D. D. "Family rules: The marital *guid pro quo*". *Archive of General Psychiatry*, 12:589-594, 1965.

Kempe, C. H., Silverman, F. N., Steele, B. F., Droegemuller, W., y Silver H. K. "The battered child syndrome". *Journal of the American Medical Association*, 181:17-24, 1962.

Levine, M. B. "Interparental violence and its effect on the children: A study of fifty families in general practice". *Medicine, Science and the Law*, 15:172-176, 1975.

Marsden, D. V., y Owens, D. "The Jekyll and Hyde marriages". *New Society*, 32:333-335, 1975.

Mulvihill, D. J., Tumin, M. M., y Curtis, L. A. *Crimes of Violence*, Vol. II. National Commission on the Causes and Prevention of the Violence. Washington, D. C.: U. S. Government Printing Office, 1969.

Parnas, R. I. "The police response to domestic disturbance". *Wisconsin Law Review*, 914-960, 1967.

Pizzey, E. *Scream Quietly or the Neighbors Will Hear*. Baltimore: Penguin Books, 1974.

Sears, R. R., Maccoby, E. E., y Levin, H. *Patterns of Child Rearing*. Evanstor, Il: Row, Peterson, 1957.

Steele, B. F., y Pollock, C. B. "A psychiatric study of parents who abuse infants and small children". En R. E. Helfer y C. H. Kempe (editores), *The Battered Child*. Chigago: University of Chicago Press, 1968.

Strauss, M. A. "A general systems theory approach to the development of a theory of violence between family members". *Social Science Information*, 12:105-125, junio, 1973.

Strauss, M. A. "Leveling, civility, and violence in the family". *Journal of Marriage and the Family*, 36:13-30, febrero, 1974.

Steinmetz, S. K., y Strauss, M. A. (editores), *Violence in the Family*, Nueva York: Harper and Row (publicado originalmente por Dodd, Mead & Co.), 1974.

Watzlawick, P., Beavin, J. H., y Jackson, D. D. *Pragmatics of Human Communication: A Study of Interactional Patterns, Pathologies, and Paradoxes*, Nueva York: W. W. Norton, 1967.

Weakland, J., Fisch, R. Watzlawick, P., y Bodin, A. M. "Brief therapy: Focused problem resulution". *Family Process*, 13:141-168, 1978.

Wolfgang, M. E. *Patterns in Criminal Homicide*. Filadelfia: University of Pennsylvania Press, 1958.

CAPÍTULO 6
Cónyuges golpeados

Este capítulo diferencia el maltrato conyugal de la situación de las parejas cuyas peleas suelen terminar en incidentes de violencia como empellones, zancadillas, lanzamiento de pequeños objetos o bofetadas. Los autores consideran que es necesario diferenciar entre estas dos clases fundamentales de violencia. Es importante demostrar cuán distinto es el funcionamiento del sistema familiar y la forma como las parejas que pelean pueden trascender después a la condición del maltrato conyugal. Esta distinción no significa que los autores consideran que cualquier situación en la que una persona golpea a otra carece de importancia —la tiene.

En este capítulo, la definición del Gayford del cónyuge golpeado o maltratado es fundamental: "...una mujer que ha recibido una lesión física demostrable, deliberada, grave y repetida por parte de su compañero marital [o coahabitante]" (1975, p. 237). Gayford procede a explicar que los maridos "golpeados" también existen en todo el sentido de la palabra, pero que tales casos son en extremo raros por dos causas: 1) los hombres suelen ser más fuertes que las mujeres; y 2) los hombres, a menudo, pueden abandonar el hogar de manera más conveniente. Aunque Strauss (1980) ha señalado que la violencia dirigida hacia los hombres por parte de las mujeres es mayor de la que se creía, la experiencia de los autores demuestra que la violencia que suele ocurrir encaja mejor en la clasificación de pelea que en la de maltrato, según la definición antes presentada, es decir: lesión física demostrable, deliberada, grave y repetida.

Para explicar el fenómeno del cónyuge maltratado (o golpeado), el conmovedor estudio de Gayford (1978) de 100 mujeres norteamericanas maltratadas será resumido y analizdo en detalle. Todas recibieron golpes y 44 de ellas sufrieron laceraciones adicionales; en 17 casos, las laceraciones fueron ocasionadas con un objeto cortante como un cuchillo o una botella rota. Veinticinco mujeres sufrieron fracturas de nariz, dientes o costillas, por ejemplo, y ocho más tuvieron fracturas de otros huesos como brazos, dedos, mandíbula o cráneo. Dos mujeres presentaron mandíbulas dislocadas y dos más dislocación de hombros. En dos casos hubo lesiones de órganos internos, y una mujer desarrolló epilepsia a causa de las lesiones causadas por el marido. Once mujeres sufrieron quemaduras o escaldaduras, y siete fueron mordidas. Aunque todas recibieron el impacto de un puño, los golpes con los pies formaron parte del ataque en 59 casos; el abdomen fue un blanco frecuente, y varias mujeres tuvieron abortos. En 42 casos se utilizó un arma, y en muchos de ellos ésta fue el primer objeto disponible; sin embargo, en 15 de estos casos se descubrió que la misma arma (por ejemplo, un cinturón) fue utilizada de manera repetida. Muchos de los ataques fueron estallidos de ira repentinos e incontrolables, pero algunos fueron cruelmente premeditados, con lesiones infligidas de tal manera que no dejaron huella visible: por ejemplo, golpes por arriba del nacimiento del cabello, en las orejas o en la región lumbosacra.

Los hijos de estas 100 mujeres golpeadas también presentaban un aspecto de maltrato. Los trabajadores de los refugios adonde fueron conducidos, los describieron como "perturbados"; exhibían diversidad de problemas como arranques de ira y enuresis. El robo y el vandalismo fueron sucesos comunes, así como "peleas de especial violencia y crueldad" entre ellos, hecho que resalta el legado de futura violencia doméstica que estos progenitores heredan a sus hijos.

Es importante observar que todas las mujeres del estudio de Gayford pensaron que su situación era única, y que 20 de ellas toleraron el maltrato durante 10 o más años. Este hallazgo plantea la pregunta de por qué algunas de estas mujeres maltratadas se conducen de manera paradójica, es decir, por qué regresan siempre al marido que las ha golpeado. Al analizar la terrible lista de lesiones sufridas por estas mujeres, es imposible imaginar que disfrutaron de la paliza; así pues, la interacción de varios factores es lo que impulsa a la mujer a permanecer o volver a su hogar. Un fenómeno relevante es que muchos esposos golpeadores aman a sus compañeras; en ocasiones experimentan un intenso remordimiento y algunos, incluso, llegan a realizar grandes demostraciones de afecto después de un ataque. Algunos de estos hombres racionalizan su conducta explicando que la mujer provocó la paliza; otros argumentan que lo hicieron porque ella lo "necesitaba". En algunas subculturas una paliza es, de hecho, una demostración de amor. Después de un tiempo, el pensamiento de la mujer se distorsiona de la misma manera como cambian los procesos mantales de alguien sometido a un lavado de cerebro (Gayford, 1975), y empieza a aceptar cualquier cosa que le diga el marido abusivo. Del mismo modo, si tomamos en consideración que muchos adultos que permanecen en relaciones de maltrato tuvieron padres abusivos, no es sorprendente que algunas personas relacionen una interacción amorosa con el maltrato. El pensamiento de estos individuos se distorsiona de tal modo, que llegan a hacer afirmaciones como: "Él me pega porque me ama".

Con el fin de entender mejor la manera como la gente queda cautiva de esta clase de relaciones, será provechoso analizar la opinión de Bateson (1972) acerca del sistema "complementario", en el cual un individuo es el dominante y otro, el subordinado. En su condición más patológica, este sistema se deteriora de la siguiente forma:

...la sumisión provocará una asertividad ulterior, que, a su vez, provocará una mayor sumisión. A menos que sea interrumpida, esta "cismagénesis" conducirá a una distorsión unilateral y progresiva de las personalidades... que ocasionará una hostilidad mutua entre los compañeros y terminará con la avería del sistema (Bateson, 1972, p. 68).

Cuando ocurre esta clase de avería, algunos cónyuges son maltratados debido a que resultan en exceso dominantes o competentes y representan una amenaza para el compañero sumiso o "inferior"; así, provocan el maltrato por el simple hecho de existir. Otros son golpeados porque se vuelven en exceso sumisos o "inferiores"; esto frustra al miembro dominante del sistema, quien a su vez recurre a la paliza. En esencia, una mujer puede ser golpeada por el papel que tiene dentro de un sistema complementario que está fuera de control.

Una situación bien conocida es la del hombre que se siente atraído hacia la esposa porque, al principio, era inocente y dulce; sin embargo, esa inocencia y pasividad le ocasionan frustración debido a que la mujer no puede cooperar con las responsabilidades domésticas. Esto, a su vez, ocasiona el maltrato. Por su parte, la mujer trata de tranquilizar y complacer al marido adoptando una postura aún más sumisa, lo que genera mayor frustración en él y renovadas palizas. Así, cuando la esposa realiza un intento para mejorar su situación, en realidad la empeora. Debido a que los dos desconocen lo que el compañero piensa y siente, cada cual se apega más y más a este patrón ciclo y escalador. Al avanzar el ciclo, los dos elementos de la pareja parecen desarrollar un temor casi fanático de liberarse del sistema, en tanto que, al mismo tiempo, dicho sistema se aleja cada vez más de su control.

Puede surgir una forma distinta de sistema complementario cuando el marido abusivo ha elegido a la esposa debido a sus necesidades de dependencia, y porque ella es fuerte y capaz; esta competencia de la mujer es lo que, a la larga, le resultará amenazadora y le dará el estímulo que necesita para atacarla. En un nivel, lo que él desea es que ella sea competente y lo cuide, pero al mismo tiempo, resiente esta capacidad. En el mejor de los casos, el umbral para la

Diana Sullivan Everstine y Louis Everstine

frustración en este hombre será muy bajo; es posible que el alcohol lo libere y, cuando su ira y resentimiento lleguen a niveles superiores al de su tolerancia, el resultado será una paliza. La mujer, por su parte, trata de tranquilizarlo y complacerlo haciendo lo que cree que él desea, y esto reactiva el ciclo de maltrato. Una vez más, lo que cada cónyuge piensa que servirá para mejorar las cosas, en realidad sólo empeora la situación y, sin querer, provoca violencia. La esencia de esta situación es una relación complementaria (patológica) a la cual se aferra la pareja de manera obsesiva. Cada uno de los integrantes llega a extremos insospechados para conservar este patrón de interacción malsano y, con el paso del tiempo, cada cual desarrolla la engañosa ilusión de que no podría sobrevivir sin el otro. Este temor irracional de que uno no podría sobrevivir sin el otro es un componente fundamental del sistema, como queda comprobado por los extremos a que llegan ambos para mantener el sistema operante todo el tiempo posible.

Una esposa golpeada

Éste no es un caso típico desde el punto de vista socioeconómico, porque la mayoría de las esposas maltratadas pertenecen a la clase pobre o trabajadora; sin embargo, es un ejemplo típico desde el enfoque psicológico. Lo incluimos aquí para esclarecer varios conceptos equivocados que son frecuentes al considerar la situación de las mujeres golpeadas, y para demostrar que la dinámica del *síndrome del cónyuge golpeado* va más allá de toda frontera socioeconómica. Se sabe de mujeres que vuelven a casa, después de desempeñar un trabajo profesional, para recibir una paliza del marido.

Joyce tenía 35 años cuando consultó a un terapeuta de ETC debido a cefaleas y depresión crónicas; su médico sugirió que la hipnosis o algún entrenamiento de relajación serían de utilidad. Hacía 10 años que estba casada y tenía dos hijos, un niño de ocho años y una niña de seis. Joyce se mostró bastante ansiosa y poco explícita al describir la frecuencia y los síntomas de la cefalea; también se mostró esquiva sobre su situación familiar. El psicólogo tuvo el presentimiento de que había un problema más grave y oculto en la vida de Joyce, pero si la presionaba para saber más de lo que estaba dispuesta a contar, la paciente no volvería.

Joyce dio su consentimiento para que el terapeuta hablara con el médico que la refirió, con el fin de obtener información sobre los aspectos médicos de sus cefaleas crónicas. Joyce también reveló que era abogada y trabajaba para una compañía de la localidad, especializada en litigios civiles. Su marido, Steve, era arquitecto y ella comentó, con sutileza, que aunque sus vidas profesionales eran bastante exitosas, la existencia matrimonial a veces era turbulenta e inestable. Hizo una cita para volver la semana siguiente.

Cuando el terapeuta llamó al médico de Joyce para pedir información sobre las cefaleas, el doctor se mostró muy afable y dijo que se alegraba de que su paciente hubiera aceptado la recomendación de consultar con un psicoterapeuta. Explicó que aunque le preocupaban las cefaleas de Joyce, también estaba muy preocupado por su situación hogareña. La paciente requirió de tratamiento médico para varias caídas inexplicables y otros extraños accidentes que le habían ocurrido durante los últimos años. Aunque el médico estaba muy interesado en Joyce, no sabía cómo ayudarla. Describió a Steve, el marido, como un hombre seguro de sí y exitoso, difícil de abordar en un nivel personal, y agregó que Joyce se mostraba muy recelosa para hablar de su matrimonio. Esta conversación con el médico sirvió para confirmar la sospecha del terapeuta de que Joyce ocultaba algún secreto familiar.

Durante las siguientes semanas de tratamiento, la historia de Joyce surgió con lentitud. Sus cefaleas eran producto de las palizas que comenzaba a recibir después de un año de matrimonio con Steve —una historia de nueve años de maltrato. Al decir esto, Joyce trató de proteger al marido y dio

Diana Sullivan Everstine y Louis Everstine

multitud de explicaciones para justificar que la golpeara. Describió la infancia de Steve como traumática y trágica; sus padres eran alcohólicos y él tuvo que valerse por sí mismo desde temprana edad, rechazando cualquier ayuda de los progenitores. Joyce lo conoció cuando estudiaban en la universidad y lo admiró por su determinación. Describió a Steve como un individuo enérgico y trabajador, aunque era muy tímido y reservado para mostrar sus sentimientos. Joyce agregó que lo había "cuidado como una madre", tratando de compensar el amor que no tuvo durante la infancia. Debido a esto, él había llegado a necesitarla mucho.

Joyce describió a su familia como el opuesto del grupo familiar de su marido; pertenecían a la clase media acomodada y era una familia muy estable. Aunque tenía dos hermanos, siempre fue la predilecta del padre, y Joyce dijo que casi se sentía culpable de la felicidad y estabilidad de que disfrutó durante su infancia, en contrataste con la de Steve. Se casaron poco después que ella se graduara en la escuela de leyes, y mientras tuvieron que luchar para abrirse paso, fueron muy felices.

Unos meses después que ella pasara el examen estatal para ejercer la carrera y obtener su primer empleo, Joyce volvió a casa una hora después de lo habitual y encontró a su marido en un ataque de rabia. La acusó de tener una aventura con uno de sus compañeros de trabajo, y cuanto más trataba de explicar su retraso e insistir en que no le interesaban otros hombres porque amaba a Steve y lo necesitaba, más violento se ponía su marido. Éste la golpeó varias veces, derribándola al suelo. A la mañana siguiente, Steve aseguró que estaba muy arrepentido de lo que hizo, y agregó que el único motivo de sus actos fue que estaba muy enamorado de ella; si Joyce lo perdonaba, eso jamás volvería a suceder. Así fue durante casi un año, y para entonces Steve comenzaba a tener éxito en su negocio, en tanto que Joyce daba a luz a su primer hijo. La siguiente paliza ocurrió poco después del nacimiento del bebé, y fue a consecuencia de que Steve consideró que Joyce prestó excesiva atención a un cliente; el marido, quien había bebido en abundancia, estalló en una crisis de ira que le produjo a Joyce un ojo amoratado y una costilla fracturada, por lo que no fue a trabajar durante un tiempo, y en este periodo Steve se mostró en extremo solícito y arrepentido. Como antes, juró que no volvería a suceder y ella lo perdonó por compasión.

Transcurrió más de un año antes que ocurriera otra paliza, poco después del nacimiento del segundo hijo. Tal vez la escena fue ocasionada porque Steve percibía en el nuevo bebé la amenaza de perder más del amor y la atención de Joyce. En esta ocasión, el marido, furioso y ebrio, la lanzó por la escalera y le fracturó un brazo; como Joyce lo explicó al terapeuta, era como si a la vez que él se volvía más exitoso en su trabajo, se tornaba cada vez más temeroso y fácil de provocar. Joyce dijo que tenía un profundo sentimiento de desgracia al pensar en este hombre, quien se esforzaba mucho para alcanzar el éxito en la vida, sólo para descubrir que no podría disfrutar de su logro. Ella no parecía darse cuenta de que los nacimientos de sus hijos resultaron amenazadores para Steve, debido a que él tenía la sensación de que los niños lo privarían de los beneficios del papel nutricio de su esposa.

Joyce describió su vida como "vivir con una bomba de tiempo" que podría "explotar" en cualquier momento. Dijo que tenía que explicar a Steve lo que hacía cada minuto del día y, en consecuencia, sólo podía acudir a su cita con el terapeuta durante el mediodía (a menudo perdía sus citas). Agregó que su marido controlaba por completo las finanzas familiares y que no sabía en qué bancos tenían sus cuentas. Joyce entregaba a Steve su sueldo mensual y él le daba una pequeña pensión, además de algo de dinero adicional en caso de que necesitara algo más. Joyce había aceptado la situación y trató de racionalizar la necesidad de Steve de controlar la economía como una consecuencia de su pobreza en la infancia. Consideraba que Steve tenía que asegurarse de que su familia tuviera suficiente dinero, en vez de actuar motivado por la necesidad de controlarla.

En sus etapas iniciales, la terapia no tuvo éxito debido a los temores y las resistencias de Joyce, así como a su incapacidad para presentarse con regularidad a las citas. La aterraba la idea de que Steve supiera que veía a un terapeuta y se negaba rotundamente a discutir la posibilidad de que él entrara en tratamiento. A pesar de la resistencia de Joyce, el terapeuta tenía la certeza de que si le daba suficiente tiempo para conquistar su confianza, la paciente, a la larga, podría encarar la necesidad de cambiar de situación. El clínico tenía clara conciencia de que muchas esposas golpeadas son clientes reacias y es difícil persuadirlas de que establezcan una relación terapéutica que pueda facilitar el cambio. Estas mujeres requieren de una combinación de paciencia, profundo entendimiento de su situación y firmeza. La mujer debe aceptar el hecho de que, en última instancia, tendrá que tomar las medidas necesarias para acabar con la violencia, ya sea abandonando el hogar o insistiendo en que el cónyuge reciba tratamiento como condición para que permanezca a su lado. Sin embargo, esto requiere de tiempo en muchos casos, debido a que son pocas las esposas que tienen la suficiente capacidad o disposición para aceptar o llevar a cabo estos prerrequisitos para cambiar el sistema. El terapeuta debe reconocer que muchas mujeres golpeadas no se encuentran preparadas, emocionalmente, para separarse de sus esposos ni del sistema complementario y violento en el que se hallan atrapadas; a menudo deben realizar varios intentos para liberarse del ciclo. Con mucha frecuencia los terapeutas se sienten desalentados con estas pacientes e interrumpen la terapia de manera prematura considerándolas desmotivadas, justo en el momento en que realizan sus primeros intentos para lograr la separación.

Es posible interrumpir el ciclo de maltrato en el primer intento, pero la experiencia del Centro sugiere que éste sería un resultado excepcional. Una mujer golpeada suele realizar, en promedio, entre tres y cinco intentos para abandonar el hogar antes de mantenerse alejada por completo o insistir en que el marido reciba tratamiento para regresar a su lado. El clínico debe considerar estos intentos iniciales como un proceso de aprendizaje que, a la larga, tendrá un efecto acumulativo que permitirá que la mujer logre el rompimiento final. Es necesario que las mujeres golpeadas aprendan, poco a poco, a contrarrestar los efectos psicológicos de sus escenas de crisis; dichos efectos son similares a los del lavado de cerebro, debido a que distorsionan la imagen de la realidad de la víctima y la debilitan emocionalmente. El cambio de una percepción distorsionada de la realidad requiere de que la mujer experimente una realidad distinta; por ejemplo, necesita saber que existe un refugio para ella, como los asilos para mujeres golpeadas donde hay profesionales y voluntarios que le brindarán ayuda.

Aunque Joyce era abogada y conocía sus derechos en un nivel intelectual, fue difícil hacer que los defendiera. Con los años (aunque, de cierta manera, era la mujer fuerte y nutricia de quien Steve dependía) se había convertido, desde el punto de vista psicológico, en una mujer absolutamente dependiente del marido. Era como si Joyce fuera dos personas: la profesional competente, exitosa y que gozaba de una reputación de fortaleza; y la mujer del hogar que, en su papel de esposa, era una criatura atemorizada que daba, cumplía y protegía todos los caprichos y deseos del marido. De cierto modo, Joyce pensaba que Steve era un niño que, a su manera, dependía por completo de ella.

Joyce hizo varios intentos para abandonar al marido. El primero ocurrió una noche en que Steve llegó ebrio a casa. Después que él se acostara a dormir, ella huyó con los niños a casa de unos amigos; como a las cuatro de la mañana, llamó por teléfono al terapeuta, casi histérica. Steve se dirigía a la casa de sus amigos para recogerla con los niños, y no sabía qué hacer. El terapeuta accedió a presentarse en la escena para hablar con los dos. En el momento justo en que

Diana Sullivan Everstine y Louis Everstine

llegaba al lugar, Steve escoltaba, por la fuerza, a una llorosa Joyce y a los dos niños al auto, y con un tono de voz controlado, pero violento, advirtió al terapeuta que se "alejara de su esposa".

Joyce no volvió a comunicarse en seis semanas después del incidente y, cuando lo hizo, parecía avergonzada y temerosa de que el terapeuta se negara a recibirla. Éste la tranquilizó y concertaron una cita posterior. Durante este nuevo periodo de tratamiento, el terapeuta realizó varios intentos para incluir a Steve, pero siempre fracasó. A su vez, Joyce hizo dos intentos fracasados para abandonar al marido. La separación final ocurrió después de una paliza en la que Joyce sufrió la fractura de la mandíbula y un pómulo, por lo que tuvo que ser hospitalizada. Un motivo importante para tomar la determinación de abandonar al esposo fue que su hija de seis años también resultó lesionada por Steve durante el último incidente de maltrato. En su intento paa golpear a Joyce, asió el brazo de su hija y lo dislocó al separarla de un tirón de la madre.

Esta lesión de uno de los hijos fue más de lo que Joyce podía tolerar. Cuando el terapeuta la visitó en el hospital, la mañana siguiente, Joyce apenas podía hablar. El clínico le ayudó a planificar adónde iría después de ser dada de alta, y también la convenció de que se pusiera en contacto con un abogado para conseguir una orden de aprehensión contra Steve, para evitar así que volviera a molestar o dañar a Joyce o a los niños. Al principio, la cliente se mostró reacia a actuar, pero al fin accedió a solicitar la orden de aprehensión. El terapeuta procedió a hacer una visita a los hijos de Joyce, quienes se encontraban en el domicilio de unos amigos.

En esta ocasión, Joyce no volvió a reunirse con el marido. Aunque a la larga decidió terminar con la relación debido a que Steve se negaba a tomar tratamiento alguno, el proceso de separación, divorcio y reconstrucción de su vida no fue sencillo para ella. Joyce siguió en tratamiento durante un año y en ese tiempo, gran parte de la terapia estuvo dirigida a descubrir las razones por las que permitió que Steve la golpeara durante tanto tiempo, y cómo pudo ser una persona en el trabajo y otra muy distinta en el hogar. Un motivo era que Joyce procedía de una familia tradicional y amorosa en la que el padre era la figura dominante. Además, como era la consentida del progenitor, llegó a pensar que las figuras masculinas eran benevolentes; en consecuencia, si los hombres se enfadan, esto se debía a que alguien había hecho algo malo. Cuando Joyce comprendió que no llegaba a conclusiones similares en su vida profesional, se sintió libre para realizar el cambio personal.

Es importante reiterar que éste no es un ejemplo típico de la mayor parte de los casos de esposas golpeadas, aunque sirve para demostrar que la dinámica del maltrato trasciende las fronteras socieconómicas. La realidad de una típica esposa golpeada es que la mujer no tiene carrera ni prospectos para desarrollarla. En su mayoría, son las principales responsables de la crianza de uno o más hijos. Sin recursos, ya sean económicos o emocionales, la mujer se siente aislada, en todo sentido, de la ayuda e interés de los demás, y se considera cautiva de una situación de maltrato que, para ella, es única y no tiene solución posible.

Bibliografía

Bateson, G. *Steps to an Ecology of Mind*. Nueva York: Ballantine, 1972.
Gayford, J. J. "Battered wives". *Medicine, Science and the Law*, 15:237-247, 1975.
Gayford, J. J. "Battered wives". En J. P. Martin (editor), *Violence and the Family*. Nueva York: John Wiley & Sons, 1978.
Strauss, M. A. "Wife-beating: How common and why?". En M. A. Strauss y G. T. Hotaling (editores), *The Social Causes of Husband-Wife Violence*. Minneapolis: University of Minnesota Press, 1980.

CAPÍTULO 7
El niño maltratado

Antes de recomendar estrategias terapéuticas para familias donde existe maltrato o abandono infantil, sería útil iniciar el tema con una definición clara y concisa de "maltrato" en este contexto. Una vez hecho esto, será posible presentar una descripción de la clase de personas que maltratan a sus hijos, así como de la dinámica psicológica que impera en un sistema familiar que dispara estos acontecimientos patológicos. En términos generales, el maltrato infantil por parte de los progenitores no es un fenómeno ligado al sexo; se dice que son más las madres que maltratan a los hijos que los padres que lo hacen, pero también se afirma que el maltrato de los padres es más violento y devastador para el niño. La dinámica antes mencionada, así como las estrategias de terapia sugeridas, también pueden aplicarse al maltrato ocasionado por el padre. Y aun cuando el maltrato ocurra sólo a manos de uno de los progenitores, el otro comparte en gran medida la responsabilidad, porque permite el ataque.

¿Qué es el maltrato infantil?

El maltrato infantil no es un castigo estricto, una nalgada o manipulación brusca. Aunque nuestra cultura permite el castigo corporal, éste, en y por sí mismo, no se considera maltrato infantil (sin importar la opinión de otros sobre el tema del castigo corporal). Puede decirse que el maltrato infantil ocurre *cuando el castigo corporal ocasiona magulladuras u otras lesiones al niño*, o *cuando el niño ha sido lesionado de una manera tan grave, que requiere de atención médica.* Los "lineamientos para el diagnóstico de maltrato físico", tomados del libro *Child Protection Team Handbook* (Schmitt y Loy, 1978), proporcionan detalles útiles para ampliar la definición anterior:

...lesiones físicas infligidas por el cuidador, hermano o niñera; también llamadas traumatismos no accidentales. Pueden calificarse de leves (algunas magulladuras, verdugones, rasguños, cortaduras o cicatrices), moderados (numerosas magulladuras, quemaduras menores o una fractura única), o *graves* (grandes quemaduras, lesiones del sistema nervioso central, lesiones abdominales, fracturas múltiples o cualquier lesión que ponga en peligro la vida); en casos extremos la consecuencia es la muerte. A menudo la lesión es ocasionada en un airado intento del progenitor para castigar al niño por un problema de conducta; a veces es una respuesta violenta y desmedida contra un niño que se encuentra accidentalmente en el camino de un adulto cuando se desarrolla una crisis no relacionada (pp. 188, 189).

Resulta evidente que las lesiones antes descritas van mucho más allá de lo que podría considerarse el resultado de un castigo normal para un niño indisciplinado. Casi todos los adultos han experimentado el impulso de golpear a un niño difícil o rebelde en alguna ocasión; sin embargo, el maltrato infantil trasciende a esta exaltación aguda, aunque temporal, de los sentimientos de ira que la mayoría de los adultos controla.

¿Cuáles son los adultos que no pueden controlarse? ¿Qué clase de ira, dolor o confusión en los adultos es la que se vuelca en los niños y, a la larga, puede conducir al maltrato y/o abandono? En muchos casos, esta conducta de abuso tiene origen en la infancia del progenitor mismo; hay muchas pruebas de que una gran mayoría de los progenitores maltratadores fueron maltratados o rechazados en la infancia (Feinstein y cols., 1963; Johnson y Morse, 1968; Nurse, 1966; Silver, Dublin y Lorie, 1969; Steele y Pollock, 1968). Muchos de los padres maltratadores tienen una autoestima extremadamente baja y la tendencia a sentir que son individuos fracasados; además, son personas que suelen sufrir de depresiones frecuentes (Court y Okell, 1970).

El siguiente ejemplo revela la forma como la baja autoestima de una madre, y sus arraigados sentimientos de incapacidad, contribuyen a una conducta de maltrato. El triste caso se inicia así: una niña pequeña experimenta una terrible sensación de incapacidad mientras pasa por el proceso del crecimiento; se siente rechazada por uno o ambos progenitores, quizá fue maltratada por uno o los dos. Esta niña tal vez se casará a temprana edad, debido a que, de hecho, trata de saciar su necesidad de amor y afecto. De mujer, desarrolla una arraigada convicción de que es incapaz de hacer algo bien, pero al alcanzar la madurez física, experimenta el sentimiento de tener la capacidad para "hacer algo bien" al concebir a un hijo o una hija que le ame. Siente que su valía aumenta al llevar a término el embarazo y dar a luz; en este bebé ha proyectado todas las fuentes de amor y afecto que echara de menos durante su infancia. Da a luz a un hijo con la esperanza de que sea, por lo menos, el único ser humano en su vida que le ame sin reservas o medida.

Cuando lleva a casa al bebé, la mujer inicia su carrera de madre abrazándolo con temor o torpeza (debido a un sentimiento de temor o torpeza interior), y el niño responde con movimientos de protesta y llanto al sentirse incómodo. En vez de percibir esto como consecuencia de la incomodidad del niño, la madre piensa que el bebé está gritándole o tratanto de escapar. En un nivel simbólico, tal vez ha tenido la fantasía de que el bebé la acusa, y de aquí surge algún pensamiento obsesivo como: "He fracasado; aunque por un momento pensara que tuve éxito, he fracasado de nuevo".

Esta clase de progenitores tienen necesidades internas tan grandes y tantas esperanzas cifradas en que sus hijos aporten todo aquello de lo que carecieron en la infancia, que no pueden percibir ni atender las necesidades de sus hijos (Green, Gaines y Sandgrund, 1974; Morris y Gould, 1963; Steele y Pollock, 1968). Como progenitores que tienen sus propias necesidades frustradas de dependencia, desplazan la ira contra sus padres, por falta de amor y apoyo, hacia los hijos, y esto conduce a un nuevo episodio de esta deprimente crónica del maltrato.

Muchos padres maltratadores presentan una notable carencia de comprensión (o empatía) hacia los humores y conductas de sus hijos. A menudo proyectan motivaciones adultas en los actos de un bebé cuando, de hecho, el niño puede mostrarse inquieto porque está triste, mojado o hambriento (Allen, 1978). Esta ingenuidad tal vez explique el hecho de que exista un riesgo de maltrato infantil mucho mayor entre las parejas jóvenes que en las maduras (Lynch, 1975; Oliver y cols., 1974; Skinner y Castle, 1969; Smith, 1975). Además, los padres maltratadores parecen desconcer las capacidades de sus hijos; es decir, no tienen conciencia de cuál es la conucta adecuada de un niño en diferentes grupos de edad (de Lissovey, 1973). Debido a que carecen de entendimiento en lo tocante a niños, presentan graves deficiencias en las habilidades más básicas para la paternidad; con frecuencia hacen demandas irreales a sus hijos en términos de obediencia, habilidad o capacidad intelectual (Court, 1974; Ounsted y cols., 1975).

Es frecuente que los padres maltratadores sean personas aisladas cuyos sistemas de apoyo son débiles o ineficaces para darles sostén cuando experimentan tensiones o se encuentran cautivos de una crisis. Muchos de estos progenitores tienen graves problemas conyugales que no resultan evidentes durante la primera visita; algunos de ellos ofrecen una apariencia de contar con un núcleo familiar muy estrecho, amoroso, de "todos contra el mundo". Sin embargo, al analizarlo con detalle, el grupo familiar tiene un gran temor a la intimidad y la cercanía. Algunas madres que maltratan a sus hijos son golpeadas por los maridos (Smith, 1975). Otros padres maltratadores utilizan a un hijo como "chivo expiatorio" de la causa de los problemas de su relación de pareja (Gibbens, 1972). Por ejemplo, el adulto dependiente y celoso

Diana Sullivan Everstine y Louis Everstine

puede percibir al niño maltratado como un competidor por la atención del cónyuge (Court, 1970; Wasserman, 1967).

Al parecer, se presentan menos casos de maltrato infantil entre las familias grandes o extendidas, y esto puede explicarse por varias razones. Primero, en una familia numerosa o extendida existe una red social ya establecida para ayudar en la atención de los hijos cuando la madre experimenta estrés o alguna dificultad; por ejemplo, cuando hay hermanas, tías o sobrinas que pueden ayudar en la atención del niño o aliviar a la madre de los deberes de la maternidad durante un periodo determinado.

Segundo, en una familia grande o extendida los niños tienen más atención en el cuidado de otros niños, de tal manera que, cuando se vuelven adultos y contraen matrimonio, han adquirido considerable experiencia en el cuidado de un pequeño. Además, estos niños pueden tener una mayor comprensión de la conducta normal y adecuada de un niño durante sus diferentes etapas de desarrollo. En el Centro hemos observado que muchos casos de maltrato infantil se han presentado cuando la primera experiencia del progenitor en el cuidado del niño es cuando éste llega al hogar. En otros casos, el progenitor maltratador ha tenido pocas oportunidades de participar en el cuidado, debido a su propio aislamiento durante la infancia, aun para estar en compañía de niños pequeños. Estas circunstancias pueden provocar expectativas muy poco realistas de las capacidades y necesidades de un niño.

Las investigaciones han revelado que otro factor importante en el maltrato infantil es que muchas madres maltratadoras dieron a luz de manera prematura o sus partos fueron difíciles (Elmer y Gregg, 1967; Lynch, 1975; Oliver y cols., 1974; Skinner y Castle, 1969). Debido a las complicaciones de un parto prematuro o difícil, los niños a menudo son separados de la madre poco después de su nacimiento y, en consecuencia, madre e hijo no permanecen juntos durante el tiempo crítico en el cual ocurre la "vinculación" normal.

Quizá, como sugieren los resultados de la investigación, el producto de esta falta de vinculación materno-infantil es el maltrato que surge en épocas posteriores (Klein y Stern, 1971).

La imagen del progenitor patético, aislado, solitario y temeroso es la que emerge de las características de quienes maltratan a sus hijos. En su mayoría, son personas que fueron víctimas del abandono o el maltrato; muchos carecen de amigos o parientes que vivan cerca y les proporcionen apoyo durante los momentos difíciles. Debido a su aislamiento, soledad y baja autoestima, cuando estos individuos son sometidos a situaciones de estrés tienen muchas dificultades para pedir la ayuda que tanto necesitan, y esta incapacidad para solicitar auxilio a menudo caracteriza su cotidianidad, al extremo de que a veces tienen problemas para pedir ayuda para resolver los problemas más comunes. Por ejemplo, acudir a un vecino para pedirle prestado algo que necesitan en la casa (una taza de azúcar o un poco de café) es una tarea bastante simple para muchas personas, mas para el padre maltratador —debido a su falta de autoestima y su temor— esta petición, relativamente sencilla, se convierte en una tarea descomunal. Se trata de personas que temen la cercanía y la intimidad, tal vez porque no la experimentaron durante su infancia. O, en los casos donde sí existió la intimidad, a menudo ésta fue interrumpida por episodios de violencia.

Muchos padres maltratadores son individuos idealistas y deseosos de superarse; tienen el intenso deseo de alcanzar el éxito, pero, al mismo tiempo, se perciben como seres fracasados en la vida y consideran que su tarea como progenitores es virtualmente imposible. Tienden a ser personas impulsivas con grandes problemas para controlarse cuando se sienten lastimados, atemorizados o frustrados. Y aunque al lector esto podría parecerle difícil de creer, las personas que lastiman o atacan a los niños no son sádicos; es decir, no se trata de individuos que deriven placer de lastimar a sus hijos. En realidad, a estos padres les ocurre todo lo contrario. La

Diana Sullivan Everstine y Louis Everstine

mayoría de los progenitores maltratadores son personas que quieren mucho a sus hijos, mas están tan perturbadas y experimentan tal dolor psicológico, que no pueden controlarse aun en situaciones de poca tensión. A menudo utilizan el mecanismo de defensa de la negación para protegerse de la realidad de lo que han hecho (o están haciendo) a sus hijos; casi siempre declaran que no recuerdan cuándo o cómo fueron producidas las lesiones que presentan sus hijos.

Indicaciones diagnósticas generales

Esta sección analiza algunos indicadores que pueden ser de utilidad al terapeuta o asesor para determinar si se encuentra ante una situación de maltrato infantil. Hemos resumido algunas señales diagnósticas que Barton D. Schmitt presentó en el capítulo "The Physician's Evaluation" del libro *The Child Protection Team Handbook* (1978, pp. 39-57), así como los lineamientos utilizados en el centro. Si el terapeuta, al encontrarse envuelto en una situación de urgencia, observa en una familia dos o tres de estos indicadores, debe investigar con atención para determinar la posibilidad de un caso de maltrato infantil.

1) Una lesión no explicada o inexplicable: si el progenitor se muestra reacio a explicar la causa de la lesión y hace comentarios como "Lo encontramos así"; o si la familia no está dispuesta a dar detalles de la forma como el niño fue lesionado. La mayoría de los progenitores se muestran muy preocupados cuando su hijo sufre una lesión, y hacen todo lo posible para averiguar cómo y por qué se lesionó.

2) Una discrepancia entre las descripciones, dadas por los progenitores, sobre la manera como el niño recibió la

lesión, cuando los padres han sido interrogados por separado; o una diferencia entre la explicación dada por uno o ambos progenitores y la explicación del niño cuando son interrogados por separado.

3) Una discrepancia entre la clase de lesión o herida del niño y el "accidente" descrito: por ejemplo, cuando los progenitores dicen que el niño tropezó con una silla y cayó, pero se observa que el pequeño tiene magulladuras en varias partes del cuerpo, o cardenales largos y angostos que indican que ha sido golpeado con un cinturón o una regla.

4) Lesiones sospechosas que, se dice, fueron provocadas por el propio niño. Los pequeños que no tienen un trastorno emocional, rara vez se lesionan de manera deliberada, y el niño puede tener lesiones que no hayan sido ocasionadas por él mismo, por ejemplo: si los padres afirman que el bebé cayó de la cama y se fracturó un brazo mientras dormía, o sugieren que el niño es masoquista o que se lastimó al hacer un berrinche.

5) Lesiones causadas por terceros; cuando los padres culpan a personas como la niñera, un amigo o vecino. Estas acusaciones deben ser investigadas con detenimiento. Otras lesiones sospechosas causadas por terceros son las infligidas por hermanos bruscos o compañeros de juego; si después de una acusación semejante, los progenitores no están dispuestos o no pueden dar el nombre de la tercera persona responsable de la lesión del niño, la acusación debe considerarse sospechosa. Son pocos los progenitores que permitirían que sus hijos sigan jugando o al cuidado de personas que les causan lesiones.

6) Un retraso para solicitar atención médica. La mayoría de los progenitores piden ayuda médica tan pronto como descubren que el niño sufrió una lesión; si los progenitores esperan 12 a 24 horas antes de buscar tratamiento para la lesión de su hijo, este hecho, por sí

mismo, puede sugerir que la lesión fue ocasionada por alguno de ellos.

7) Antecedentes de lesiones sospechosas repetidas: si el niño ha sufrido lesiones inexplicables en más de una ocasión, o si un hermano presenta lesiones similares. Muchos niños así a menudo son calificados de "propensos a los accidentes", "torpes" o "bruscos" por sus padres.

Indicaciones físicas

Las heridas diagnósticas del síndrome del niño maltratado incluyen magulladuras, cardenales, laceraciones y cicatrices (las magulladuras y otras lesiones situadas principalmente en nalgas y parte inferior de la espalda, a menudo son producto de un castigo físico, es decir, de nalgadas). Las lesiones producidas por bofetones suelen ser numerosas magulladuras en la mejilla y un puntilleo en el pabellón auricular; del mismo modo, la mayor parte de las heridas de la cara interna del muslo y la región genital fueron causadas por otra persona (cuando las caídas *accidentales* rara vez ocasionan magulladuras en tejidos blandos, casi siempre provocan magulladuras o raspaduras en puntos de prominencia ósea, como frente, pómulos o cadera). Además, si hay magulladuras recientes en presencia de otras más antiguas, de color amarillento o en proceso de reabsorción, debe sospecharse siempre de maltrato. Las huellas de manos y lesiones de presión que parecen dedos o una mano, frecuentemente observadas en brazos y piernas, o marcas de pellizcos que aparecen como dos lesiones encontradas, en forma de luna creciente, también son lesiones diagnósticas de maltrato. Las huellas de mordisco humano también adoptan la forma de magulladuras encontradas y en creciente; esta veriedad de lesión debe analizarse con detenimiento, debido a que los padres suelen declarar que fue ocasionada por un hermano o compañero de juego.

Las marcas de cinturón suelen ser rectangulares y de diversas longitudes; las magulladuras que aparecen en distintas y numerosas partes del cuerpo suelen ser infligidas por segundas personas, a menos que exista una prueba contundente de que el niño sufrió una caída. Las caídas son causa de magulladuras y abrasiones menores, pero se observan principalmente en codos, rodillas y hombros.

Cerca del 10 por ciento de los casos de maltrato físico implican quemaduras; la quemadura más común es la ocasionada con un cigarrillo y, en general, consiste de más de una quemadura circular de bordes elevados. Cuando un niño tropieza accidentalmente con un cigarrillo, éste sólo ocasiona una marca circular, a menos que la ceniza candente incendie la ropa. Las quemaduras más pequeñas, aunque similares, pueden ser producto de una punta de cerillo caliente. Otra forma de quemadura que debe despertar sospechas es la provocada por inmersión en agua caliente; una lesión semejante dejará huellas sobre los tobillos o la muñeca, pero no habrá marcas por el salpicado. Los niños nunca meten las extremidades en agua caliente y las dejan allí voluntariamente.

Con respecto a este síndrome, el daño ocular puede incluir hipema agudo, lentes dislocadas o desprendimiento de retina. La hemorragia retiniana sugiere un hematoma subdural en niños que manifiestan síntomas de daño al sistema nervioso central. La hemorragia retiniana en niños (relacionada con una hemorragia intracraneal oculta de importancia clínica) también puede ser consecuencia de una súbita compresión del pecho.

La peor lesión, en términos de su letalidad, es un hematoma subdural; estas víctimas suelen presentar convulsiones y caer en coma. El típico hematona subdural tiene relación con fractura creaneal provocada por un golpe directo con la mano, o contra una pared o puerta; suele haber lesiones externas que concuerdan con esta clase de golpe. Las lesiones intraabdominales son la segunda causa de muerte en el síndrome del niño maltratado; los niños que reciben esta clase de contusiones tienden a presentar vómito recurrente y/o distensión abdominal, entre otros síntomas. Un hallazgo frecuente es la rotura de hígado o bazo.

La "insuficiencia de crecimiento" se manifiesta en la forma de un niño desnutrido, de bajo peso. Estos pequeños a menudo tienen costillas prominentes, nalgas y miembros adelgazados. La insuficiencia de crecimiento o desarrollo suele ocurrir durante los dos primeros años de vida debido a que, normalmente, es una época de rápido crecimiento y de dependencia de los adultos para comer. Este síndrome se ha observado en bebés aun menores de los ocho meses. Las causas de insuficiencia de desarrollo pueden ser orgánicas en 30 por ciento de los casos, por falta de alimentación debida a un error comprensible en 20 por ciento de los casos, y por deprivación ocasionada por negligencia materna en casi la mitad de los casos.

Si un niño se muestra en extremo pasivo o parece catatónico, esto puede sugerir negligencia o maltrato. De hecho, los niños maltratados pueden presentar gran variedad de síntomas psicológicos anormales; algunos parecen "aplanados" emocionalmente, con una depresión del estado de ánimo; suelen carecer de la coloración y la energía de los niños normales. En contraste, algunos niños maltratados pueden comportarse de una manera impulsiva o agresiva. Empero, el único elemento consistente en la conducta de los niños maltratados es que no confían con facilidad en las personas y se muestran muy desconfiados de los extraños.

Valoración de la seguridad en el hogar

En algunos casos será necesario que el terapeuta determine si el niño puede permanecer o no, con seguridad, en el hogar. En otras situaciones en las que, por ejemplo, el niño sea sacado del hogar temporalmente, podría ser necesario que el clínico determine si debe o no volver a casa. A continuación analizamos algunos de los factores de riesgo que pueden afectar esta difícil decisión.

El primer factor a considerar es si uno o ambos progenitores encajan en la descripción antes presentada del progenitor maltratador. ¿También ellos sufrieron maltrato en la infancia? ¿Son personas aisladas o solitarias, o parecen bastante adaptados socialmente? ¿Las demandas que, como padres, presentan a sus hijos son adecuadas o no? ¿Poseen habilidades razonables para la paternidad? ¿Administran disciplina de manera eficaz y adecuada? ¿Pueden diferenciar sus necesiddes y sentimientos de los de sus hijos?

Otro elemento fundamental a considerar, es la edad del niño. La mayor parte de las investigaciones realizadas sobre el tema del maltrato infantil, sugieren que los niños son más vulnerables entre los tres meses y los tres años de edad; durante este periodo de vida, el niño es más dependiente, impotente y demandante. Asimismo, durante esta época el niño no puede escapar de un padre maltratador para pedir ayuda, en tanto que uno de más edad podría hacerlo en caso de surgir una crisis. Estas consideraciones sugieren que sería aconsejable adoptar una postura conservadora al determinar la permanencia de un niño en el hogar cuando se trata de un pequeño menor de tres años, debido a que los riesgos son mayores.

Es necesario tomar en cuenta si se trata de un niño "difícil" o enfermizo. ¿Es posible que el niño, debido a una limitación o incapacidad física, plantee más demandas de las habituales? ¿O acaso el progenitor percibe que ese niño es "extraño" de alguna forma, o capaz de plantear demandas extremas? ¿Hay antecedentes de incidentes similares en la familia? ¿Éste o cualquier otro hijo de la familia ha sido retirado del hogar con anterioridad? En tal caso, es necesario actuar con gran cautela, a menos que existan pruebas de que el progenitor o la familia han realizado cambios importantes.

A la larga será necesario valorar el nivel de adaptación de los progenitores. Si uno de ellos es un esquizofrénico crónico o límite (borderline), esto y la evidencia del maltrato son suficientes indicadores para sacar al niño del hogar. En cualquier caso, la esquizofrenia no es razón suficiente para descalificar a una persona para la paternidad. Un elemento más importante es la gravedad y duración del maltrato comprobado. Si un progenitor pierde el control y golpea al niño en una ocasión y no repite la conducta, la situación será muy distinta de aquella en la que el progenitor lesiona al niño repetidas veces durante un periodo prolongado. La diferencia fundamental se encuentra entre la momentánea pérdida del control, bajo presiones extremas, y una psicopatología grave.

Por último, un factor elemental en la valoración de la familia para determinar la permanencia del niño en ella, es: ¿Cuenta la familia con una red de apoyo conformada por parientes, amigos y consejeros profesionales a los cuales recurrir en situaciones de estrés; o acaso los padres son personas aisladas que no piden ayuda? Cuando una familia de la que se sospecha un caso de maltrato infantil reúne la mayor parte de los factores antes mencionados, esto debe sugerir la separación, por lo menos temporal, de los progenitores y su hijo hasta que pueda realizarse una valoración ulterior y más detallada del grupo familiar.

Tratamiento del maltrato infantil

Durante una intervención en crisis, el descubrimiento del maltrato infantil puede ser brutal y estremecedor, así que es muy importante que el terapeuta, en tal situación, vigile y controle sus sentimientos de ira y desagrado, pues de lo contrario, estas emociones aislarían (más) y lastimarían a los progenitores maltratadores quienes, a su vez, quizá fueron niños maltratados. Es necesario aceptar la difícil realidad de que estas personas no son monstruos despreciables, sino individuos que merecen compasión y comprensión, y que, de una manera patética, claman pidiendo ayuda.

Al principio, la mayoría negará el maltrato, y el terapeuta debe evitar enfrascarse en la ira y la violencia del grupo, permaneciendo lo más aislado posible del sistema patológico. El clínico debe estar preparado para el rechazo de los miembros de la familia; un grupo familiar maltratador temerá y resentirá la presencia de un extraño —incluido el terapeuta—, debido a que invade y altera el sistema familiar, y dicho resentimiento quizá persista durante algún tiempo. Aunque para el terapeuta sería tentador aceptar la propuesta de no informar del maltrato a las autoridades con el fin de granjearse la confianza del progenitor o para acabar con amenazas dirigidas en su contra, esta conducta sería un grave error de juicio que en nada ayudará a la víctima (consulte el Capítulo 13 sobre los requisitos legales para informar del maltrato).

A menudo el clínico recibe el llamado para intervenir en una situación de maltrato a manos de terceros; en ocasiones un miembro de la familia inmediata es quien pide ayuda, mas hemos observado que esto es lo *menos frecuente* entre las familias donde existe el síndrome del niño maltratado. Una forma como el terapeuta u otros profesionales descubren a la familia maltratadora es a través de la terapia por otro problema, durante la cual surge la situación del maltrato. Lo más importante es entender, al iniciar la intervención, que muchas familias maltratadoras no buscan ni quieren ayuda, se muestran defensivas y suspicaces, y tratan de ocultar la situación. El clínico no debe manifestar sus suspechas de tal manera que un progenitor se torne aún más reservado ante la posibilidad de reconocer su conducta de maltrato.

Durante el encuentro inicial con el progenitor de quien se tienen sospechas, es importante que el terapeuta evite todo acto impulsivo o emocional, sin importar cuán preocupado pueda estar por el niño en cuestión. Una razón para esto es que tal vez surja la necesidad de preparar el terreno para presentar un caso legal; sin embargo, si los progenitores se percatan antes de las sospechas del terapeuta, tratarán de encubrir las pruebas o evitarán que el clínico se entreviste por segunda vez con el niño. En muchos casos será necesario visitar al pequeño en más de una ocasión, con el fin de confirmar el maltrato. Otro aspecto fundamental es ganar la confianza del niño —es decir, los niños maltratados no sólo son temerosos de los extraños, sino que desconfían de los adultos en general. Además, la mayoría de estos niños "quieren" mucho a sus padres y, en consecuencia, perciben como enemigo a cualquier desconocido que ponga en riesgo a la familia.

Ante todo, antes de emprender cualquier acción, es importante considerar lo que podría ocurrirle al niño si fracasamos en el intento. ¿Qué pasará si el profesional se precipita en sus actos y la familia logra ocultar el maltrato, o escapa de la detección al mudarse a otro domicilio? ¿Qué sucederá si el niño al fin aprende a confiar en un adulto —el terapeuta—, pero la ayuda que tanto necesita no llega?

El primer encuentro con una familia de la que se sospecha maltrato infantil debe ser tan poco confrontador y amenazador como sea posible. En caso necesario, esta postura podrá cambiarse por una más asertiva posteriormente. El clínico debe averiguar todo lo posible sobre todos los elementos de la familia y sus antecedentes. Con el perfil del progenitor maltratador presentado antes, sería aconsejable comprobar si el perfil de los progenitores del caso encaja en la descripción. Luego, el clínico debe valorar la gravedad de cualquier lesión visible y tomar en consideración la edad del niño. Cuando éste deba ser separado de la familia, quizá lo mejor sería actuar durante un periodo de separación natural, como cuando el niño se encuentra en la guardería o en la escuela. De ser posible, el terapeuta evitará una escena dramática de separación violenta; en muchos casos, los niños considerados víctimas de maltrato pueden ser retirados con mayor facilidad de un escenario escolar (y conducidos al pediatra para una revisión) que mediante una confrontación directa con los padres.

A continuación presentamos un ejemplo de intervención inicial con dos hermanas maltratadas a quienes llamaremos Annie (de siete años) y Carolyn (de ocho años y medio). Este caso de estudio también nos permite demostrar las clases de conductas carcterísticas en los niños maltratados. ETC recibió el llamado de una maestra que estaba preocupada por las dos pequeñas. Según la profesora, sus ropas siempre estaban sucias, no habían llevado almuerzo al colegio durante más de seis meses y presentaban magulladuras y rasguños en brazos y piernas. Una terapeuta del Centro acudió a la escuela para conocer a las niñas, quienes se mostraron muy reacias a hablar con ella. Por la maestra, la psicóloga supo que las dos pequeñas tenían graves problemas de conducta en el colegio; Annie era muy reservada y solía provocarse lesiones deliberadas, comentando: "Ya ves, no me dolió". Un día llegó al extremo de encajarse unas tijeras. Carolyn, por su parte, era una niña en extremo agresiva y destructora; podía estar tranquila y, de repente, estallar en un acto violento. Carolyn ya había atacado a otros niños en varias ocasiones, y una vez destruyó una exhibición del salón de clases en un arranque de cólera.

La terapeuta se reunió con las niñas por separado y, durante la segunda entrevista con Annie, preguntó cómo la castigaban sus padres cuando hacía algo malo. La pequeña respondió, con gran naturalidad, que la golpeaban con el cinturón y, si se comportaba "de veras mal", tenía que dormir fuera de la casa (en el suelo) toda la noche. Cuando la terapeuta se reunió con las hermanas al finalizar la sesión y repitió las revelaciones de Annie, Carolyn se levantó de pronto y atacó a la menor, gritanto: "Te odio, mentirosa".

Al terminar la segunda entrevista con las niñas, la terapeuta decidió que tenía motivos suficientes para enviarlas con el pediatra e informar de sus suspechas de maltrato infantil. El examen pediátrico descubrió que las dos, de hecho, habían sido golpeadas. La nariz de Annie tenía una fractura anterior, pero la niña no recibió tratamiento para la lesión. Las dos sufrían de desnutrición y presentaban verdugones, magulladuras y rasguños que no podían haberse causado ellas mismas.

Después de este hallazgo, dos especialistas del Centro se reunieron con los progenitores, quienes eran bastante jóvenes: la madre tenía 24 años y el padre, 25. Como pareja, luchaban para "sobrevivir"; él tenía un empleo en un taller mecánico y ella trabajaba como camarera en un restaurante de servicio rápido. Al iniciar la entrevista, la pareja se puso furiosa y amenazó con demandar a ETC. Uno de los clínicos explicó que, debido a los resultados del examen pediátrico, no tenían más remedio que informar de la situación y obtener una orden para que las dos niñas fueran internadas en un asilo infantil hasta que pudiera realizarse una evaluación profunda de la familia. Esa visita con los progenitores duró cerca de tres horas, que en su mayor parte transcurrieron en asegurar que nuestras intenciones eran ayudar a los miembros del grupo a vivir de una manera saludable y gratificante. Aunque los padres permanecieron enfadados con nosotros durante algún tiempo, pudimos persuadirlos de continuar con la terapia. Después, las niñas volvieron al hogar y al parecer no se ha repetido la situación de maltrato físico.

Al iniciar la terapia con familias maltratadoras, es necesario establecer las reglas del tratamiento. Debido a que muchas de estas familias reciben la atención involuntariamente, los progenitores pueden tener fantasías distorsionadas o exageradas de lo que es la terapia. Por ello es aconsejable esclarecer cuál será el papel del terapeuta y qué puede esperar de él la familia. A continuación presentamos una combinación de los reglamentos terapéuticos en el trabajo de Saruk (1979).

Un incidente de maltrato infantil durante la terapia, no indica que ésta deba suspenderse, que sea necesario encarcelar a los padres o que el niño tenga que abandonar el hogar. Sin embargo, aunque es necesario enfrentar el incidente en la clínica, la primera prioridad es la protección del niño. El mensaje que debemos comunicar a los padres, desde el principio, es que el clínico no les ayudará a encubrir el maltrato. Desde ese momento tendrán que aprender a resolver el estrés cotidiano y a criar a los hijos sin violencia. Estos progenitores deben aprender a reconocer sus problemas y dificultades, y aceptarlos. Para dar fuerza a estos requisitos, hemos observado que es necesario contar con el respaldo del sistema de justicia de la localidad y/o un servicio de protección al menor del departamento del bienestar social de la localidad, con el fin de garantizar que estas familias permanezcan en la terapia durante las etapas críticas de la misma.

Debido a que los padres maltratadores tienen una incapacidad crónica para controlar sus impulsos agresivos, es fundamental establecer la regla de que no sólo ése, sino cualquier incidente subsecuente será informado a las autoridades. La regla se aplicará a todas las personas que participan de la situación terapéutica, y no habrá represalias entre los miembros de la familia. Además, si los padres abandonan el tratamiento antes que el terapeuta considere que pueden hacerlo, este hecho también será informado a las autoridades —y podrá provocar que el niño deba abandonar el hogar. Nuestra política es recomendar a la corte que todo requerimiento terapéutico incluya estas cláusulas; no sólo debe establecerse un mínimo de duración para la terapia, sino también es necesario especificar el número mínimo de sesiones; si los miembros de la familia no cumplen con estos requisitos, serán obligados a hacerlo. Al edificar la terapia sobre un fundamento firme como éste, buscamos superar la falta de motivación al cambio que experimentan los progenitores.

Todo intento debe estar coordinado con el trabajo del terapeuta en escuelas y otras instituciones que colaboren en

Diana Sullivan Everstine y Louis Everstine

el caso, por diversos motivos. Por ejemplo, muchos padres maltratadores no pueden enfrentar el estrés, y existe la posiblidad de que un maestro o trabajador social provoque sin querer un nuevo incidente de maltrato infantil al enviar una nota de mala conducta o desempeño del niño. Cuando sea factible, el terapeuta debe pedir que esta clase de mensajes sean canalizados a través de él o ella, y así resolver el problema como parte de la terapia.

Hemos observado que el siguiente esquema de citas es más provechoso para estas familias: sesiones individuales semanales para los padres y una sesión semanal para los padres como pareja. Si el niño maltratado tiene la edad suficiente para participar de la terapia, se recomienda agregar un grupo de terapia familiar o multifamiliar (con otras familias maltratadoras). También hemos comprobado que lo mejor es que, por lo menos, dos terapeutas participen en el tratamiento familiar o multifamiliar, debido a que el tratamiento de una familia maltratadora puede ser una importante causa de estrés para el clínico. Dos o tres terapeutas que coordinen sus esfuerzos podrán brindarse apoyo y ayuda durante algunas de las etapas demandantes del tratamiento. En muchos casos, la terapia de juego individual es útil para el niño maltratado, y esto requiere de la participación de varios terapeutas. Los grupos multifamiliares son una prometedora modalidad para el tratamiento de las familias maltratladoras, debido a que cumplen con más de una finalidad terapéutica: esta organización permite acabar con el aislamiento de las familias e impide que sus miembros sientan que la suya es la única tragedia que ha ocurrido; también permite disipar la idea de que la conducta de los progenitores es producto de una peculiaridad muy personal.

Al tratar a los progenitores maltratadores, les hacemos saber que estaremos disponibles en todo momento del día o de la noche, en caso de que surja una urgencia o un problema difícil de resolver. Esto puede tener gran importancia porque, al iniciar de esta manera, el clínico puede establecer el papel combinado de "buen padre", ayudante y maestro. Estos progenitores necesitan de alguien a quien puedan recurrir cuando se encuentren en exceso tensos y teman tener un acting-out contra el niño. El terapeuta debe recordar que los acontecimientos que la mayoría de la gente consideraría como dificultades menores, adquieren dimensiones catastróficas para estos padres en crisis.

En términos genrales, el tratamiento de estas fmailias se desarrolla de la siguiente manera. Al principio, hay una etapa durante la cual los progenitores tienen miedo e ira, y niegan que haya ocurrido una situación de maltrato. El clínico debe evitar interrogarlos sobre sus motivos para actuar como lo hicieron, o cómo, cuándo y dónde ocurrió el incidente, o cualquier pregunta que pueda sugerir una acusación durante esta etapa inicial. El principal objetivo es "sortear la tormenta" de la ira y ofrecer todo el apoyo posible, en un intento para conquistar la confianza. En tanto que la ira de los progenitores parecerá eterna, a menudo se convierte (a veces, repentinamente) en dependencia después de cuatro a seis semanas. Durante la etapa de dependencia, es importante que el terapeuta o los coterapeutas estén siempre disponibles para los progenitores; se trata de un periodo en el que la familia se encuentra más vulnerable a las tensiones. Por primera vez, los padres han permitido que un intruso penetre en su hermético sistema familiar, y por ello es importante que el terapeuta "esté allí" en los momentos significativos en que se permitirán pedir ayuda.

Algunas peticiones de ayuda iniciales pueden ser, en apariencia, superficiales. Por ejemplo, un padre puede preguntar por el nombre de un medicamento para el resfriado, o quizá uno de los hijos hizo una pregunta y el progenitor busca consejo para reponderla. El asunto es que los acontecimientos que mucha gente enfrenta sin dificultad, adquieren dimensiones exageradas para quienes tienen un profundo empobrecimiento psicológico, como es el caso de los progenitores maltratadores. Al verlos agobiados, perplejos e incapa-

Diana Sullivan Everstine y Louis Everstine

ces de responder ante estas crisis momentáneas, el terapeuta se dará cuenta de que son como niños abandonados que requieren de nuevos padres para convertirse en adultos sanos. Esta etapa de dependencia en la terapia será el momento en que los padres maltratadores, después de pasar por la ira y la negación, empiecen a experimentar alivio, y el clínico sin duda podrá lograr grandes progresos terapéuticos. Sin embargo, el terapeuta no debe olvidar que el tratamiento es lento y que sin duda requerirá de mucho tiempo para llegar a su conclusión.

Nuestro trabajo con familias maltratadoras consiste de tres papeles fundamentales: el primero es el del terapeuta; el segundo, el de nuevos progenitores; y el tercero es el del maestro. Como maestro, el terapeuta se esforzará para explicar las expectativas realistas y adecuadas que pueden tenerse de los niños, debido a que los padres en crisis desconocen el desarrollo normal del niño. Con el fin de ayudarles a mejorar sus habilidades para la paternidad, ponemos mucha atención en los conceptos de castigo y recompensa. El maltrato suele iniciarse con un simple intento del progenitor para interrumpir una conducta no deseada castigando al niño por algo que ha hecho; el progenitor no tiene conocimiento de los medios que puede utilizar y que no requieren de violencia. Por ejemplo, el padre debe conocer las alternativas como "tiempo fuera", es decir, meter al niño en su habitación durante un tiempo, como forma de castigo. Otra posibilidad es establecer un sistema de puntos mediante el cual el niño pueda perder o ganar puntos a través de su conducta. Estos enfoques hacia el control conductual hacen que el castigo violento sea innecesario.

Para muchos de estos progenitores, es útil proporcionar un "entrenamiento de empatía", método que pretende enseñar a las personas a reconocer y comprender los sentimientos de los demás. Hemos observado que los padres maltratadores están tan agobiados por sus sentimientos de incapacidad personal, que no pueden reconocer las emociones de tristeza o dolor en los demás. Con el fin de aprender empatía, se pide a la persona que recuerde incidentes en los que lastimó a alquien, así como los incidentes en que dio alegría o felicidad. El objetivo es concentrar la atención en la interacción (positiva o negativa), demostrando así la manera como el comportamiento de un individuo puede afectar e influir en otros.

Por último, el trabajo con padres maltratadores requiere de enseñarles nuevos medios para responder a su ira. La finalidad es persuadirlos de restringir sus respuestas impulsivas y volátiles ante el desafío o el estrés. Una forma de lograr esto es utilizar la "fantasía dirigida", y otro es pedir a la persona que lleve un diario. En la fantasía dirigida, el individuo evoca momentos de su vida que fueron muy gratificantes; no es sorprendente observar que muchos padres maltratadores tienen dificultades para recordar épocas de sus vidas en las que fueron felices, si consideramos sus antecedentes de deprivación y maltrato. Después, pedimos a los padres que recuerden incidentes de sus vidas en que sabían que no debían hacer algo y, de hecho, no lo hicieron porque estaba "mal"; luego sugerimos que recuerden el placer experimentado al controlarse de esta manera. El último paso es persuadir a los progenitores de relacionar estas sensaciones positivas del pasado con los acontecimientos y situaciones que enfrentan en el presente. Este enfoque puede ampliarse al pedir a los clientes, durante el transcurso del tratamiento, que informen de momentos de sus vidas presentes en los que han aplazado la actuación de sus frustraciones o iras.

Además, pedir a los padres que lleven un diario puede ser un método útil para ayudarles a registrar los incidentes que evocaron ira. Parte del problema es que muchos de estos progenitores no tienen conciencia de los acontecimientos que les instan a un acting-out agresivo; algunos responden con tal rapidez, que pierden el rastro de la secuencia de acontecimientos que provocaron su respuesta violenta.

En esta etapa del tratamiento, nuestra finalidad es enseñar a los progenitores a seguir un enfoque más dirigido a la solución de problemas y que les permita resolver sus sentimientos de ira, en vez de permitir que un estímulo provocador "dispare" la ira una y otra vez. Los instamos a creer que, cuando experimentan presiones o estrés, pueden descubrir la causa del problema y tomar una determinación más racional sobre lo que podrán conseguir con su comportamiento. Por último, pueden elegir la acción que consideren más adecuada.

Bibliografía

Allen, J. J. "Child abuse: A critical review of the research and the theory". En J. P. Martin (editor), *Violence and the Family*, Nueva York: John Wiley & Sons, 1978.

Court, J. "Psycho-social factors in child battering". *Journal of the Medical Women's Foundation*, 52:99-106, 1970.

Court, J. "Characteristics of parents and children". En J. Carter (editor), *The Maltreated Child*, Londres: Priory Press, 1974.

Court, J., y Okell, C. "An emergent programme to protect the battered child and his family". *Intervention*, 52:99-104, 1970.

Elmer, E., y Gregg, G. "Developmental characteristics of abused children". *Pediatrics*, 40:596-602, Parte 1, 1967.

Feinstein, H. M., Paul, N., y Esmiol P. "Group therapy for mothers with infanticidal impulses". *American Journal of Psychiatry*, 120:882-882, 1963.

Gibbens, T. C. N. "Violence to children". *Howard Journal*, 13:212-220, 1972.

Green, A. H., Gaines, R. W., y Sandgrund, A. "Child abuse: Pathological syndrome of family interaction". *American Journal of Psychiatry*, 131:882-886, 1974.

Johnson, B., y Morse, H. A. "Injured children and their parents". *Children*, 15:147-152, 1968.

Klein, M., y Stern, L. "Low birth weight and the battered child syndrome". *American Journal of the Disabled Child*, 122:15-18, 1971.

Lissovey, V. de. "High school marriages: a longitudinal study". *Journal of Marriage and the Family*, 35:245-255, 1973.

Lynch, M. "Ill health and child abuse". *Lancet*, 317:16, agosto, 1975.

Morris, M. G., y Gould, R. W. "Role-reversal: A necessary concept in dealing with the battered child syndrome". *American Journal of Orthopsychiatry*, 33:298-299, 1963.

Nurse, S. M. "Familiar patterns of parent who abuse their children". *Smith College Studies in Social Work*, 35:11-25, 1966.

Oliver, J. E., Cox, J., Taylor, A., y Baldwin, J. A. "Severely ill-treated children in North East Wiltshire. Research Report No. 4, Oxford Record Linkage Study, Oxford Regional Health Authority", Inglaterra, 1974.

Ounsted, C. Oppenheimer, R., y Lindsay, J. "The psichopatology and psychotherapy of the families: Aspects of bonding failure". En A. W. Franklin (editor), *Concerning Child Abuse*. Nueva York: Churchil Livingstone, 1975.

Saruk, S. "Group therapy with child abusing parents". Artículo presentado en la convención de la Western Psychological Association, Los Ángeles, 1979.

Schmitt, B. D. "The physician's evaluation". En B. D. Schmitt (editor). *The Child Protection Team Handbook*, Nueva York: Garland STPM Press, 1978.

Schmitt, B. D., y Loy, L. L. "Team decisions on case management". En B. D. Schmitt (editor). *The Child Protection Team Handbook*, Nueva York: Garland STPM Press, 1978.

Silver, L. B., Dublin, C. C., y Lourie, R. S. "Does violence breed violence?" *American Journal of Psychiatry*, 126:404-407, 1969.

Skinner, A. E., y Castle, R. L. *78 Battered Children: A Restrospective Study*, Londres: National Society for the Prevention of Cruelty to Children, 1969.

Smith, S. M. *The Battered Child Syndrome*, Boston: Butterworths, 1975.

Steele, B. F., y Pollock, C. B. "A psychiatric study of parent who abuse infants and small children". En R. E. Helfer y V. H. Kempe (editores). *The Battered Child*. Chicago: University of Chicago Press, 1968.

Wasserman, S. "The abused parent of the abused child". *Children*, 14:175-179, 1967.

CAPÍTULO 8
Abuso sexual en niños

Este capítulo analiza algunas de las suposiciones y prejuicios más frecuentes con respecto a los niños y adolescentes que son víctimas de ataques sexuales. Ciertas suposiciones han ocasionado que jóvenes víctimas reciban el tratamiento reservado al culpable, y en esta sección analizamos algunas de las fuentes que dan origen a estas desafortunadas confusiones. La primera parte describe la forma como el trauma del ataque sexual puede manifestarse en la conducta de los niños, y queda ejemplificado en dos casos de estudio, uno que habla de una niña de cinco años que fue violada por un desconocido, y el otro de una pequeña de ocho que fue atacada por un vecino.

La víctima infantil

La discusión está dirigida hacia los niños, y no a los adolescentes, aunque algunos principios aquí mencionados son válidos para los jóvenes en general. La sección no elimina por completo el tema del incesto, debido a que muchos abusos sexuales en niños son perpetrados por parientes; sin embargo, haremos una clara diferenciación entre los abusos incestuosos y no incestuosos. La confusión de los síntomas de estas dos formas de ataque puede provocar una mala interpretación de la conducta del niño y/o de los miembros de la familia. La relación incestuosa clásica de padre-hija será descrita en el siguiente capítulo.

Muchos prejuicios primitivos entre los adultos víctimas de ataques sexuales, que tienden a inculpar a la víctima en vez de hacer responsable al atacante, también son habituales al hablar de las víctimas infantiles (Hilberman, 1976). Muchos adultos tienden a suponer que los niños son indignos de confianza o provocadores, y este estereotipo suele predisponerlos a considerar al menor como "la parte culpable". Debido a esta tendencia, muchos incidentes reales de ataque sexual contra los niños son descontados como productos de la imaginación o como una mentira de un niño malo o difícil. De hecho, algunos de los investigadores de este fenómeno han demostrado mayor interés en el papel de los niños como "incitadores" del ataque, o si dicen o no la verdad, que en el bienestar psicológico de la víctima (por ejemplo, Lipton y Roth, 1969). Esta predisposición a dudar de que el niño pueda ser la verdadera víctima es absurda ante la realidad de los hechos. Por ejemplo, un estudio de 250 niños que sufrieron un abuso sexual, reveló que el 60 por ciento fue sometido por la fuerza o con amenazas de violencia (De Francis, 1969).

Para agravar la situación, muchos perpetradores se han defendido argumentando que el niño se mostró provocativo, seductor o extraordinariamente maduro (en materia sexual) para su edad; de este modo, el adulto desvía de sí la responsabilidad para depositarla en el menor. Meiselman (1978) ha descrito en detalle la forma como algunos progenitores culpan a sus hijos de las relaciones incestuosas —describiéndolos como sexualmente maduros y seductores cuando, de hecho, no lo eran. Meiselman también resaltó la importancia clínica de enfatizar que el autocontrol es responsabilidad del adulto, aun cuando el niño pueda conducirse de una manera impropia, en términos de sexualidad.

Aunque los niños en ocasiones actúan de modo seductor con los adultos, sus actos difieren mucho de las características de la sexualidad genital madura. Los niños que actúan de este modo rara vez comprenden lo que podría surgir de sus insinuaciones sexuales (Schultz y De Savage, 1975). Cuando una interacción de esta índole termina en un ataque, el niño se siente horrorizado, confuso y traicionado. En la mayor parte de los casos, el menor sólo buscaba el reconocimiento o afecto del adulto, y no tenía conciencia de las consecuencias potenciales de su conducta.

Debido a que, en muchos casos, los detalles de los incidentes del abuso sexual en niños son terribles y repugnantes, muchos adultos prefieren, de manera inconsciente, no escucharlos o descartarlos como fantasías exageradas. Peters (1976) esclareció muy bien este punto al escribir:

> En su aversión por los repulsivos detalles, los psicoterapeutas permiten que sus pacientes repriman los hechos patógenos significativos. Los ataques sexuales reales son considerados como una fantasía infantil, debido a que es un proceso común del desarrollo. La consecuencia es que estos traumas de la infancia nunca son externados para su reconstrucción, ventilación y abreacción. Además, es importante resaltar que debido a que el agresor suele ser el padre del niño, con el fin de evitar la realidad del incesto nuestros colegas aprovechan la cómoda suposición de que los acontecimientos fueron simples fantasías edípicas... El propio Freud reconoció haber ocultado el hecho de que el padre fue el violador en dos casos que presentó en 1895 (p. 402).

En vez de enfrentar los detalles del abuso sexual en la infancia, es comprensible que muchos terapeutas prefieran adscribir los ataques mismos al terreno de la fantasía infantil. Al parecer, aun Freud, él mismo padre y figura controvertida debido a sus "escandalosas" teorías sobre la sexualidad infantil, prefirió distorsionar los hechos de ciertos ataques perpetrados contra niños y que descubrió en su práctica.

En ETC nuestros hallazgos con respecto a niños y adolescentes referidos al Centro en una crisis aguda, confirman los datos de Peters (1973) acerca de que la mayor parte de los informes de abusos sexuales en niños son ciertos. Todos sabemos que los niños pequeños no pueden describir el comportamiento sexual de una manera clara, a menos que hayan sido expuestos a esta clase de sexualidad; además, a partir del trabajo con adultos en las urgencias psicológicas atendi-

das en el Centro, hecemos descubierto que los traumas sexuales de la infancia, si no son tratados de manera adecuada,
pueden permanecer como heridas latentes que se harán ma-
nifiestas en años porteriores y ocasionarán graves problemas
en la adolescencia o la madurez. Peters (1973) describió la
violación infantil como una bomba de tiempo emocional que
puede estallar en cualquier momento de la experiencia futura de la víctima.

Los niños pueden resultar afectados por una de las dos
reacciones básicas ante el abuso sexual: 1) una respuesta
demorada o "silenciosa" que a menudo es de naturaleza
depresiva (Burgess y Holmstrom, 1974a, b y c; Peters, 1975a
y b, 1976); o 2) síntomas de presentación inmediatamente
posterior al ataque, incluyendo síntomas somáticos agudos
como alteraciones gastrointestinales y cambios repentinos
del aprendizaje higiénico, alteraciones del sueño y enuresis
(en niños pequeños). Las víctimas infantiles con frecuencia
se alejan de las actividades y relaciones habituales, a veces se
niegan a jugar fuera de la casa, o manifiestan una fobia hacia
la escuela. Burgess y Holmstrom (1974c) y De Francis (1969)
observaron en sus estudios que la mayoría de las víctimas
infantiles presentaba, por lo menos, ligeros síntomas agudos
postraumáticos. Peters (1975a y b) y De Francis (1969) también hicieron notar que muchos progenitores tendían a
restar importancia al grado del trauma psicológico experimentado por sus hijos a consecuencia del ataque. Esta subes-
timación quizá fue producto del deseo paterno de que el
terrible incidente no hubiera ocurrido. Esta clase de pensamiento puede ocasionar que los progenitores crean que el
niño no requiere de tratamiento debido a que no resultó
lastimado en la situación. De este modo, el deseo fantasioso
de los padres puede impedir que un niño reciba el tratamiento que necesita.

Otra forma de negación paterna es fingir que no importa
lo ocurrido, pues el niño lo olvidará todo. Esta actitud errónea de los padres puede preparar el terreno para problemas

más graves que surgirán después, debido a que el niño *no puede* olvidar lo sucedido. Además, la actitud paterna de "vamos a ocultarlo" sugiere que están avergonzados de su hijo.

Si los progenitores no desean someter al niño al trauma y la publicidad de un juicio deben, por lo menos, comunicar al niño, con claridad, que consideran que nada malo ha hecho y que desean protegerlo de ataques posteriores. La importancia de esta reafirmación del apoyo y el interés de los padres es de vital importancia; y aun si los progenitores no desean que el niño pase por la experiencia de un juicio, deben permitir que, por lo menos, el pequeño informe del ataque a la policía. El proceso de informe de un crimen ayudará al niño, de manera simbólica, a "resolver" algo del trauma.

Debido a que muchas víctimas infantiles a menudo son reservadas y emocionalmente débiles, podría pensarse que no resultaron afectadas por el episodio cuando, en realidad, se encuentran deprimidas. Hemos observado (como lo hizo Peters, 1973) que se requiere de un periodo bastante prolongado de terapia de juego, durante el cual los niños puedan expresar sus sentimientos y manifestar ira contra los adultos, para que al fin las víctimas externen su ira contra el violador; la depresión del niño comenzará a disiparse sólo después de esta expresión externa de ira.

Algunos niños tienen especial dificultad para expresar sus sentimientos hacia los adultos; es posible que hayan aprendido a obedecer y no "replicar". Si consideramos el hecho de que 70 por ciento de los violadores eran ya conocidos por las víctimas (De Francis, 1969), resulta evidente que el abuso sexual puede colocar al niño en una situación de doble obligación: fue atacado porque obedecía a un adulto, y no puede expresar su ira debido a que no debe hablar en contra de los adultos. Este conflicto puede ocasionar que un niño caiga en una profunda depresión; el conflicto se complicará más si los padres responden con una restricción severa o supervisión excesiva del niño después del episodio, situación que el pequeño percibirá como una forma de castigo por haber sido utilizado sexualmente.

Debido a que los niños muy pequeños tienen una gran dependencia emocional y física de sus padres para recibir afecto y protección, a menudo reflejan las emociones de los progenitores hacia algo que ha sucedido. En consecuencia, es fundamental que los padres de la víctima obtengan para sí todo el apoyo y ayuda que necesiten, para que puedan responder de manera adecuada ante el niño. En algunos casos, es difícil que los padres entiendan lo que el ataque significa para el niño en términos de su grado de desarrollo, y si se encierran en sus sentimientos personales, quizá no puedan responder al hijo en sus términos. Por ejemplo, los progenitores pueden experimentar ira contra el niño debido a que abordó el auto de un desconocido o porque fue a casa de un vecino a pesar de que le habían dicho que no lo hiciera. Al dejarse llevar por esta ira, es posible que olviden que el niño ha pasado por una experiencia dolorosa y aterradora. En realidad, el pequeño *tal vez fue* un participante curioso (o aun consentidor) en el acontecimiento; quizá se sintió halagado por la atención del adulto agresor y tal vez incluso experimentó cierto placer sexual con la estimulación inicial. Sin embargo, los padres, al descubrir lo sucedido, responden de manera desmedida y tal vez dirigen su ira contra el niño; éste se ve privado de la oportunidad de expresar sus verdaderas emociones sobre lo ocurrido, por temor de recibir una ulterior condena de los adultos.

Nuestra experiencia tiene consistencia con la de Schultz y De Savage (1975), quienes escribieron que la cantidad de trauma emocional que sufre un niño, suele tener correlación con la cantidad de violencia o terror experimentado en el ataque, además del grado de agresión física a que se vio sometido el menor. Landis (1956) observó que los niños víctimas de violaciones tenían un daño emocional más grave que los menores víctimas de otras variedades de abusos sexuales. Las investigaciones de De Francis (1969) y Peters (1974) han demostrado que los ataques perpetrados en niños por personas conocidas, son más traumatizantes que los ataques de extraños. Está demostrado que la forma como los padres, parientes, maestros y otros adultos responden al niño, tiene un efecto significativo en la recuperación de este último (De Francis, 1969; Peters, 1974, 1976). En otras palabras, los niños cuyos progenitores responden de una manera amorosa y comprensiva manifiestan un trauma menor. Además, se piensa que la edad de la víctima es un elemento importante en la determinación de la capacidad traumatizante del ataque y en la recuperación exitosa del niño (Peters, 1974), es decir, un niño pequeño es más vulnerable al trauma y más susceptible de sentirse agobiado por la experiencia que uno mayor.

Los artículos publicados son bastante controvertibles en lo que respecta a la duración de los efectos de un abuso sexual en los niños. La investigación de Bender (1965), que suele citarse para demostrar que los niños pueden adaptarse con éxito después de un ataque sexual, es menos que convincente debido a que su diseño no incluyó un grupo de control. Además, en los estudios retrospectivos de Gagnon (1956) y Landis (1956), la mayoría de los niños estudiados fueron víctimas de caricias o exhibicionismo, en tanto que menos del cinco por ciento sufrieron una violación. De hecho, la mayor parte de los estudios que sugieren que los niños no sufren un trauma perdurable debido a un ataque sexual, carecen de grupos de control (de no víctimas) y han incorporado una amplia variedad de clases de incidentes sexuales (en su mayor parte, no fueron físicamente violentos). En contraste, cada vez hay mayor número de pruebas que sugieren que el abuso sexual en la infancia va acompañado de un trauma prolongado y problemas posteriores de adaptación (Bauer y Stein, 1973; De Francis, 1969; Finch, 1967, 1973; Katan, 1973; MacDonald, 1971; McCauldron, 1967; Peters, 1973, 1976; Price, 1975).

Los efectos psicológicos posteriores al abuso sexual dependen de las siguientes variables, según las conclusiones de Katz y Mazur (1979):

1) Edad de la víctima: los niños jóvenes son más vulnerables al daño permanente que los adolescentes mayores.
2) Madurez emocional de la víctima: los niños que han presentado problemas emocionales anteriores, pueden experimentar más problemas subsecuentes, y de mayor duración.
3) Experiencia sexual previa: los niños que no han tenido experiencia sexual anterior son más vulnerables.
4) Clase de ataque: la cantidad de violencia experimentada por el niño tiene una correlación directa con el trauma.
5) Ataques repetidos: los ataques repetidos ocasionan mayor daño psicológico que los abusos aislados.
6) Agresor desconocido contra conocido: el niño violado por un conocido, en ocasiones, sufrirá un daño más perdurable que aquel atacado por un extraño.
7) Respuesta de los demás: las respuestas negativas de policías, padres, maestros o amigos contribuyen al daño permanente.
8) Terapia: como sucede con los adultos, las víctimas infantiles de ataques sexuales que reciben tratamiento, tienen mayores posibilidades de recuperación que quienes no reciben terapia (Kats y Mazur, 1979, p. 247).

En conclusión, existen numerosos factores que determinan cuán traumático será el abuso sexual para el niño. Nuestra experiencia clínica sugiere que el elemento más significativo para la recuperación de la víctima de una ataque sexual es la respuesta de los progenitores, así como de las personas importantes en la vida del niño.

El caso de Lisa

Lisa, de cinco años, fue violada por un desconocido cuando volvía a casa de la escuela. El policía que respondió al llamado inicial pensó que Lisa se sentiría más segura si hablaba con ella cuando sus padres se encontraran presentes. Esta decisión fue poco atinada, debido a que los progenitores actuaron con extrema violencia cuando se enteraron de los detalles de la violación, y ordenaron al policía que abandonara la casa. Antes que el oficial se marchara, sugirió a los padres que llamaran a ETC para pedir asesoría o para que les ayudaran a saber qué hacer después.

En menos de una hora, una terapeuta del Centro se presentó en el domicilio. Sugirió que le gustaría hablar antes con los padres, para que pudieran expresarse con libertad. Los progenitores estaban muy airados, y desplazaron algo de su ira mediante un interrogatorio a la terapeuta acerca de sus antecedentes escolares y la experiencia que había tenido con víctimas de violaciones. La psicóloga describió sus aptitudes y experiencia, y trató de tranquilizarlos; al principio, quiso que desahogaran algo de la ira por lo sucedido a su hija, luego empezó a ayudarlos a comprender lo que pudo ser la experiencia para Lisa y explicó que la niña podría interpretar sus manifestaciones de ira como sentimientos de enfado dirigidos contra ella. La terapeuta agregó que una niña de la edad de Lisa no podía comprender todos los aspectos sexuales de lo acontecido; en vez de ello, sólo sabía que fue presa del terror y el dolor que le causó un adulto, cuando hasta ese momento había confiado en las personas mayores.

La terapeuta explicó a los padres de Lisa que la necesidad primaria de su hija, en ese momento, era sentirse tan protegida y amada como fuera posible. Además, tendrían que evitar cualquier palabra o acción que la niña pudiera interpretar como ira o acusación. Al terminar la sesión, los padres pudieron reconocer que estaban tan heridos y furiosos que tenían el impulso de atacar a cualquiera. Prometieron a la terapeuta que a partir de ese momento se concentrarían en las necesidades de la niña; también decidieron presentar cargos contra el violador, con la idea de evitar nuevos incidentes con otros niños. Al proseguir la intervención, la terapeuta dijo que si Lisa se sentía cómoda con ella, la acompañaría a la estación de policía, adonde tendría que presentarse para un interrogatorio. Los progenitores manifestaron su agradecimiento y el padre confesó que prefería no volver a escuchar los detalles de la violación, debido a que se ponía furioso cuando lo hacía.

Cuando la terapeuta de ETC pidió hablar con Lisa, la madre de la niña la llevó a la sala y las presentó. Lisa era bastante pequeña y de aspecto frágil; hablaba con voz baja y no soltaba la mano de su madre. Después que la terapeuta pasó un tiempo charlando de cosas simples con la niña, pidió a Lisa que le mostrara su alcoba, a lo cual la pequeña accedió. La psicóloga jugó con ella durante media hora en la habitación, con los juguetes de la niña. Al finalizar este lapso, la terapeuta preguntó a Lisa si le gustaría ir a su consultorio para jugar con los juguetes que allí tenía, y Lisa dijo que iría, si su madre la llevaba. Durante esta entrevista inicial con Lisa, la terapeuta evitó aproximarse con rapidez o tocar a la niña, a menos que Lisa iniciara el movimiento. Permitió que la pequeña estableciera el ritmo de trabajo y la dirección que seguiría ésa y las subsecuentes sesiones de terapia de juego. La primera cita en el consultorio quedó fijada para tres días después.

Durante las tres primeras sesiones, Lisa actuó escenas en una casa de muñecas, donde participaba una muñeca niña. Cada relato hablaba de una niña enferma o lastimada; acudía al hospital y, después, sus padres se hacían cargo de ella. Durante estas sesiones, Lisa se mostró emocionalmente "aplanada" y deprimida. Relataba largas historias de la niña lastimada, con expresión insondable. Llevó consigo algunos juguetes para la tercera sesión, y fue entonces cuando dijo a la terapeuta por qué no le había preguntado del "hombre malo". Cuando la psicóloga respondió que podían hablar de ese hombre si ella quería, Lisa cambió de tema repentinamente.

Lisa llevó más juguetes consigo para la cuarta sesión. La terapeuta aguardó a que la niña volviera a mencionar el tema del "hombre malo", pero no lo hizo. Más tarde, el tema de la terapia de juego cambió y la escena se trasladó a una piscina. Antes de la siguiente sesión la terapeuta se enteró, por la madre de Lisa, que la pequeña se negaba a salir de la casa porque unos niños mayores la molestaban y atemorizaban. Hubo otras cuatro sesiones de terapia de juego en las que se desarrollaron complicadas escenas de alimentación, casi siempre representadas cerca de la piscina imaginaria. Después de cada escena, los niños volvían a casa con su madre y se metían en la cama.

A la larga, los temas de la terapia de juego se volvieron más interactuantes, debido a que Lisa creaban escenas de niños que jugaban entre sí o miraban juntos la televisión. Luego cambió la escena para incluir un dormitorio y un baño. Las escenas en esta última habitación consistían en que Lisa revisaba con detenimiento a las figuras masculinas y femeninas, y sus visitas al baño. Cuando habló con los padres de Lisa, esa misma semana, la terapeuta se enteró de que Lisa estaba más dispuesta a regresar a casa sola de la escuela, aunque corría todo el camino. Para la siguiente sesión, Lisa llevó consigo una muñeca grande que no tenía ropa interior, y cuando la pequeña hizo un comentario sobre el hecho, la terapeuta preguntó si la muñeca había dejado las bragas en el hospital. Lisa respondió con un "no" rotundo. Enterró a la muñeca en una caja de arena, pero de pronto la desenterró y la tomó en brazos. Mientras la lluvia caía del cabello de la muñeca, Lisa murmuró: "Como lluvia".

La siguiente sesión se inició con un juego inocente y, de pronto, Lisa tomó un muñeco adulto y empezó a enterrarlo con furia. Dijo que el hombre gritaba pidiendo ayuda, pero que nadie iba a salvarlo porque era malo; luego, con evidente placer, Lisa rodeó al muñeco con figuras de animales atemorizantes. Hundiéndolo en la arena, anunció con tono triunfal que el hombre había muerto. Después de esto, retiró con cuidado a los animales y los guardó. Luego sacó al muñeco de la arena y lo metió en una caja que tapó, diciendo que era "su ataúd". La terapeuta trató de demostrar a Lisa que aceptaba su ira, e intentó asegurarle que tenía derecho de sentirse enfadada y de enterrar al hombre.

Después de esta sesión, el estado anímico de la niña cambió de manera asombrosa; su actitud se volvió mucho más animada y los síntomas de depresión comenzaron a desaparecer. Continuó trabajando con la ira que aún experimentaba contra el violador, enterrándolo repetidas veces o entregándolo a los animales que lo devoraban. Poco a poco la ira comenzó a disiparse y sus escenas de juego volvieron a ser interactuantes, pues creaba más escenas familiares y con niños que jugaban.

Para entonces, la terapeuta consideró que Lisa había enfrentado todo lo posible de la experiencia de violación para una persona en su estado de desarrollo psicológico, y decidió concluir las sesiones de terapia de juego. Cuando se reunió con los progenitores de la pequeña, explicó que Lisa había resuelto la experiencia de violación tanto como era posible para ese momento, y agregó que sería adecuado renovar la terapia cuando Lisa llegara a la adolescencia y empezara a sentirse atraída hacia los chicos.

El caso de Marie

La madre de la pequeña Marie, de ocho años, se presentó con la niña en el departamento de Investigaciones Sexuales de la estación de policía, porque le pareció que su hija había sido sexualmente atacada por un vecino. La madre dijo que Marie fue a visitar al vecino sin su autorización y que se comportaba de una manera muy extraña desde su regreso. Cuando llegó a casa, Marie corrió al baño, cerró la puerta con llave y no respondió al llamado de su madre, quien podía escucharla llorar. Cuando al fin salió del baño y le preguntó adónde había ido ese día, Marie respondió: "Creí que el señor Smith era un papá", corrió a su dormitorio, y volvió a negarse a hablar con su madre. A partir de ese momento, según la madre, la personalidad de la niña cambió: quien antes fuera una pequeña amistosa y bien educada, de pronto se volvía agresiva y temperamental, y temía salir de la casa —aun para ir a la escuela. Se aisló de su padre y hermanos, con quienes siempre tuvo una estrecha relación. Asimismo, presentaba arranques de ira inesperados e inexplicables a diferentes horas del día, y decía cosas extrañas como: "Creí que sólo las mamás y los papás hacían eso", y salía corriendo del cuarto cuando su madre trataba de interrogarla. Marie también tenía aterradoras pesadillas, y con frecuencia despertaba gritando.

Durante el interrogatorio, el agente de Investigaciones Sexuales preguntó qué había ocurrido en la casa del señor Smith, a lo que Marie respondió desviando la mirada, diciendo: "Lo olvidé". El oficial pidió a la madre que saliera para que pudiera hablar a solas con la niña; entonces intentó tranquilizar a la pequeña antes de volver a preguntarle qué había ocurrido. En esta ocasión, Marie rompió a llorar y temblar, y su repetida respuesta fue "No lo sé. No lo recuerdo". A estas alturas, el agente estaba convencido de que algo había ocurrido, pero no sabía qué, con exactitud, Consideró que un terapeuta especializado en niños podría ser de utilidad, así que sugirió a la madre que llamara a nuestro Centro, agregando que la hipnosis podría ser de utilidad en el caso de que Marie, de hecho, tratara de bloquear algo en su mente.

Esa misma tarde, una terapeuta de ETC se reunió con el oficial, Marie y su madre. Después de las presentaciones, la psicóloga decidió averiguar si la hipnosis podría ayudar a Marie a recordar lo ocurrido. Utilizó una técnica de "fantasía dirigida" en la que pidió a la niña que hiciera un "viaje" a un reino hermoso, protegido y mágico. En este reino podía sentarse en las piernas de un lindo oso policía y recordar lo ocurrido, porque el oso policía quería a los niños pequeños y la protegería. Aunque Marie parecía comoda en su trance e incluso pareció disfrutarlo, tan pronto como abordaron el tema de evocar la casa del señor Smith, la niña se puso a temblar y grandes lágrimas rodaron por sus mejillas. Cuando salió del trance, la terapeuta volvió a preguntar a Marie si recordaba algo, y la niña respondió: "Nada. Lo olvidé. No puedo recordar". Y se echó a llorar una vez más.

En ese momento la terapeuta concluyó que Marie había sufrido una experiencia muy traumática el día que visitó al señor Smith, pero lo ocurrido era un misterio. Además, creía que la niña recordaba lo sucedido, pero tenía miedo de hablar. La psicóloga decidió pedirle a Marie que volviera al día siguiente para terapia de juego; explicó a la madre que la terapia progresaría al ritmo de la niña, y aseguró a la pequeña que no tendría que hacer o decir nada que no quisiera.

Durante la siguiente sesión, Marie y la terapeuta dibujaron juntas; mientras la niña permanecía absorta en el dibujo de su hermano, comentó que: "El señor Smith me mostró fotografías de personas desnudas de aquí para arriba", indicando que se refería del cuello hacia arriba. La terapeuta agradeció a Marie que compartiera eso con ella y agregó que sabía que lo que le había pasado debía ser muy atemorizante y embarazoso, pero que la culpa no era suya y nadie se enfadaría con ella si contaba lo demás. Cuando Marie guardó silencio, la terapeuta cambió de tema y continuó dibujando con la niña.

Marie y la terapeuta iniciaron la siguiente sesión con dibujos, pero cuando Marie vio una casa de muñecas en la habitación, preguntó si podía jugar a "mamá y papá". Mientras jugaban en la casa de muñecas, la terapeuta inquirió: "¿Qué hacen las mamás y los papás?" En respuesta, Marie comenzó a representar una escena muy detallada en la que papá pedía a mamá que entrara a limpiar la casa. Mientras continuaba con la fantasía de la muñeca mamá limpiando la casa, comenzó a mostrarse muy angustiada; de pronto dejó de limpiar en la sala y volvió a dibujar.

En la siguiente ocasión, Marie regresó a la casa de muñecas y jugó de nuevo a papá y mamá, pero cuando la muñeca mamá se hallaba en la sala, el muñeco papá le quitó los pantalones y la hizo tenderse en el suelo mientras se frotaba contra su pierna. Al representar esta escena, Marie no dejó de mirar a la terapeuta para ver su respuesta; como la psicóloga permaneció tranquila y con actitud de aceptación, Marie prosiguió. Dijo "Él la hizo volverse de espalda y le metió los dedos por detrás, y la lastimó". La terapeuta preguntó si era eso lo que el señor Smith le hizo; Marie empezó a sollozar y respondió que sí; agregó que estaba embarazada y que sus padres la echarían de casa, porque el señor Smith dijo que eso hacían con las niñas malas. La terapeuta alargó los brazos y estrechó a Marie, asegurándole que el señor Smith era un hombre malo y mentiroso. Explicó a la niña que no podía estar embarazada porque era muy pequeña, y que sus padres no la echarían de casa por lo ocurrido.

La terapeuta fue entonces en busca de la madre de Marie, y mientras se dirigían al salón de terapia, explicó que la niña había revelado lo que el señor Smith le hizo. La psicóloga agregó que era muy importante que se mostrara amorosa y comprensiva si Marie le relataba lo acontecido. Cuando la madre entró en la habitación, Marie —sin dejar de llorar— le contó que el señor Smith le pidió que fuera a ayudarle a limpiar la casa; la condujo al comedor y le mostró fotografías de gente desnuda, y luego le dijo que se quitara los pantalones. Marie obedeció porque estaba muy asustada; el señor Smith le dijo que no le contara a nadie lo sucedido porque si lo hacía, sus padres la echarían de la casa para encerrarla en algún lugar, porque estaba embarazada. La madre aseguró a Marie que el señor Smith era un embustero y un hombre malo, y que ella y su padre la querían mucho y jamás la echarían de casa.

Al día siguiente, Marie y sus padres volvieron a la estación de policía e informaron al oficial de Investigaciones Sexuales todo lo ocurrido en el incidente. Cuando Smith fue arrestado, se descubrió que tenía una condena anterior por abusar de menores (del mismo modo) en otro estado. Después, cuando Smith salió libre bajo fianza, Marie lo vio en ocasiones en el vecindario, y esto la atemorizó y confundió, porque temía que volviera para "agarrarla". A causa de esto, los padres de la niña consideraron más adecuado mudarse a otra ciudad.

Como en el caso de Lisa, las sesiones de terapia de juego de Marie, durante esta fase del tratamiento, representaron niños lastimados o enfermos que tenían que "escapar" para recuperarse. Después de la aparición de Marie en la corte, sus sesiones de terapia de juego revelaron una intensa ira: tuvo varias crisis de violencia durante las cuales arrojó cosas por la habitación. Sus dibujos consistieron en personas furiosas que peleaban entre sí. Con el tiempo, la ira comenzó a ceder y Marie representó escenas de adopción de papeles que incluían a sus amigos y escuela. Al aproximarse el fin de la terapia, la psicóloga realizó varias sesiones familiares en las que los progenitores y hermanos de Marie le hicieron saber que estaban orgullosos de ella por haber actuado con valentía. Cuando términó el tratamiento, Marie volvió a jugar con sus hermanos y a sentirse cómoda con su padre.

Los casos de Marie y Lisa sirven para ejemplificar algunos patrones de conducta típicos de los niños que han sido víctimas de un abuso sexual. Nuestra experiencia sugiere que la mayoría de estos pequeños, al principio, parecen emocionalmente débiles o deprimidos; necesitan de mucho apoyo y seguridad antes de expresar sus emociones sobre el traumático acontecimiento. Por desgracia, los adultos suelen interpretar mal el afecto aplanado del niño atacado y concluyen que el acontecimiento en nada lo alteró. También hemos observado que las víctimas de un ataque en la infancia no siempre requieren de una terapia a largo plazo; en vez de ello, recomendamos la terapia de juego para ayudar al niño a resolver el trauma experimentado. Más adelante, una terapia breve podría ser de utilidad durante las etapas críticas del desarrollo, como el inicio de la adolescencia.

La víctima adolescente

Ciertos aspectos de la experiencia de la violación adolescente son únicos, y aunque los principios generales de tratamiento son los mismos que para la víctima adulta (vea el Capítulo 11), la experiencia misma requiere de una breve descripción de este apartado.

La adolescencia es la época de la vida en que los jóvenes someten a prueba los límites y corren riesgos —una característica vital, aunque irritante, de esta etapa del desarrollo. Como consecuencia de esta forma de exploración o acting-out, una adolescente puede colocarse en situación peligrosa y convertirse en la víctima de una violación. Por ejemplo, puede considerar que pedir "aventones" o hacer auto-stop es un acto atrevido o emocionante, e ignora las advertencias de sus padres considerándolas absurdas o insignificantes. Si es víctima de una violación a consecuencia de la desobediencia, se inculpará con mayor intensidad de lo que lo hacen las víctimas adultas. Y esto puede ocasionar que oculte el hecho de la violación por temor a comunicarlo a sus progenitores.

Aunque, por desgracia, muchas víctimas adolescentes no hablan con sus padres sobre el ataque, este secreto suele ser descubierto por su conducta. Por ejemplo, los cambios súbitos e inexplicables de la conducta normal de una adolescente pueden ser una señal de que la joven fue víctima de una "violación silenciosa" (Hilberman, 1977), es decir, aquella que no fue revelada de inmediato. Estos cambios en los patrones de conducta pueden ser muy variados, por ejemplo, un marcado ausentismo escolar y/o mal desempeño académico, promiscuidad abierta y repetitiva, aislamiento de compañeros y grupos de la misma edad, o evidentes conductas autodestructivas como drogadicción. Cualquiera de estos cambios puede ser la manifestación del deseo de la adolescente a mantener en secreto el hecho de que fue violada. En cualquier caso, este cambio relativamente repentino en la conducta de la joven llamará la atención en un momento determinado, y así podría descubrirse el secreto. En retrospectiva, podría decirse que los cambios acelerados en los patrones de conducta del adolescente han representado un "grito pidiendo ayuda".

Un elemento clave para trabajar con víctimas adolescentes de una violación, es recordar que tienen muchas de las necesidades emocionales de los niños que han pasado por la misma experiencia. Esto tiene particular importancia con respecto a la necesidad nutricia y de apoyo por parte de los padres. Aunque una adolescente tenga la misma talla y los atributos físicos de un adulto, en muchos aspectos sigue siendo una niña; su lucha por la independencia de los padres puede ocasionar que un adulto piense que tiene mayor madurez de la que posee en realidad. De hecho, los propios progenitores pueden tener la idea equivocada de que su adolescente requiere de menos atención y cariño de la que recibió en la escuela primaria.

En ocasiones, cuando una adolescente informa a sus padres de que ha sido violada, los progenitores por su parte vuelven la atención a la arriesgada conducta y el mal juicio exhibido por la hija. Algunos incluso expresan inquietud por la posibilidad de un escándalo público, es decir: "¿Qué pensarán los vecinos?" En su falta de perspectiva, los progenitores pierden de vista el hecho de que la hija ha vivido una experiencia terrible y necesita sentirse amada. Ante todo, tiene la necesidad de sentirse protegida.

Cuando la preocupación parterna "se extravía" y su ira "se desborda" sobre la víctima de la violación, esto sólo inbuye en la joven un profundo sentimiento de culpa o minusvalía que incrementa la pérdida de autoestima. Además, esto a menudo se convierte en el motivo de un acting-out autodestructivo por parte de la adolescente. Así, cuando los padres piensan que han hecho "lo correcto", al actuar han contribuido al comportamiento que deseaban evitar.

Otra forma que pueden adoptar los cambios de conducta es que la joven responde evitando todo contacto con los varones durante mucho tiempo. Esta forma de aislamiento debe ser respetada. El terapeuta puede ayudar a los padres a comprender que, debido a que su hija ha sufrido una experiencia aterradora, es necesario que ella misma encuentre la manera de volver a una "vida social"; es muy importante evitar la mentalidad de "después de caída, monta el caballo de inmediato". El terapeuta tiene que aceptar la responsabilidad de ayudar a padres, hermanos y otros individuos importantes en la vida de la joven a permitir que las heridas sanen y el temor desaparezca con el tiempo.

En su práctica, el clínico encontrará casos en que descubra que una adolescente ha sido víctima de una "violación silenciosa" Cuando esto suceda, es importante que no actúe de una manera crítica; debe enfocar su atención sólo en las necesidades postraumáticas de afecto y protección —por ejemplo, ¿necesita tratamiento médico y/o una prueba para detectar embarazo? Luego, el terapeuta debe realizar un esfuerzo para obtener su consentimiento con el fin de informar a los progenitores de lo acontecido. El hecho de que la violación no haya sido descubierta con anterioridad, sugiere que la joven agradecería cualquier ayuda para dar la noticia a los padres. El clínico puede comunicar a la paciente que no está obligada a revelar el acontecimiento, pero que él o ella se encuentra dispuesto a ofrecerle ayuda cuando la paciente la socilite.

Aun cuando una adolescente desee mantener en secreto la violación, el terapeuta puede instarla a informar del caso a la policía, de manera anónima. Puede argumentar que le gustaría castigar al agresor y evitar que otras jóvenes sean sus víctimas. La mayoría de los agentes de las oficinas de Investigaciones Sexuales en los Estados Unidos tienen conocimiento de que muchas adolescentes violadas no informan del ataque inmediatamente; sin embargo, si el terapeuta teme que la demora afecte el éxito de la investigación, podría telefonear al departamento de policía y hacer preguntas sin mencionar nombre ni ofrecer información específica. Otra razón para que la joven no informe de la violación es que el violador puede pertenecer a su grupo de compañeros o amigos, y la adolescente tiene el comprensible temor de ser rechazada por los demás, en caso de revelar la agresión.

En resumen, aunque el caso de una víctima de un ataque sexual en la adolescencia contiene elementos similiares a los casos de una violación en la infancia o edad adulta, existen además factores de características únicas. En términos del desarollo psicosexual, la adolescencia es la etapa más difícil de todo el ciclo vital, y cualquier agresión durante este periodo puede dejar secuelas para el resto de la vida. Aunque los autores no consideran que todos los progenitores respondan con crueldad o indiferencia a un trauma experimentado por la hija, estamos convencidos de que la forma como los adultos importantes en la vida de un adolescente responden a un ataque sexual, es un elemento clave en la recuperación.

Por último, debemos mencionar que en algunos casos de violación en la adolescencia, este acontecimiento es la primera experiencia sexual de la joven. Aunque la mayoría de los adultos pueden entender con claridad la diferencia entre la sexualidad consensual y la violación, una víctima adolescente puede tener dificultades para establecer esta distinción si carece de experiencia previa. El terapeuta deberá explorar este tema con una víctima adolescente con el fin de ayudarle a esclarecer cualquier apreciación errónea sobre la sexualidad, a consecuencia de una violación.

Bibliografía

Breuer, R., y Stein, J. "Sex counseling on campus: Short term treatment techniques". *American Journal of Orthosychiatry*, 43:824-893, 1973.

Bender, L. "Offended and offender children". En R. Slovenko (editor). *Sexual Behavior and the Law*, Springfiel, Il.: Charles C. Thomas, 1965.

Burgess, A. W., y Holmstrom, L. L. "Crisis and counseling requests of rape victims". *Nursing Research*, 23:196-202, 1974a.

Burgess, A. W., y Holmstrom, L. L. "Rape trauma syndrome". *American Journal of Psychiatry*, 131:9:981-986, 1974b.

Burguess, A. W., y Holmstrom, L. L. *Rape: Victims of Crisis.* Bowie, MD: Brady, 1974c.

De Francis, V. *Protecting the Child Victim of Sex Crimes Committed by Adults.* Folleto de American Humane Assoc., Children's Division, Denver, Colorado, 1969.

Finch, S. M. "Sexual activities of children with other children and adults". *Clinical Pediatrics*, 6:1-2 (comentarios), 1967.

Finch, S. M. "Adult seduction of the child: Effects on the child". *Medical Aspects of Human Sexuality*, 7:170-187, 1973.

Gagnon, J. H. "Female child victims of sex offenses". *Social Problems*, 13:176-192, 1956.

Hilberman, E. *The Rape Victim*, Nueva York: Basic Books, 1976.

Hilberman, E., "Rape: A crisis in silence". *Psychiatric Opinion.* 14,5:32-38, 1977.

Katan, A. "Children who were raped". *Psychoanalytic Study of the Child*, 28:208-224, 1973.

Katz, S., y Mazur, M. A. *Understanding the Rape Victim*, Nueva York: John Willey & Sons, 1979.

Landis, J. T. "Experiences of 500 children with adult sexual desviation". *Psychiatric Quarterly Supplement*, 30: 91-109, 1956.

Lipton, G. L., y Roth, E. I. "Rape: A complex management problem in the pediatric emergency room". *The Journal of Pediatrics* 75(5):8590-866, 1969.

MacDonald, J. M. *Rape Offenders and Their Victims*, Springfield, Il.: Charles C. Thomas, 1971.

MacCauldron, R. J. "Rape". *Canadian Journal of Corrections*, 9:37-57, 1967.

Meiselman, K. C. *Incest*, San Francisco: Jossey-Bass, 1978.

Peters, J. J. "Child rape: Defusing a psychological time bomb". *Hospital Physician*, 9:45-49, 1973.

Peters, J. J., "The psychological effects of childhood rape". *World Journal of Psychosynthesis*, 6:11-14, 1974.

Peters, J. J. "Social, legal and psychological effects of rape on the victim". *Pennsylvania Medicine*, 78, 2:34-36, 1975a.

Peters, J. J. "Social psychiatric study of victims reporting rape". Estudio presentado en: American Psychiatric Association, 128th Annual Meeting, Anaheim, California, 1975b.

Peters, J. J. "Children who are victims of sexual assault and the psychology of offenders". *American Journal of Sychiatry*, 39398-421, 1976.

Price, V. "Rape victims: The invisible patients". *The Canadian Nurse*, 71:29-34, 1975.

Schultz, L. G., y De Savage, J. "Rape and rape attitudes on a college campus". En L. G. Schultz (editor), *Rape Victimology*, Springfiels, Il.: Charles C. Thomas, 1975.

CAPÍTULO 9
La familia incestuosa

Casi todas las personas han experimentado impulsos y fantasías incestuosas, y sin embargo, nuestra sociedad reserva las prohibiciones y los castigos más graves a los actos incestuosos. Los impulsos de esta índole, cuando son resueltos en el curso normal de la maduración, mediante el recurso de la fantasía psicológica, pueden ocasionar que la persona se sienta atraída o contraiga matrimonio con un individuo muy similar (o totalmente distinto) del progenitor del sexo opuesto. Si el progenitor, debido a un mal control, no puede "mantener a raya" estos impulsos, permitirá que se manifiesten en el mundo de la realidad con efectos más nocivos de los que pudiera imaginar cualquier padre o hijo.

Como las fantasías incestuosas son un elemento muy profundo e importante del desarrollo sexual, existe la tentación de suponer que el incesto real tiene beneficios potenciales. Aunque este fenómeno puede parecer exótico en el terreno onírico, no lo es en la realidad. Por ejemplo, la película francesa, *Murmullo del corazón*, fue una historia de incesto, envuelta en un gran romanticismo, entre una madre y su hijo, mas rara vez el incesto tiene parecido alguno con un resultado ideal. En la realidad, la historia es más congruente con un hijo y una madre que tienen perturbaciones profundas, a menudo psicóticas (Medlicott, 1967; Shelton, 1975; Wahl, 1960). En el mejor de los casos, será la historia de un joven que se siente muy traicionado y confuso, y tiene problemas para relacionarse sexualmente con las mujeres sin mencionar su capacidad para confiar o expresar amor por una mujer. En cada uno de los extraños casos de incesto madre-hijo observados por los investigadores, el resultado distó mucho de ser romántico. El tema del presente capítulo es que el incesto representa una terrible violación de las relaciones de confianza que son los cimientos de la vida familiar. En consecuencia, el aspecto principal que debe abordar el clínico durante el tratamiento del incesto no es el sexual, sino la relación de confianza básica que existe entre el progenitor y su vástago, en torno a la cual podrán construirse futuras relaciones de amor y confianza.

El tabú del incesto, casi universal en todas las culturas, tiene un objetivo. Sirve para proteger la estructura familiar y ayudar al sano desarrollo de la especie humana. Aunque existen algunas excepciones al tabú del incesto, el detallado estudio de dichas excepciones revela que, en la mayor parte de los casos, existen limitaciones específicas sobre las conductas incestuosas que, de hecho, están permitidas (Meiselman, 1978, p. 3). La conducta incestuosa socialmente aceptable se encuentra restringida a una clase social especial, por ejemplo, la realeza, o limitada a rituales religiosos específicos. Las escasas culturas que permiten el incesto, no permiten la promiscuidad entre el grupo privilegiado, y tampoco aceptan la conducta incestuosa fuera de circunstancias prescritas. Además, la mayor parte de estas culturas sancionan las relaciones incestuosas entre hermanos, en tanto que prohíben el incesto entre padres e hijos. Para ejemplificar el generalizado tabú hacia el incesto, Murdock (1949) estudió 250 sociedades primitivas y descubrió que cada una de dichas sociedades tenía estrictos castigos contra el incesto dentro de la familia nuclear.

Se han presentado diversas teorías con respecto al origen y objeto del tabú del incesto; a pesar de la explicación de Freud sobre el papel de las fantasías incestuosas en el desarrollo de la psique, muchos críticos consideran que no logró formular una teoría plausible acerca del origen del tabú (por ejemplo, Meiselman, 1978). Un intento de explicación fue la fábula alegórica *Tótem y tabú* (1913), en la cual Freud descri-

Diana Sullivan Everstine y Louis Everstine

bió una "manada primitiva" gobernada por un padre cruel y tiránico que no permitía que sus hijos tuvieran acceso a las mujeres; en consecuencia, los hijos se unieron para revelarse contra el padre. Cuando los hijos derrotaron al tirano, lo devoraron en un ritual caníbal, pero después experimentaron un profundo duelo y gran culpa debido a que habían amado al padre y se daban cuenta de que ahora existiría competencia entre ellos por las mujeres. Debido a este conflicto, los hijos "crearon" el tabú del incesto y accedieron a practicar la exogamia. Esta teoría jamás fue muy aceptada, y el propio Freud no estaba muy conforme con sus razonamientos para explicar el tabú (Meiselman, 1978).

El antropólogo Malinowski (1927) propuso una teoría que sostenía que el incesto, en la práctica, destruiría la estructura del sistema familiar al confundir los papeles y límites generales de los miembros del grupo. Las intensas emociones que evocaría la sexualidad entre progenitor e hijo, ocasionarían la caída del equilibrio de poder dentro del grupo, de tal modo que la familia ya no podría funcionar como un sistema económico o social. En fecha más reciente, el sociólogo Parsons (1954) señaló que las *fantasías* incestuosas, por parte del vástago, pueden ser una fuerza de motivación positiva para el desarrollo de la personalidad; su tesis sostiene que la liga erótica entre progenitor e hijo sirve como un mecanismo para impulsar al vástago a través de las etapas, a veces difíciles y dolorosas, del desarrollo normal.

También es muy posible que exista un fundamento biológico para el tabú del incesto. Meiselman (1978) resumió la investigación biológica que se ha realizado en torno al incesto en la familia nuclear y, aunque la investigación en el tema es muy difícil de llevar a cabo, contamos con dos estudios que merecen ser tomados en cuenta. Adams y Neel (1967) estudiaron a 18 niños producto de un incesto en la familia nuclear, contrastado con un grupo control equivalente. Cada grupo fue examinado en dos ocasiones, al nacer y a los seis meses de edad; a los seis meses, sólo siete de los 13 hijos supervivientes de las víctimas de incesto pudieron considerarse normales y adoptables (los productos del embarazo de cinco víctimas fueron óbitos o murieron a muy temprana edad). En el grupo de control, 15 niños pudieron considerarse normales a los seis meses.

Otro estudio significativo fue el de Seemanova, en Checoslovaquia (1971): se revisaron a 161 hijos de víctimas de incesto en la familia nuclear durante un periodo de ocho años; estos hijos del incesto fueron contrastados con un grupo control compuesto por sus medio hermanos, quienes no fueron productos una unión incestuosa. Se observó retraso mental moderado a grave en 25 por ciento de los hijos de incesto, en contraste con ningún caso en el grupo control. Además, 20 por ciento de los hijos de incesto presentaron malformaciones congénitas o, por lo menos, una anormalidad física importante. Ochenta y nueve por ciento de los niños del grupo control se consideraron normales, frente al 41 por ciento de los hijos de incesto en la familia nuclear.

En términos generales, el generalizado tabú del incesto puede tener origen en muchas necesidades humanas individuales, aunque interrelacionadas. El tabú tiene una función vital: proteger la estructura e integridad de la familia como piedra angular del sistema social. El tabú tiene un papel importante en el proceso de desarrollo psicosexual, así como una función biológica al permitir la saludable evolución de la especie.

Al iniciar el tratamiento de una familia incestuosa, es necesario definir con claridad el problema. Con mucha frecuencia, una queja no sustentada o cuestionable de incesto, es calificada de "fantasía incestuosa" o de historia creada por un niño "malo" o neurótico. Cada vez hay mayor evidencia (Barry, 1965; Cowie y cols., 1968; y Peters, 1976) que sugiere que la mayor parte de los informes de abuso sexual infantil o incesto es cierta; en este sentido, resulta trágico que algunos clínicos consideren que los niños son capaces de mentir hasta demostrar lo contrario. Sería más humano suponer que un informe de incesto es verdadero hasta que se demuestre lo contrario, actitud muy bien expresada por Geiser: "Es mejor equivocarnos al creer en un informe, que acallar lo que podría ser el grito de ayuda de un cliente" (1979, p. 62).

Si un niño hace una velada insinuación de incesto, o una acusación directa, tendremos en las manos una situación muy grave. Si el relato resulta falso, el niño estará manifestando síntomas histéricos o sufriendo de una esquizofrenia juvenil; en otro contexto, el informe falso puede ser una forma de chantaje emocional. Esta situación imaginaria es un ejemplo de lo anterior. Una madre soltera, con una hija adolescente, contrae matrimonio con la esperanza de tener una figura de autoridad y estabilidad en el hogar. Si la hija adolescente desea desembarazarse del recién llegado quien, como intruso en su mundo, da órdenes y representa una amenaza emocional para ella, podría acusar falsamente al padrastro de incesto, o conducirse de una manera provocativa con él en presencia de la madre u otras personas. En consecuencia, al iniciar una intervención, el terapeuta debe valorar las aportaciones relativas de realidad y fantasía.

Como regla general, hemos observado que cuanto menor es un niño, mayor crédito podemos dar al informe de algún requerimiento sexual por parte del progenitor. El niño pequeño tiene mayor credibilidad debido a que es muy posible que no haya tenido oportunidades previas para informarse de la sexualidad del adulto. Por ejemplo, cuando un niño de cinco años describe con exactitud una erección o eyaculación, el relato puede ser cierto porque un pequeño de esa edad tuvo que haber visto algo semejante para ofrecer una descripción detallada. En el caso de un niño mayor, el informe no debe descartarse de antemano, aunque requerirá de una investigación más cuidadosa porque puede haber muchos motivos ulteriores detrás de la acusación, o incluso en una sugerencia de incesto.

Todos sabemos que los niños son muy sensibles y que poseen una increíble capacidad para determinar cuándo sucede algo extraño o malo. Debido a que tal vez no conocen las palabras correctas, lo que dicen sobre sus percepciones puede parecer como el informe de una insinuación incestuosa cuando, de hecho, no es así. Lo que percibe el niño puede ser una especie de amenaza mal definida o cierta tensión familiar, y lo que describe (algo que es mitad real y mitad fantasía) puede ser sólo una premonición. El ejemplo clásico de lo que un niño "sabe" de cierto problema, en el nivel de percepciones, es el caso en el que el padre dice: "Sí, vamos a separarnos y divorciarnos. No se lo hemos comunicado a los niños; no saben nada de lo que sucede", en tanto que, al mismo tiempo, el terapeuta ha observado que los niños presentan acting-out y manifiestan otros signos de ansiedad. Los niños, en un nivel de sensaciones, a menudo tienen conciencia de la dinámica familiar básica que los progenitores desean esquivar; un niño puede *sentir* que hay algo malo o que algo está a punto de suceder, pero tal vez desconoce el significado de esa intuición y es una situación que se encuentra más allá de su capacidad para expresarla.

Otro motivo oculto para que un niño haga una acusación de incesto, es que puede estar pidiendo protección contra el progenitor debido a que percibe una amenaza sexual inminente o un cambio de papeles dentro de la familia. Se ha visto que muchas situaciones incestuosas se inician con el padre no agresor en el papel de *protector fracasado* (Weinberg, 1955). A menudo el progenitor agresor se convierte en el monstruo/villano, en tanto que el otro aparece como el espectador mal informado. Sin embargo, este último puede tener un papel tan importante en la familia incestuosa como el representado por el progenitor agresor (Lustig y cols., 1966; Meiselman, 1978). Muy a menudo, la terapia está dirigida a lograr el cambio del padre agresor ("pervertido"), o a conseguir que el hermano ("pervertido") abandone su conducta de agresión sexual, sin tomar en cuenta la complicidad de los otros miembros de un sistema familiar, quienes ayudan a perpetuar el problema.

Un enfoque aconsejable en la terapia es considerar el incesto como un problema familiar; y en este contexto el terapeuta deberá hacer todo lo posible para asegurar al niño que la culpa no es suya. A menudo, el progenitor agresor trata de culpar al hijo "seductor" o malévolo, pero en la terapia es importante devolver la responsabilidad del autocontrol a los padres (Meiselman, 1978). El tratamiento enfocado sólo en la víctima y el agresor, no reconoce a la familia como sistema.

Cuando un niño informa de una situación de incesto a un progenitor no participante y éste descarta la acusación o considera que el niño es un embustero o "malo" sin mayor investigación, es frecuente encontrar que este padre también forma parte integral de la situación de incesto. Imagine el lector que un hijo acusa a su cónyuge de haber tenido relaciones sexuales con él o ella; reflexione en su propia respuesta. Ahora considere lo terriblemente débil y aterrado que debe estar un progenitor para ignorar una acusación semejante. Muy a menudo, el padre no participante perdona o, incluso, protege esta relación patológica y simbiótica entre el progenitor incestuoso y su hijo.

En ocasiones, al proteger una relación incestuosa, el progenitor no participante se protege a su vez de las demandas sexuales adultas que no puede aceptar. Un triste ejemplo es el caso de una niña de 13 años, buena estudiante y niña "buena". Cuando ETC respondió a un llamado en su hogar, el terapeuta descubrió que había ingerido una sobredosis de somníferos, así que llamó a una ambulancia para llevarla al hospital y permaneció con la niña mientras ésta comenzaba a recuperar la conciencia. En un estado semiconsciente, la niña describió cinco años de sexualidad sadomasoquista con su padre. El oficial de Investigaciones Sexuales del departamento de policía fue informado, y en poco tiempo verificó la historia. El padre se encontraba de viaje, pero volvería en unos días, y debido a lo que representaba el regreso de su padre para ella, la niña intentó suicidarse. Durante una visita subsecuente a la casa, la madre se puso furiosa y pidió al terapeuta que se marchara. Sus últimas palabras fueron: "¿Cómo pudo decir algo así de él? Acaba de regalarle un estéreo de Navidad". En términos generales, en un caso en el que persiste una negación tan grande como ésta, hemos considerado prudente sacar al niño del hogar. La respuesta de la madre contenía los signos típicos de que sería imposible establecer una terapia con la familia, debido a que no existe suficiente fuerza o recursos en ella para proteger al niño. La madre en cuestión tal vez se encontraba presa de una relación muy patológica con el cónyuge, y dependía de él de tal manera que no podía adoptar un papel protector en beneficio de sus hijos.

Es importante mencionar que el tema del incesto crea más tensión que el de maltrato de niños. La simple mención del vocablo "incesto" hace que la gente se ponga nerviosa u hostil; tal vez por eso muchas personas prefieren considerar que una acusación de incesto es producto de la fantasía. La frase "maltrato de niños" ocupa un cierto terreno común de comprensión, tal vez debido a que casi todos pueden reconocer que han experimentado el deseo de golpear a un niño rebelde. Aunque muchos han experimentado deseos incestuosos, socialmente es menos aceptable reconocerlos ante los demás.

El incesto no siempre significa que sea necesario o aconsejable romper una situación familiar. Una familia incestuosa tiene buenas posibilidades de reestructurarse si recibe el tratamiento esencial y cuenta con diversos servicios de apoyo. El pronóstico, en los casos de familias que pueden recibir tratamiento, suele ser bueno. Con el fin de determinar si una familia en particular es candidata de tratamiento —y, en tal caso, la clase de terapia que debe recibir—, será necesario realizar una cuidadosa valoración diagnóstica. Dicha valoración es importante porque uno de los factores causales que podría pasar inadvertido en un caso de incesto es la psicosis limítrofe o borderline, o un trastorno paranoide de la personalidad en el progenitor agresor (Raphling y cols., 1967). El diagnóstico cuidadoso es muy relevante cuando el padre agresor ha llegado a la madurez y la víctima es bastante joven (11 años menor o más). Si el padre agresor *es* esquizofrénico, bien podría pertenecer a la variedad paranoide; o si el padre es límite y parece normal, al encontrarse intoxicado o bajo estrés psicológico su patología puede manifestarse.

Una vez realizada una detallada valoración previa al tratamiento, es posible trazar planes más específicos y realistas. Otro aspecto clínico que debemos tomar en consideración al decidir el plan de tratamiento, es la posibilidad de alcoholismo como factor de confusión. En general, existe la fuerte probabilidad de que uno o más miembros de la familia sean alcohólicos crónicos (Marcuse, 1923; Gebhard y cols., 1965; Kaufman y cols., 1954). El padre agresor puede ser una persona que parece normal hasta que toma una bebida; en estos casos, la frase: "el superyó es soluble en alcohol" puede tener relevancia: y de ser así, puede haber una grave patología subyacente.

La patología (incluido o no el alcoholismo) de una familia incestuosa puede ser difícil de detectar, debido a que una forma de sobrevivir y defender el sistema de una familia incestuosa es mediante mitos y reglas de conducta tácitos. Dichos métodos de defensa garantizan la intimidad y el aislamiento del mundo exterior que, en ocasiones, es percibido como hostil (o con intenciones de destruir) a la familia. Debido a este temor a los extraños y al potencial de una patología oculta, el terapeuta deberá proceder de manera lenta y sistemática al iniciar la terapia con la familia incestuosa. El tratamiento debe ser precedido o acompañado rápidamente por la valoración diagnóstica antes mencionada, así como de un profundo análisis del ambiente en el hogar. Como escribió Meiselman:

La clave para comprender la conducta de la familia, es entender que sus miembros se perciben al borde del desastre, en la forma de una separación, vergüenza pública, pérdida de apoyo financiero y, posiblemente, graves castigos para el perpetrador del incesto. Con algunas excepciones, los miembros "colusorios" de la familia, con su falta de cooperación, no desmuestran que el incesto sea el estilo de vida de su preferencia —sólo que tienen miedo de las alternativas al *statu quo* (1978, p. 338).

Los casos que se presentan a continuación difieren en muchos aspectos: el incesto entre un padre de 40 años y su hija de tres; y entre un padrastro de 35 y su hijastra de 16, en el cual el incesto tuvo lugar durante una noche de ebriedad. Sin embargo, ante la ley tienen la misma importancia. Por supuesto, el terapeuta tendrá que informar de la sospecha (o evidencia) de incesto en ambas situaciones (y, para quienes trabajan principalmente con niños y adolescentes, es inevitable presentar el informe). El incesto es uno de los crímenes menos registrados en los Estados Unidos; Meiselman (1978) sugirió que por cada caso de incesto registrado, hay tres no informados. Es fundamental que quienes trabajen en servicios de urgencias establezcan una buena relación de trabajo con la policía de la localidad y las agencias de Investigaciones Sexuales del mismo departamento. Una vez que estas relaciones se han establecido y el terapeuta obtiene reconocimiento y confianza, dispondrá de más opciones en el caso de sospechar de incesto en una familia. Por ejemplo, si descubre un incesto reciente o pasado en el transcurso de una terapia familiar, y si se trata de un profesional conocido y respetado por la policía, una de las oficinas podría estar dispuesta a recibir su informe. A su vez, dicha agencia tal vez decida no tomar parte activa si el pronóstico del tratamiento es bueno. Empero, si la familia abandona la terapia o se suscitan nuevos episodios e incesto, el informe original puede reactivarse de inmediato. Aunque un padre o hermano convicto deba pasar por el sistema de justicia, si el terapeuta es conocido en el sistema, es muy posible que aumenten las posibilidades de que esa persona reciba la orden de someterse a un tratamiento de psicoterapia (con libertad bajo fianza en vez de encarcelamiento). Por último, cuando la familia se presenta para recibir tratamiento y el terapeuta considera que le progenitor o hermano acusado debe ser eliminado del hogar y/o entregado a las autoridades, sus posibilidades para prestar ayuda a la familia serán mayores, a pesar del doloroso proceso legal, debido a que el profesional de la salud mental es bien conocido por los integrantes del sistema de justicia.

El descubrimiento de incesto en una familia puede significar, para el terapeuta, que la familia ejerza en él o ella una gran presión para que no informe del caso a la policía. No es raro que una víctima cambie su versión de los acontecimientos y trate de convencer al terapeuta de que olvide el asunto; a menudo, en una familia incestuosa, se presenta el mito de que si el incesto es revelado, la familia quedará destruida; es decir, su "mundo" desaparecería y esto sería ocasionado por el terapeuta. Esta clase de fabulaciones fue descrita por Watzlawick y cols., quienes escribieron:

> No hay duda de que gran parte de los procesos de socialización en cualquier sociedad, consisten en enseñar a los jóvenes lo que *no* deben ver, *no* deben escuchar y *no* deben pensar, sentir o decir (1974, p. 42).

Ferreira hizo una observación similar acerca de los mitos de la familia con las siguientes palabras: "Un miembro de la familia puede saber, y a menudo sabe, que gran parte de la imagen [familiar] es falsa y sólo representa una especie de lindero oficial" (1963, p. 458).

Una de las dinámicas más importantes de la familia incestuosa es la conspiración del temor, descrita antes, con la cual algunos sistemas familiares se protegen y mantienen a través de coaliciones secretas. El terapeuta que se permita participar de dicha conspiración al no presentar un informe, a petición de la familia, penetrará en el *modus vivendi* patológico y en la complicada trama de alianzas de la familia. Mantener el secreto puede ser un grave error por varias razones. Al ser sincero con la familia acerca de su deber de informar de los casos de incesto (Capítulo 13), el terapeuta interpretará ante los miembros del grupo un papel claro y saludable de la forma como deben enfrentar los problemas. También estará manifestando: "No voy a entrar en su sistema; pretendo mantenerme separado del mismo. Voy a establecer reglas comprensibles y visibles para todos".

Las familias incestuosas y maltratadoras suelen evitar toda clase de tratamiento; tienen temor al cambio y a encarar los insidiosos problemas que mantienen ocultos. Debido a esta tendencia, quizá sea necesario aprovechar la jurisdicción de una corte sobre el caso, para inducir a la familia a continuar con el tratamiento una vez superadas las atemorizantes etapas iniciales. Hay pruebas sustanciales que sugieren que el incesto no se interrumpe, aun después de informarlo a la policía, a menos que la familia reciba alguna forma de tratamiento (Weinberg, 1955; Weiss y cols., 1955).

Hay otras preguntas importantes que el terapeuta debe responder al continuar evaluando la situación y decidir las medidas que debe adoptar. ¿Hubo muchos incidentes incestuosos o fue sólo un acontecimiento aislado? Si el niño ha informado de un acto incestuoso (y sólo uno) al adulto o el progenitor no agresor y algo se hizo al respecto, el terapeuta puede concluir que la patología familiar es menos grave que si los incidentes se han presentado repetidas veces. Sin embargo, ¿es posible que haya habido coito entre un padre y su hijo en varias ocasiones, durante dos o tres años, sin que el otro progenitor sospechara algo? No parece muy factible, aunque una situación semejante se presentó realmente, según la madre de la familia descrita en el siguiente caso.

La policía acudió al domicilio donde se informó de un incesto. Un especialista de ETC llegó poco después de marcharse la policía, y una de las primeras cosas que observó es que la casa sólo tenía tres puertas —la frontal, la trasera y una en el baño; las otras puertas interiores habían sido eliminadas. Como supimos más tarde, el incesto formó parte del estilo de vida de esta familia durante muchos años. El padre ya no vivía en la casa porque se descubrió que sostuvo relaciones sexuales regulares con su hija mayor (de 17 años en ese moento) durante tres años. Poco después de este descubrimiento, la esposa solicitó el divorcio, el cual acababa de ser aprobado.

En esa ocasión, se descubría que el hijo de 16 años sodomizaba a su hermana, de 13; además, la obligó a practicar el sexo oral con él desde que la niña contaba seis años, y lo había hecho con regularidad durante los siete años siguientes. La madre afirmaba que nada sabía de esta situación, hasta que su hija menor se lo comunicó en una nota esa mañana; también aseguraba que no se enteró de la conducta incestuosa del marido con la hija mayor hasta que ésta informó de la situación a un profesor. Uno de los comentarios de esta madre puede dar mayor fuerza a la aseveración de que una gran negación es característica de los progenitores no agresores de estas familias: dijo al terapeuta, con profundo alivio, que estaba agradecida con Dios de que sólo hubiera sido sodomía, porque así su hija seguía siendo virgen.

En un caso como éste, cuando el incesto ha existido durante mucho tiempo, y debió ser detectado y confesado muchos años antes, es posible que más de un miembro de la familia tuviera que invertir gran cantidad de energía psicológica para mantener operante el sistema incestuoso. De hecho, cuando se informa de una situación de incesto a un progenitor que niega el problema, quien no quiere escuchar o investigar si la acusación es cierta, este progenitor "no participante" se ha convertido en parte *integral* del problema.

El incesto puede conceptualizarse como un acontecimiento (o serie de acontecimientos) que tiene el efecto de un cambio radical de los límites generacionales, es decir, el papel de un progenitor cambia en relación con uno de sus hijos (Figura 1). En muchas familias incestuosas, la madre puede ser muy inmadura y no desea aceptar un papel sexual adulto (Kaufman y col., 1954). En consecuencia, tiene a presionar a su hijo a adoptar un papel "adulto" simulado; de este modo, uno de los factores causales del desarrollo de una situación incestuosa puede surgir cuando una madre trata de incitar a su hija a abandonar el papel normal de un niño en la familia, porque ella misma desea regresar a la infancia.

Familia mormal

MADRE	PADRE
FRONTERA GENERACIONAL Y SEXUAL	
HIJO O HIJOS	

Familia en la que ocurren
amenazas o actos incestuosos

MADRE	FRONTERA GENERACIONAL Y SEXUAL	PADRE
HIJO O HIJOS		HIJO O HIJOS

FIGURA 1

Esta clase de papel vital se interpreta así: es posible que la madre tenga temor del sexo o esté inhibida en cuanto al mismo. Quizá tuvo fantasías en exceso románticas de lo que significaba "estar casada". Tal vez pensó que contraía matrimonio con un hombre "seguro", como lo sería un padre/marido de cuento de hadas, pero después descubrió que las realidades de las relaciones adultas le resultaban desagradables. En muchos casos, las relaciones sexuales se han interrumpido por completo entre los progenitores de una familia incestuosa (Lustig y cols., 1966; Maisch, 1972; Reimer, 1940; Weiner, 1962). Debido a las expectativas poco realistas de la mujer, el matrimonio es una desilusión para ella o, en el mejor de los casos, se ha convertido en una relación de "tregua". Los platos y pañales sucios, así como las responsabilidades, han acabado con sus deseos y sueños insatisfechos. Muchas de estas mujeres utilizan la negación como su principal mecanismo de defensa (Kaufman y cols., 1954; Machotka y cols., 1967; Weiner, 1962). La negación es fundamental para el sistema interno de esta clase de familia, y a menudo es difícil romper dicho mecanismo, quizá debido a que la negación es un mecanismo de defensa muy primitivo. Además, son muy pocos los casos en los que una madre así brinda apoyo a su hija-víctima (Meiselman, 1978).

El padre incestuoso, como se dijo antes, puede ser alcohólico o padecer de un trastorno paranoide de la personalidad; muchos se encuentran abiertamente obsesionados con la sexualidad (Gebhard y cols., 1965). Esta clase de padre es inepto sexualmente e insensible. Al reflexionar sobre la manera como esta clase de compañeros conyugales interactúan en el terrno sexual, surge un posible esquema de la forma como se establece un sistema familiar incestuoso. La respuesta del marido al infantilismo y la incapacidad sexual de la mujer es, a menudo, una gran hostilidad y una mayor ineptitud o insensibilidad; quizá no está capacitado para reconocer o aceptar su ira contra la esposa. Esta interpretación tal vez resulte confusa, debido a que las familias incestuosas, en apareiencia, pueden profesarse mutuo respeto y resaltar la importancia de proteger el "hogar". Empero, aunque progenitores e hijos enfatizan su interés por el orgullo y la seguridad familiar, bajo la superficie abrigan la profunda ira y desconfianza que la familia se esmera en disfrazar. Sin embargo, cuando un padre comete incesto con su hija, ha elegido a la única pareja sexual que puede castigar y humillar mejor a su esposa. En consecuencia, a pesar de la gran lealtad que la familia manifiesta en apariencia, en el fondo existe un intenso resentimiento, una gran rabia y vergüenza.

Otro producto del énfasis puesto en la lealtad familiar es la enorme carga de culpa que puede experimentar la víctima infantil si permite que el secreto compartido salga del entorno familiar. Un caso para ejemplificar lo anterior es el de una mujer de 34 años que estuvo implicada en una situación incestuosa con su padre entre los siete y los trece años. En la edad adulta aún experimentaba una profunda culpabilidad, porque creía que había destruido el matrimonio de sus progenitores. Tenía la firme creencia de que, desde los siete años, hizo algo para seducir a su padre y eso era su culpa, porque fue una niña mala y promiscua. Estaba convencida de que, si no hubiera existido, sus padres seguirían felizmente casados, aunque reconocía que su padre fue, y seguía siendo, un alcohólico incurable. El peso de la culpa acompaña a muchas víctimas a través de los años, y no debe ser ignorado en la terapia.

Es verdad que los niños son seres sexuales; aun cuando no lo sean de una manera adulta-genital, poseen verdaderas sensaciones sexuales y buscan afecto. A su vez, la capacidad responsiva del adulto requiere de cierto autocontrol, para no explotar la necesidad de afecto del niño. A partir de las experiencias de ETC, es realista concluir que muchos intentos suicidas o episodios psicóticos, en particular los que incluyen fantasías sexuales, tuvieron su origen en situaciones de incesto o abuso sexual infantil que no fueron descubiertos o revelados. Geiser (1979) observó que en la población de una clínica para niños perturbados, 20 por ciento fueron víctimas de incesto. ETC ha recibido varios casos de niños pequeños con brotes psicóticos y crisis delusorias sexuales. Después de hospitalizados y al sentirse protegidos, estos niños pudieron revelar que habían sido atacados sexualmente; un niño fue violado por el padrastro homosexual y, en su caso, la experiencia del brote psicótico durante un tiempo fue, de cierta manera, una respuesta sana y, tal vez, la única posiblidad que tenía para resolver lo que le había sucedido.

Diana Sullivan Everstine y Louis Everstine

¿Cómo se descubren los casos de incesto? ¿Cuáles son algunos de los "problemas de presentación" que, a la larga, pueden revelar una situación incestuosa? Es posible que el incesto surja como un caso de un adolescente fugitivo, el intento de suicidio de un niño o adolescente, o un episodio de promiscuidad repentina. Por otra parte, el incesto puede revelarse cuando una joven adolescente manifiesta interés en los chicos y el padre responde con exagerada violencia o se conduce como un amante celoso. Es posible que el niño haya confiado en algún adulto ajeno a la familia —aunque en nuestra experiencia, esto es muy poco frecuente. Presentamos a continuación una lista de factores de riesgo potenciales que incluyen las experiencias de nuestro Centro, así como las de otros investigadores (Browning y Boatman, 1977; Meiselman, 1978, p. 334):

1) Padre alcohólico.
2) Padre exageradamente receloso y/o puritano.
3) Padre violento o autoritario.
4) Madre pasiva, ausente o incapaz de ser una fuerza protectora en la familia.
5) Hija que tiene el papel de madre y asume muchas de las funciones de la madre en el hogar.
6) Progenitores con relaciones sexuales conflictivas o inexistentes.
7) Situación en la que el padre debe quedarse a solas con la hija a menudo.
8) Factores que pueden limitar el autocontrol del padre, como una dependencia farmacológica, psicopatología o inteligencia limitada.
9) Inicio repentino de promiscuidad en la joven.
10) Una hija que no permite que la gente establezca lazos de amistad estrechos con ella.
11) Progenitores reacios (o que se niegan) a permitir que un terapeuta hable a solas con su hija.
12) Actitud hostil o paranoide hacia los desconocidos por parte de uno o ambos progenitores, en particular el padre.

13) Incidentes previos de incesto en la familia nuclear de uno o ambos progenitores.

14) Progenitores que tuvieron infancias con privaciones y carecieron de modelos a imitar.

15) Celos extremos del padre en un caso en que la hija haya llegado a la pubertad recientemente.

Estos signos de alarma de una situación incestuosa sirven como lineamientos para buscar con mayor atención cualquier conducta incestuosa en la familia. Por ejemplo, el terapeuta puede estar trabajando con una familia cuando, de pronto, observa un cambio en la relación padre-hija. Tal vez la hija antes fue la "nena de papá", pero en fecha reciente, cuando los jóvenes comienzan a prestarle atención, el padre se muestra celoso como lo estaría un amante. De repente comienzan a surgir reglas y restricciones arbitrarias por parte del progenitor (en respuesta a una llamada de urgencia, los miembros de ETC descubrieron que el padre caminaba enfurecido por la casa mientras gritaba a su hija, más como un novio rabioso que como un padre). Esta clase de conducta reactiva por parte del progenitor debe ser causa de inquietud.

Otra señal de alarma puede surgir dentro del contexto de una visita inicial de urgenica domiciliaria. Por ejemplo, durante el encuentro, el terapeuta de ETC suele hablar a solas con cada uno de los miembros presentes, por turnos. Cuando el padre o la madre digan: "No, podemos resolver esto como familia", o se muestran reacios a dejarnos unos minutos a solas con cada miembro de la familia, sospechamos de que existe un secreto familiar que tratan de ocultar. En el párrafo anterior, describimos un caso así entre paréntesis; el padre de dicho caso era un hombre rígido y controlador y su hermosa hija de 15 años mostraba una gran madurez social para su edad.

Acudimos al domicilio porque, al parecer, la hija escapaba al control de los padres. Lo que descubrimos fue a una adolescente furiosa y perturbada (pero, en apariencia, normal) que respondía con desafío al padre. Cuando se rebelaba, el progenitor perdía la calma y la lanzaba contra una pared o la abofeteaba. Pareció que el padre trataba de establecer límites más adecuados para una niña de once años: por ejemplo, la hija sólo podía salir una noche cada fin de semana, y siempre tenía que volver a casa antes de las 9, nunca después; una vez que hubiera salido, la joven tenía que permanecer encerrada en la casa durante el resto del fin de semana. Después de hablar con toda la familia, el terapeuta pidió hablar con cada miembro de manera individual. Cuando todos accedieron, el terapeuta conversó con los progenitores, uno a la vez, mas cuando llegó el turno de la hija, el padre regresó a la sala y anunció: "Voy a trabajar en el jardín —con su permiso". Salió a colocarse justo afuera de la puerta corrediza de cristal, la cual dejó abierta. Permaneció cerca de la entrada, a no más de un metro de distancia de la puerta y cuando el terapeuta se levantó para cerrarla, el hombre reapareció y, con una sonrisa, volvió a abrirla; cuando el terapeuta repitió el acto, el padre volvió a presentarse y abrió la puerta para escuchar lo que el terapeuta y su hija decían. Fue imposible que hablaran en privado, excepto por breves instantes. Mientras el terapeuta hablaba con la chica, ésta pareció furiosa, pero también exageradamente temerosa del padre. Después, en las sesiones familiares, el terapeuta trató de enfocar la atención en la comunicación familiar y de establecer reglas más realistas para la hija, así como de ayudar al padre a aceptar el hecho de que las adolescentes tenían que salir con jóvenes de su edad.

Al pasar el tiempo, ETC comenzó a sospechar de una situación incestuosa en este caso. Para empezar, la joven no podía establecer relaciones estrechas con nadie; conservaba a sus amigos por poco tiempo y luego los dejaba, o se peleaba con ellos y utilizaba la disputa como una excusa para terminar la relación. El clínico de ETC descubrió, por la madre, que la hija de pronto se había vuelto en extremo promiscua, y agregó que no podía comprender la conducta de la joven.

Cada vez que la chica se sentía lastimada o furiosa, sólo tenía que "levantar" al primer chico que encontrara en el camino; de hecho, a veces elegía jóvenes bruscos que la maltrataban. Por último, la hija escapó de casa una noche y llamó al terapeuta. Estaba ebria, había tomado algunas pastillas y tenía mucho, mucho miedo. El terapeuta la encontró y la llevó al consultorio de ETC donde, mientras bebían café, hablaron durante varias horas. La joven contó una historia de maltrato sexual que se inició cuando el padre tuvo relaciones sexuales con ella por primera vez, a los seis años; continuó hasta la edad de 13 años, cuando el padre insistió en que practicaran el sexo oral. La joven suplicó al terapeuta que no la hiciera volver a casa y éste la tranquilizó, haciendo arreglos para su estancia en el asilo estatal para menores. Después, las investigaciones demostraron que la terrible historia era cierta en todos sus detalles; los progenitores acusaron que la joven era una "ramera" que había traicionado y destruido a la familia. La joven vive hoy en un hogar adoptivo y, después de un periodo de "poner a prueba los límites", ha logrado adaptarse bastante bien. Sus padres se mudaron de pronto a otro estado e interrumpieron todo contacto con ella.

Es importante observar que el contacto incestuoso entre padre e hija puede interrumpirse cuando la joven tiene edad suficiente para concebir. En muchos casos, la actividad sexual cambia entonces al sexo oral, la cópula anal o la masturbación. Por otra parte, el padre en ocasiones elige a una hija más joven.

Otro resultado trágico del incesto se presencia cuando un niño o adolescente confunde la sexualidad con la ira, como cuando se confunde una relación sexual con recibir una lesión. En contraste, el razonamiento más normal es el siguiente: "Sexo, afecto y 'estar cerca' es agradable, pero cuando estoy enojado o lastimado no quiero estar cerca". Sin embargo, en muchas situaciones incestuosas el razonamiento es éste: "Estaba muy cerca de mi progenitor y él (o ella) me utilizó sexualmente; me siento muy confuso y rabioso". A causa de esta confusión, muchos hijos sometidos al incesto actuaron de manera promiscua —en nuestra experiencia—, en particular cuando se sintieron lastimados o perplejos.

Gran parte del fundamento de la vida familiar es el vínculo básico de confianza entre padre e hijo, es decir: "Mis padres me protegerán", el cual proporciona un plan de enseñanza elemental con el que se aprende la relación de apego normal entre individuos. Sin embargo, la interacción familiar incestuosa implica una profunda traición de este vínculo de confianza fundamental entre padre e hijo. Cuando la confianza básica queda destruida en un acto sexual (a menudo doloroso físicamente), no es difícil imaginar la terrible perplejidad que experimenta el niño. Hemos observado que muchos hijos en situaciones incestuosas no pueden tener amigos íntimos; en muchos casos, cuando sucede algo malo, es decir, cuando se sienten heridos o infelices, muchos de ellos se acuestan con cualquier persona que les salga al camino. Estos adolescentes tienden a describir su conducta en términos bien resumidos en la afirmación de esta adolescente: "Sí, no sé qué sea, pero algo malo me sucede. Cuando estoy herida, salgo y quiero embrollarme con alguien. Quiero divertirme y hacerlo con cualquier tipo. No me importan quién —cualquiera".

Una niña que "pasó" por diez hogares adoptivos y también fue víctima de incesto, se acercaba de inmediato —de una manera muy sexual— a cualquier hombre maduro del hogar adoptivo más reciente, para "acabar de una vez" con lo que percibía como una sexualidad inevitable. Era como si dijese: "Acabemos ya porque no quiero apegarme a ti y que después me hagas lo mismo que me hizo mi padre". Tan pronto como se mudaba a un hogar adoptivo, expresaba este equivocado medio de defensa sentándose en el regazo del padre adoptivo de una manera muy provocativa, lo que provocaba la ira de la esposa. Durante una semana cumplía, de manera muy seductora, el menor capricho del padre adoptivo y luego, cuando la madre adoptiva la descubría actuando sexualmen te con los niños del vecindario, eso le parecía "el colmo" y pedía que la sacaran de su casa. Esta conducta se repitió en varias ocasiones, antes que nadie pudiera entender lo que sucedía. En consecuencia, el clínico que observe esta clase de conducta promiscua debe investigar su origen; asimismo, debe sentirse intrigado por la incapacidad de un niño para "apegarse" o permitir que la gente se le aproxime, sin mostrar un comportamiento seductor hacia los demás.

Otro ejemplo de este temor al apego puede observarse en el caso de una agradable mujer que asistía a sesiones de terapia individual. En su adolescencia, fue utilizada sexualmente por el padre durante un periodo de tres años; cuando acudió a recibir terapia, ya había tenido cinco o seis prometidos en matrimonio. Cada vez que se preparaba para la boda, pensaba, sin proponérselo, que el futuro marido podría convertirse en padre, y así terminaba la relación con cualquier excusa. La idea de un marido que sería el padre de sus hijos, la aterraba. En este caso, el recuerdo de una experiencia incestuosa estaba muy reprimido, con resultados autopunitivos extremos.

Si el terapeuta sospecha de una situación de incesto con un niño de dos o tres años, la intervención debe ser minuciosa y agresiva, porque puede esperar una grave psicopatología en el progenitor agresor —con el consiguiente riesgo de que esta persona pierda el control; un niño de esa edad tiene una gran necesidad de protección. En contraste, cuando la víctima es un adoleslcente, el terapeuta deberá intervenir con mayor cautela, con el objeto de desarrollar una relación de confianza en la que sea considerado una persona a quien el adolescente puede confiarse. El clínico deberá establecer, por lo menos, una relación en la que el adolescente solicite su ayuda en un momento de crisis o cuando se encuentre en peligro. No es aconsejable presionar a los jóvenes implicados en un incesto, a menos que sea absolutamente necesario, debido a que el elemento de confianza es fundamental para realizar una terapia con adolescentes. ETC ha descubierto

Diana Sullivan Everstine y Louis Everstine

que existen muchas urgencias en las que el incesto (o el impulso incestuoso mal enfrentado) representa un elemento importante del problema familiar.

Al tratar a una familia incestuosa, es aconsejable estructurar las sesiones en concordancia con la forma como el terapeuta desee percibir el cambio del grupo. Por ejemplo, es mejor ofrecer sesiones para toda la familia, además de sesiones para los progenitores como pareja. Por supuesto, las sesiones individuales para la víctima son un elemento fundamental del tratamiento. Durante estas sesiones individuales, el niño puede experimentar el deseo de externar sus sentimientos, en tanto que, durante las sesiones familiares, pueden analizarse aspectos que afecten a toda la familia. Los problemas de los progenitores como adultos, como serían sus relaciones sexuales, deben ser el tema de un par de sesiones por lo menos. Tanto en las sesiones familiares como de pareja, es útil incluir a un coterapeuta del sexo opuesto, debido a que el trabajo con familias puede ser agotador emocionalmente y a menudo es necesario el apoyo de un colega, en especial durante la fase crítica inicial. También es importante que el terapeuta reconozca sus límites y controle las intensas emociones que el incesto despierta en todos nosotros.

Suele ser recomendable que la víctima sea atendida por un terapeuta del mismo sexo; debido a que en muchos casos el trauma incestuoso ha sido la primera experiencia sexual del menor, gran parte de la terapia está dirigida a estimular al niño o la niña a expresar sus sentimientos, así como a proporcionarle una información adecuada sobre temas sexuales. Además, el terapeuta no debe sorprenderse o mostrarse receloso si la respuesta emocional al incesto, al principio, parece emocionalmente plana (Peters, 1976). Esta situación desaparecerá cuando el niño comience a sentirse protegido por el terapeuta. Al avanzar el tramiento, podría ser aconsejable que la víctima reciba atención de un terapeuta del sexo opuesto. Al principio, una niña no podrá hablar con un hombre maduro, pero después de seis meses a un año de terapia, sería aconsejable referirla con un terapeuta masculino.

Al trabajar con niños víctimas de incesto, es esencial que tomemos en consideración cuánto pueden o no aceptar. En muchos casos, lo primero que hará el terapeuta será tratar de tranquilizar al paciente, pero la mayoría de los niños se mostrarán temerosos y faltos de confianza, pues ésta ya ha sido traicionada por un adulto en quien no debió confiar. Éste es un problema fundamental, porque durante el proceso de establecimiento de una realción, el niño puede "poner a prueba los límites" del terapeuta durante mucho tiempo. Los adolescentes cancelarán citas o se limitarán a no presentarse, y encontrarán la manera de plantear la pregunta más importante para ellos: "¿De veras le intereso?" Con algunos clientes, el clínico no puede permitir esta conducta evasiva; sin embargo, con una víctima de incesto, el terapeuta debe anticipar bastante resistencia e, incluso, provocaciones, y tendrá que estar preparado para actuar de manera que garantice que el menor permanezca en el tratamiento.

¿Cómo abordar el tema del incesto, o preguntar a un niño si ha ocurrido? Si el pequeño tiene 10, 11 o más años, el terapeuta podría preguntar algo así:

Como sabes, las relaciones entre padres e hijas [o madres e hijos] pueden ser muy estrechas; a veces resultan un poco difíciles. Yo tuve sentimientos de afecto por mi padre [madre]; todos los tenemos. Pero algunas de las cosas que me has dicho me dieron la impresión —y dime si me equivoco, porque no siempre tengo la razón— de que algo ha ocurrido entre tu papá [mamá] y tú, algo que te lastimó y asustó.

En un nivel más profundo, el terapeuta podría decir:

Lo que me cuentas es comprensible; muchas personas piensan que es terrible, pero aunque puede ser muy atemorizador, sucede en muchas familias y no es el fin del mundo. Sólo porque ocurrió en el pasado, no significa que volverá a suceder, y haré todo lo posible para evitar que se repita en el futuro. Sin embargo, creo que es importante que me digas la verdad; algunas cosas que me has contado me hacen pensar que, tal vez, en alguna ocasión tu padre [madre] te puso las manos encima y te asustó, o tal vez trató de tener relaciones sexuales contigo.

En este momento, es vital permanecer alerta y observar estrechamente la conducta no verbal del niño, en busca de movimientos súbitos, desviaciones de la mirada o frotamiento de la nariz (cuando una persona se frota la nariz, esto suele indicar que su interlocutor ha dicho algo que le ocasionó ira o malestar). Además, es útil vigilar los pies del niño —la mayoría de las personas pueden controlar la conducta no verbal de la musculatura facial cuando decide hacerlo, pero los pies pueden "revelar" mucha información sobre las emociones (Ekman y Friesen, 1969). Cuando la persona mece un pie de pronto, como si fuera un reflejo, el terapeuta puede suponer que la emoción interna no es comparable a lo que se está expresando verbalmente en ese momento. Al observar estos indicadores de tensión en el lenguaje no verbal, el terapeuta tal vez no tenga que continuar con el tema del incesto en ese momento. En vez de ello, llegará a la conclusión de que este tema es muy delicado o doloroso, al mismo tiempo que comunica al niño que no importa qué diga, todo será aceptado, y que no es la única persona en el mundo que ha pasado por esta experiencia.

Cuando llegue el momento indicado, el terapeuta puede establecer una situación en la que el niño se sienta a gusto al relatar su historia. Una vez delimitado el contexto inicial, el clínico puede decir algo así:

He trabajado con muchas familias que han tenido este problema, donde existió una relación entre el padre y la hija [o la madre y el hijo], y hay ciertos patrones y ciertas cosas que suceden en estas familias. Me parece que hay algún parecido entre tu familia y estas otras familias. Es posible que me equivoque, pero...

Aquí, el niño recibe la oportunidad de escapar de la situación, por ejemplo:

Podría estar equivocado, y por favor, dime si lo estoy, pero tengo la fuerte corazonada de que esto es lo que sucede en tu familia. No estoy cien por ciento seguro...

Luego, el terapeuta puede proseguir de esta manera: "Bueno, quizá no fue una relación sexual como tal, sino..." Con cada paso que dé el terapeuta, brinda al niño la oportunidad de acercarse al tema y también de poner a prueba las emociones del psicólogo. "Quizá hubo algo de caricias", es otra manera de tocar el tema. Al actuar así, el niño recibe la oportunidad de describir un poco del acontecimiento, a la vez que tiene la posibilidad de abandonar el tema si es necesario.

En resumen, el incesto es la culminación de una serie de acontecimientos complejos y patológicos que surgen dentro del contexto de un sistema familiar. Cuando el terapeuta interviene en un caso de incesto real y sospechado (por definición, una situación de crisis), debe investigar a fondo varios elementos fundamentales. ¿El incesto fue un acto único o se repitió durante algún tiempo? El incesto repetitivo rara vez es producto de la psicopatología de sólo un miembro de la familia y, por supuesto, es más difícil de tratar. Debido a que la familia ha conspirado para tolerar el problema durante mucho tiempo, quizá haya agotado su fortaleza interior y carezca de la energía necesaria para realizar cambios en su sistema. Aunque el incesto repetitivo casi siempre afecta a toda la familia, la participación de algunos miembros de la misma puede adoptar la forma de "inatención selectiva", aceptación pasiva o negación. Otro factor importante es la diferencia de edad entre el progenitor agresor y el hijo víctima. En la mayor parte de los casos, cuanto mayor sea la diferencia de edad o más joven sea la víctima, mayor es la probabilidad de que el progenitor incestuoso presente una patología grave. Por último, un aspecto vital es que el niño tenga o no la capacidad para comunicar a otra persona los acontecimientos incestuosos. Si no habló con el progenitor no participante, sino que recurrió a personas ajenas al sistema familiar, esto puede sugerir que la familia cuenta con pocas fuentes de apoyo o protección para la víctima.

Bibliografía

Adams, M. S., y Neel, J. V. "Children of incest". *Pediatrics*, 40:1, 55-63, 1967.

Barry, M. J. "Incest". En R. Slovenko (editor), *Sexual Behavior and the Law*, Springfield, Il.: Charles C. Thomas, 1965.

Browning, D. H., y Boatman, B. "Incest: Children at risk". *American Journal of Psychiatry*, 134:69-72, 1977.

Cowie, J., Cowie, V., y Slater, E. *Delinquency in Girls*, Atlantic Highlands, N. J.: Humanities Press, 1968.

Ekman, P., y Firesen, W. V. "Nonverbal leakage and clues to deception". *Psychiatry*, 32:88-106, 1969.

Ferreira, A. J. "Family myth and homeostasis". *Archives of General Psychiatry*, 9:457-463, 1963.

Freud, S. *Totem and Taboo* (1913) (A. A. Brill, traductor), Nueva York: Vintage, 1946.

Gebhard, P. H., Gagnon, J. H., Pomeroy, W. B., y Christenson, C. V. *Sex Offenders*, Nueva York: Harper and Row, 1965.

Geiser, R. L. *Hidden Victims: The Sexual Abuse of Children*, Boston: Beacon Press, 1979.

Kaufman, I., Peck, A. L., y Tagiuri, C. K. "The family constellation and overt incestuous relations between father and dughter". *American Journal of Orthospychiatry*, 24:266-277, 1954.

Lustig, N., Dresser, J. W., Spellman, S. W., y Murray, T. B. "Incest: A family group survival pattern". *Archives of General Psychiatry*, 14:31-40, 1966.

Machotka, P. F., Pittman, F. S., y Flomenhaft, K. "Incest as a family affair". *Family Process*, 6:98-116, 1967.

Maisch, H. *Incest* (C. Bearne, traductor), Nueva York: Stein & Day, 1972.

Malinowsky, B. *Sex and Repression in Savage Society*, Londres: Routledge & Kegan Paul, 1927.

Marcuse, M. "Incest". *American Journal of Urology and Sexology*, 16:273-281, 1923.

Medlicott, R. W. "Parent-child incest". *Australia and New Zealand Journal of Psychiatry*, 1:180-187, 1967.

Meiselman, K. C. *Incest*, San Francisco: Jossey-Bass, 1978.

Murdock, G. P. *Social Structure*, Nueva York: MacMillan, 1949.

Parsons, T. "The incest taboo in relation to social structure and the socialization of the child". *British Journal of Sociology*, 5:101-117, 1954.

Peters, J. J. "Children who are victims of sexual assault and the psychology of offenders". *American Journal of Psychotherapy*, 30:398-421, 1976.

Peters, J. J., Meyer, L. C., y Carroll, N. E. *The Philadelphia Assault Victim Study*, Bethesda, MD: Final Reporte from NIMH, ROIMH 21304, junio 30, 1976.

Raphling, D. L., Carpenter, B. L., y Davis, A. "Incest: A genealogical study". *Archives of General Psychiatry*, 16:505-511, 1967.

Riemer, S. "A research note on incest". *American Journal of Sociology*, 45:566-575, 1940.

Seemanova, E. "A study of incest". *International Journal of Offender Therapy and Comparative Criminology*, 19:139-153, 1975.

Wahl, C. W. "The psichodynamics of consummated maternal incest: A report of two cases". *Archives of General Psychiatry*, 3:188-193, 1960.

Watzlawick, P., Weakland, J. H., y Fisch, R. *Change*, Nueva York: W. W. Norton, 1974.

Weinberg, S. K. *Incest Behavior*, Nueva York: Citadel, 1955.

Weiner, I. B. "Father-daughter incest: A clinical report". *Psychiatric Quarterly*, 36:607-632, 1962.

Weiss, J., Rogers, E., Darwin, M., y Dutton, C. E. "A study of girl sex victims". *Psychiatric Querterly*, 29:1-27, 1955.

CAPÍTULO 10
Víctimas de crímenes violentos

Características generales de conducta de la víctima

En esta sección se analizan algunos de los diversos fenómenos psicológicos que surgen con la experiencia de víctima, y también se describen algunas de las respuestas sociales más habituales hacia las víctimas. Cuando una persona es víctima de un crimen violento, se siente "bombardeada" psicológicamente por la intensa realidad de la fragilidad personal, la aparente casualidad de los acontecimientos de la vida y la infalibilidad de la muerte. La mayoría llega a este punto sin saberlo ni estar preparada. Muy pocas personas han tenido experiencias que las preparen para convertirse en víctimas de un crimen violento; casi nadie tiene la capacidad para enfrentar un acontecimiento de tal magnitud sin recibir considerable apoyo de los demás.

A consecuencia de su experiencia como víctima, el individuo pasa por un "ciclo de respuesta y recuperación del trauma", proceso que permite proteger al yo durante y después de un acentecimiento traumático muy intenso (este ciclo de respuesta y recuperación es, en esencia, similar a la "respuesta de duelo" identificada y descrita por Lindemann (1944). Uno de los papeles primarios del psicoterapeuta en el tratamiento de una víctima de un crimen violento es ayudarla y estimularla a pasar por el ciclo de respuesta y recuperación del trauma, de modo que favorezca una conducta sana y adaptativa. La finalidad es ayudar al individuo a recuperarse de las heridas psicológicas "invisibles" que, si no reciben atención o tratamiento, pueden conducir a problemas psicológicos para el resto de la vida.

El tratamiento de una víctima de un crimen violento no es tarea sencilla, debido a que la persona puede resistirse a participar en la lucha emocional que conduce a la recuperación. Además, las presiones sociales pueden resultar extrañamente opresivas para la víctima, como explica Symonds (1975):

> ...la sociedad tiene extrañas actitudes hacia las víctimas. Al parecer hay una notable renuencia y resistencia a aceptar la inocencia o naturaleza accidental de la conducta de la víctima... Esta generalizada respuesta inicial hacia las víctimas surge de una necesidad básica, en todos los individuos, de encontrar una explicación racional para los... crímenes violentos. La exposición a una conducta sin sentido, irracional y brutal hace que la persona se sienta vulnerable e impotente... La comunidad posee otras actitudes que bloquean la respuesta de compasión... Una es el primitivo temor a contaminarse de la infortunada víctima. La consecuencia de esta respuesta primitiva de temor es aislar o excluir a la víctima (pp. 19-20).

En muchos casos, aun los amigos y parientes de la víctima actúan de manera poco compasiva, lo que complica o impide que la víctima resuelva la experiencia de agresión. Otros individuos cercanos a la víctima prefieren racionalizar el motivo de por qué fue atacada la persona, y así se convencen de que hubo una razón específica para lo sucedido. Además, llegan a la conclusión de que, como hubo una razón, eso no podría ocurrirles jamás. Cuando la infortunada víctima escucha tales racionalizaciones, éstas sirven para reforzar su autoinculpación; muchas víctimas se sienten responsables de lo ocurrido y este sentimiento surge aun en las etapas iniciales del periodo postrauma.

Las víctimas suelen pasar muchas horas pensando en los aspectos "si tan sólo" de lo acontecido. Si los parientes y amigos de esta persona tienen pensamientos que desvían la responsabilidad del crimen hacia la víctima, con su actitud

Diana Sullivan Everstine y Louis Everstine

sólo lograrán profundizar la depresión inicial y demorar la recuperación. Estos pensamientos también pueden conducir a la estremecedora respuesta: "Fue tu culpa", cuando la víctima pregunta: "¿Por qué me sucedió esto?" Las víctimas suelen preguntar, a sí mismas y a los demás, cosas como: "¿Por qué yo?" durante mucho tiempo después del ataque. Otro error parecido que cometen los demás y que retrasa o impide la recuperación de la víctima es decir, por ejemplo, "Olvida lo sucedido", "Piensa en otra cosa" o "Imagina que no ocurrió"; estos son ejemplos del clásico problema de mal manejo, en el sentido de que al minimizar un conflicto, éste puede volverse más grave. Una víctima no puede olvidar, a voluntad, el acontecimiento traumático, y esa clase de comentarios puede ocasionar un ulterior aislamiento de la víctima en el momento en que más comprensión necesita.

Quienes se encuentran cerca de la víctima pueden manejar mal la situación y entorpecer la recuperación de la persona de otra manera: al responder de manera exagerada con histeria o indignación. Esto puede provocar que la víctima enmascare sus emociones, debido a que teme perturbar más al ser amado. Poco tiempo después del ataque, muchas víctimas se vuelven hipersensibles a la ira o a una respuesta emocional intensa por parte de quienes las rodean. La mayoría se encuentra muy deprimida para expresar su ira durante esta etapa, y por ello puede experimentar temor ante la ira de otros. Detrás de su temor hay miedo de otro ataque, y muchos tienen la obsesiva idea de que llegará de cualquier parte —aun de las personas conocidas. En consecuencia, las víctimas necesitan sentir que quienes las rodean son individuos que poseen autocontrol y son capaces de protegerlas; necesitan, con desesperación, recuperar el orden de su ambiente, mientras tratan de enfrentar el caos que el ataque ha creado en sus vidas. Por tanto, parte de la labor del terapeuta es tratar no sólo a la víctima, sino a las personas significativas en su vida, con el fin de que los demás no digan o hagan cosas que, sin saberlo, entorpezcan la recuperación.

El ciclo de respuesta y recuperación del trauma está fundamentado en el trabajo de Bard y Sangrey (1980), Burgess y Holmstrom (1974), Lindemann (1944) y Sutherland y Scherl (1970). A partir de aquí, estos dos fenómenos psicológicos bien diferenciados serán descritos de manera individual. Primero, se analiza una respuesta de la víctima hacia la situación inmediata posterior al ataque, seguida de una discusión del ciclo de recuperación (que también se inicia al terminar el ataque). Describiremos en detalle cada fase del ciclo de recuperación, haciendo sugerencias sobre los métodos de tratamiento para cada etapa.

En la mayor parte de los casos, la víctima se hallaba ocupada en sus actividades cotidianas cuando ocurrió el ataque —de una manera totalmente inesperada. La víctima es presa de la incredulidad, la mente se agita mientras trata de entender la situación. La sensación de incredulidad surge debido a que la mente, de una manera primitiva, necesita disipar la confusión fingiendo que lo que ocurre no es real. Sin embargo, cuando la fría realidad se hace presente, aparece una etapa durante la cual el efecto de la víctima se congela o torna "plano". Todas las funciones cognoscitivas se concentran en una cosa: la supervivencia. En esta etapa, que Symonds (1980a) ha denominado "infantilismo psicológico traumático" (p. 36), una víctima hará casi cualquier cosa que pueda ayudarle a sobrevivir; la mayoría permanecerá suspendida en este "estado de supervivencia cognoscitiva" hasta que termine el ataque.

Hemos observado que en la intensidad del trauma psicológico tiene que ver la interacción de varios factores, de los cuales el primero es el grado al cual fue violado el cuerpo. Los ataques que implican una penetración corporal de cualquier naturaleza (por ejemplo, violación, disparos o acuchillamientos) son más traumáticos que aquellos ataques en los que esto no sucede. Otro factor es el grado de miedo de morir en el ataque que la persona tenía. Asimismo, la relación de la víctima con su atacante tiene gran importancia;

contrario a lo que suele pensarse, un ataque perpetrado por un conocido, que tal vez tenía la confianza de la víctima, suele evocar interrogantes psicológicas más complejas y graves que cuando el atacante fue un extraño. Por último, la localización del ataque puede tener un papel importante en el grado del trauma experimentado por la víctima; las personas que, mientras duermen seguras en sus camas, son despertadas por un individuo que apunta un arma contra su cabeza y le oprime el cuello con la rodilla, suelen sufrir un trauma más intenso que quienes sufren un ataque en un lugar público, como una calle por la noche (donde quizá pudieron anticipar alguna clase de problema). En ciertos lugares, la gente supone que se encuentra segura y protegida, y cuando dicho sitio es violado, la experiencia suele ser desgarradora. De hecho, es posible que la víctima desarrolle alguna respuesta fóbica al lugar del ataque, dependiendo de la participación de los factores antes citados. Una mujer que sufre una agresión sexual en su baño, a las cuatro de la tarde, no podrá experimentar placer y relajación, en mucho tiempo, cuando tome una ducha caliente y prolongada.

La mayoría, después del ataque, entra en un estado de choque que le permite aislarse de la experiencia hasta cierto punto. Este estado, con su característico aplanamiento afectivo, suele confundirse con una actitud de tranquilidad o de "estar bien". El choque puede durar desde unas horas hasta varios días, dependiendo de la gravedad del trauma experimentado. Después de esta etapa, muchas víctimas entran en un estado de depresión debido a que muy pocas pueden expresar ira poco tiempo después del acontecimiento. Hacia el final de esta fase de depresión, la víctima a menudo presenta cambios intensos de estado de ánimo. Además, durante las primeras etapas, la persona puede sentirse muy ansiosa por su equilibrio mental y preguntarse si alguna vez volverá a ser "normal". A lo largo de estas fases, el terapeuta debe tranquilizar al paciente, en el sentido de que todo lo que sucede forma parte del proceso normal de recuperación, el cual pasará con mayor rapidez si no trata de resistirse.

Después de la etapa depresiva, el cliente a menudo entra en una fase de ira activa, la cual puede ser bastante destructiva si el atacante no ha sido aprehendido y obligado a "pagar" por lo que hizo. Éste es el momento en que la víctima puede desplazar su ira hacia un objeto más "seguro", como un ser amado o amigo, y estas personas significativas necesitarán mucha ayuda para comprender por qué son atacadas por la víctima —en particular porque esta fase suele presentarse algún tiempo después del ataque. Aunque el periodo de ira es bastante difícil, el terapeuta puede sentirse tranquilo, pues a menudo señala el punto crucial del ciclo de recuperación.

Después de la fase de ira, muchas víctimas entran en un periodo filosófico durante el cual analizan el acontecimiento y su significado. Durante esta fase de reflexión, la víctima se percata (si el resto del ciclo ha transcurrido ya) de que ya no es la misma persona de antes y medita en lo que esto puede significar en su futuro.

Después, la víctima procede a un periodo de "dejar en paz", en el cual la experiencia es convertida en un desagradable recuerdo. En el proceso, la persona *acepta* que su vida ha cambiado debido al acontecimiento; una víctima de la violencia jamás podrá olvidar lo sucedido, y habrá perdido algunas de las fantasías protectoras de las que todos dependemos. Sin embargo, si la persona ha pasado por todo el ciclo de recuperación, logrará poner el acontecimiento en la perspectiva correcta.

El Cuadro 2 resume las etapas principales del ciclo de respuesta y recuperación del trauma.

Diana Sullivan Everstine y Louis Everstine

Cuadro 2
CICLO DE RESPUESTA Y RECUPERACIÓN DEL TRAUMA
DE LAS VÍCTIMAS EN GENERAL

Respuesta al trauma

- Choque
- Incredulidad (trata de negar la realidad de lo sucedido)
- Comprensión
- Estado de supervivencia no afectivo o cognoscitivo

Liberación o escape

Ciclo de recuperación

- Choque (al verse libre)
- Depresión
- Cambios de estado de ánimo
- Ira
- Reflexión filosófica
- Dejar en paz

Víctimas del terror prolongado

En esta sección se presentan técnicas para realizar una terapia con personas que han sido víctimas de un prolongado terror y/o violencia, como quienes son raptadas, tomadas como rehenes, o retenidas contra su voluntad durante un robo prolongado. Por supuesto, muchas víctimas de violaciones y ataques sexuales caen en esta categoría porque ellas, a su vez, han experimentado prolongada violencia y terror; en muchos casos, manifiestan síntomas similares a los analizados en esta sección. Empero, debido a la complejidad de la violación y otras formas de ataque sexual en adultos, estos temas serán abordados con mayor detalle en el próximo capítulo.

El terapeuta que quiera trabajar con víctimas de terror prolongado y violencia, debe sensibilizarse a las fuerzas psicológicas que interactúan para crear una conducta a veces extraña y contradictoria en el paciente. En general, la gente tiene muchas fantasías sobre lo que haría o debería hacer al ser atacada; algunos creen que podrían correr o utilizar su inteligencia de alguna manera que les permitiera escapar de la situación, mas estas fantasías comunes de fuga rara vez se vuelven realidad.

En la mayor parte de los casos, cuando la gente es atacada y hecha cautiva, no existen perspectivas reales de escapatoria. Pocas víctimas pueden avasallar a sus agresores, pues carecen de fuerza o armas para hacerlo; y aun cuando estuvieran capacitadas, la respuesta de la mayoría de los individuos a un ataque es muy parecida al choque. Bard y Snagrey (1980), Burgess y Holmstrom (1974), Sutherland y Scherl (1970) y Symonds (1980a) llaman a esta respuesta el "terror helado". Durante estos momentos, la víctima trata de aplastar la realidad del ataque con pensamientos como "Esto es un sueño", "No puede estar sucediendo de verdad". Una víctima de una situación de robo bancario expresó su respuesta de negación de manera muy gráfica al declarar:

Cuando vi que los hombres entraban en el banco con armas en la mano, mi primer pensamiento fue que eran policías vestidos de civiles. Luego me pregunté por qué tenían las armas en la mano; sólo después que me obligaron, con los demás que estaban en el banco, a tenderme en el suelo, mi mente registró la realidad de que se trataba de un robo. ¡Y a partir de ese momento, lo único que me preocupó fue cómo salir vivo de allí!

Después que pasan la sorpresa e incredulidad iniciales, muchas víctimas entran en un estado psicológico denominado "infantilismo psicológico traumático" (ver antes) en el cual, según Symonds: "Toda la conducta de reciente aprendizaje desaparece y sólo predominan los patrones adaptativos de la infancia" (1980a, p. 36). El estado afectivo del individuo queda congelado y adopta una falsa apariencia de calma. Aunque en aspecto la conducta de la víctima es bastante cooperadora, al mismo tiempo todas las funciones cognoscitivas son canalizadas hacia la supervivencia.

Este infantilismo psicológico traumático se manifiesta como un elemento clave del fenómeno conocido como "identificación con el agresor" o el "síndrome de Estocolmo". En dicho síndrome o estado, la víctima desarrolla una identificación y apego patológicos con su raptor o raptores. Otro elemento del síndrome Estocolmo es lo que Symonds denominó "transferencia patológica" (1980b, pp. 40-41), en la cual un individuo que ha sido raptado o tomado como rehén percibe que el raptor ha tenido la oportunidad de matarlo, pero decidió no hacerlo. Esta idea, cierta o no, tiene un poderoso efecto en la persona y la percepción que tiene de su raptor puede cambiar de manera dramática: es decir, el raptor puede convertirse en el protector que ha "salvado" la vida de la víctima. Contrario a la opinión popular, este cambio en la percepción de la víctima puede ocurrir en cuestión de horas. Entre los factores más importantes que provocan esta tranformación de la percepción se encuentra el grado de impotencia percibida, el grado de vulnerabilidad física y la proximidad con la muerte experimentada por la víctima. La tansferencia patológica de esta magnitud puede ocurrir cuando existen: 1) amenazas contra la integridad personal; 2) una idea delusoria de que el raptor ha perdonado la vida de la víctima; y 3) una percepción distorsionada de que el raptor es el único capaz de salvar a la víctima.

El concepto de "protector fracasado" también es muy útil para comprender la etiología de esta clase de transferencia patológica. En ese caso, la víctima considera al raptor como un "verdadero" protector, y determina que la familia, la policía y la comunidad en general han fracasado como protectores. En este error de percepción el raptor aparece como la única persona que permite que la víctima viva, en tanto que la familia o la policía son los que van a matarla u ocasionarán su muerte debido a su descuido. Esta percepción puede cobrar fuerza con las racionalizaciones del raptor acerca de sus motivos para haber raptado a la víctima.

Subyacente a las distorsiones de la realidad, tenemos la ira de la víctima (acentuada por el estado de infantilismo) hacia quienes, en condiciones normales, debían ofrecerle protección —por permitir que ocurriera el ataque. Tenemos el ejemplo de un hombre que fue retenido como rehén por un ladrón, y atacado brutalmente durante varias horas, y quien luego describió al atacante como "a veces gentil"; la víctima, después, manifestó una profunda ira contra el vecino que llamó a la policía, y se negó a ver a los parientes después de su internamiento hospitalario para recibir tratamiento para las graves lesiones sufridas. De allí que en muy poco tiempo pueda originarse una secuencia de acontecimientos similares a los que condujeron a Patricia Hearst, víctima de un secuestro, a convertirse en fugitiva y revolucionaria. Esta conducta de apariencia paradójica puede comprenderse mejor cuando se analiza la dinámica subyacente, como se mencionó antes. Una vez entendida la dinámica, el terapeuta puede adoptar algunas de las siguientes medidas terapéuticas para ayudar a que la víctima del terror prolongado se recupere del acontecimiento.

Primero, es fundamental que el psicólogo trate de crear un ambiente nutricio donde la víctima se sienta a salvo y protegida. Hay escuelas de psicoterapia que consideran nocivos los mecanismos de defensa, y utilizan métodos terapéuticos extremadamente confrontativos y/o intrusivos para romper las defensas del paciente: la finalidad es alcanzar sus "verdaderas emociones". Este enfoque es inadecuado por varias razones: muchas víctimas han pasado por experiencias aterradoras que las no víctimas sólo han imaginado, aun en

Diana Sullivan Everstine y Louis Everstine

su peores pesadillas. Durante su experiencia, los mecanismos de defensa las aislaron y protegieron de caer en la locura. Si un terapeuta ataca (o parece atacar) lo que una víctima considera la fuente de fortaleza que le ha protegido en su momento de mayor necesidad, es muy posible que decida abandonar la relación terapéutica. Una víctima podría concluir que el terapeuta la ha atacado con mayor violencia que el agresor.

La tarea del terapeuta es lograr, de una manera nutricia, el equilibrio entre los mecanismos de defensa de la víctima y lo que puede tolerar su yo. Con el tiempo, el objetivo será que la víctima encare e integre las divrsas facetas de lo sucedido, y que el yo se recupere de las heridas. El psicólogo debe apoyar los mecanismos de defensa sanos y que permitan la adaptación, en tanto que evita que el paciente adquiera mecanismos de defensa destructivos o de mala adaptación.

Después de establecer el ritmo de tratamiento adecuado para la víctima, el psicólogo debe tratar de invertir los factores psicológicos que ocasionaron los estados de infantilismo traumático y transferencia patológica. De ser posible, el terapeuta intentará trabajar con los parientes y seres queridos del paciente, incluirlos en el proceso de terapia para ayudar a la recuperación de la víctima. Es aconsejable considerar que la familia y las amistades del cliente también son víctimas, debido a que una persona amada ha resultado herida y no pudieron hacer algo para evitarlo. Después de la liberación de la víctima, estas personas significativas a menudo se convierten en los confusos blancos de la ira del paciente —porque son objetos seguros. La ira que la víctima no puede dirigir contra su raptor, puede desviarse hacia los protectores fracasados. Por este motivo, la mayoría de estas personas requieren de ayuda terapéutica para sobreponerse a sus sentimientos, además de dirigirlos a enfrentar, de manera adecuada, la conduca paradójica y confusa del ser amado en crisis. En nuestra experiencia, así como en la de otros investigadores (por ejemplo, Fields, 1980), hemos comprobado que cuando los miembros de la familia participan del tratamiento de la víctima la recuperación es casi siempre más acelerada.

Muchos parientes cometen errores de juicio que, aunque bien intencionados, pueden ocasionar problemas adicionales a la víctima. Un ejemplo de error de juicio es cuando la necesidad de un ser amado de ver que la víctima "está bien" interactúa de manera patológica con el "aspecto de competencia" del paciente; este último estado es resultado de los afectos aplanados de la víctima justo después de la agresión. Dicha necesidad de percibir a la víctima como que "esté bien" ocasiona una errónea interpretación de la apariencia de competencia, con la cual las personas significativas tratan de convencerse de que la víctima, de hecho, se encuentra bien. Esto, a su vez, influye en la víctima y la hace evitar el enfrentamiento con el trauma, lo que complica o impide que revele —a esas personas importantes— que está teniendo problemas. De este modo, la apariencia se conservará y empezará un ciclo difícil de interrumpir, puesto que sirve para ocultar el trauma de la víctima y dejar que continúe actuando bajo la superficie. Al analizar esta secuencia de acontecimientos, no es sorprendente constatar que muchas relaciones de afecto terminan poco después del acontecimiento criminal. Las víctimas suelen romper los lazos afectivos estrechos y se mantienen aislados de los seres queridos; este aislamiento puede complicarse cuando los demás tienden a alejarse, e incluso rechazar, a las personas que han sido víctimas, buscando motivos para racionalizar por qué el acontecimiento sucedió a ese individuo y no a ellos mismos. Esta respuesta es, sin duda, un medio muy primitivo de negar nuestra vulnerabilidad ante las catástrofes del azar.

Quienes trabajan en las profesiones que brindan servicios de atención de la salud, no deben ocasionar lo que Symonds (1980a) ha denominado una "segunda lesión", la cual se presenta cuando los profesionales no se percatan de cuán vulnerable se encuentra una persona después de haber sido víctima de un crimen. En muchos casos, el individuo no puede expresar sus necesidades al psicólogo, aun cuando, al mismo tiempo, tiene la expectativa de que sean satisfechas. Esto a menudo coloca al terapeuta en la difícil situación de adivinar las necesidades del paciente. Es muy importante comprender que la mayoría de las víctimas no "están bien", aun cuando no puedan reconocerlo, y que tienen una enorme necesidad de comprensión y protección. El terapeuta puede evitar una segunda lesión al crear un entorno en el que la víctima se sienta a salvo para hablar, a la larga, de lo que desea.

Desde el inicio del proceso terapéutico, el psicólogo se esforzará en ayudar a que la víctima recupere la sensación de competencia y el control de su vida. Una causa de la pérdida de estas sensaciones es la avasalladora impresión de impotencia, que debe ser contrarrestada al otorgar a la víctima cierto control de la situación de terapia. Las víctimas son en extremo sensibles a cualquier forma de intrusión, insensibilidad o coerción por parte del terapeuta; en consecuencia, el clínico inteligente tendrá conocimiento del manejo del poder y la autoridad en una relación de transferencia. Al desarrolarse la terapia, el psicólogo adquiere considerable autoridad en la relación y, aun cuando sus intenciones sean benevolentes y humanitarias, debe evitar que la víctima proyecte (en el terapeuta) los aspectos del *abuso* de autoridad del agresor. Si esto sucediera, la víctima podría desarrollar una transferencia neurótica y dependiente, o escapar de la experiencia de terapia. De hecho, los límites habituales sobre los niveles permitidos de interrogatorio en la terapia, no pueden aplicarse a las víctimas del terror prolongado. El psicólogo debe ser muy paciente con la víctima, hasta que se haya establecido una sólida relación, y este proceso puede requerir de varios meses en los casos en que las personas han sufrido traumas intensos.

Durante la fase inicial del tratamiento, el terapeuta debe ayudar a la víctima a comprender que no es la única persona que ha pasado por esa situación, y que sus sentimientos y experiencias son consistentes con los de otras víctimas. El clínico debe tener cuidado de no degradar a la persona ni sugerir que su experiencia fue menos traumática o terrible que la de otro. En vez de ello, la víctima debe recibir ayuda para comprender su conducta durante y después del ataque; la persona necesita estar segura de que respondió (y responde) de una manera normal a una situación anormal, y son muchos los que requieren de la constante afirmación de que son aceptados por el terapeuta. Aunque otras personas no entiendan ni acepten lo que la víctima tuvo que hacer para sobrevivir, es fundamental que el terapeuta lo haga.

Muchas víctimas del terror necesitan repasar, de manera obsesiva, los acontecimientos ocurridos durante su cautiverio, analizar y repetir sus respuestas y lo que hicieron. En esa fase, será útil que el clínico enfoque la atención en el concepto de la supervivencia, es decir, que lo más importante es que la víctima haya sobrevivido a la terrible experiencia. También es aconsejable recordar que la persona podría ser interrogada por quienes tratan de aprehender y condenar al raptor, y es muy posible que sea interrogada por la defensa del acusado. Estos individuos suelen tener muy poca consideración del trauma psicológico provocado por la prolongada agresión; así, la víctima quizá presente dudas y preguntas adicionales sobre sus ideas y respuestas ante el proceso criminal-legal.

Durante el cautiverio, las víctimas hacen cosas que ayudan a sus raptores, y en ocasiones, los defensores hacen hincapié en estos actos ante la corte. El papel del terapeuta es ayudar a la víctima a poner en perspectiva este "segundo ataque", en caso de ocurrir. A veces una víctima no protesta a las acusaciones de obediencia, por sentimientos de vergüenza; por eso, el terapeuta debe preguntar, de vez en cuando y con mucho tacto, si las personas significativas para el paciente comprenden a la perfección lo que la víctima tuvo que hacer para sobrevivir en cautiverio. Como se dijo antes, el mensaje de que la víctima sólo hizo lo necesario para sobrevivir, quizá deba repetirse muchas veces, hasta que sea aceptado.

Otro tema que requiere de investigación con las víctimas, se refiere a las fantasías que pudieron tener sobre los motivos de su captura. Es muy difícil, para la mayoría de la gente, aceptar la *causalidad* de un acontecimiento catastrófico en su vida, y a menudo las víctimas tienen fantasías de que están recibiendo un castigo por sus faltas del pasado. Este tema tiene especial importancia en la exploración de casos donde hubo algún motivo político o social para la agresión. Al analizar las emociones de la víctima sobre el tema, el terapeuta debe ser muy cauteloso acerca de lo que dice sobre el raptor, debido a que la víctima tal vez crea aún que le debe la vida. Es aconsejable no utilizar argumentos lógicos para contradecir a la víctima sobre su concepción errónea; ésta desaparecerá con el tiempo, pero al principio, la persona en crisis necesita de considerable libertad para expresar sus sentimientos hacia el raptor, así como la ira contra el o los protectores fracasados.

Durante las primeras etapas del tratamiento, es muy importante que le terapeuta: 1) adopte una actitud no crítica en la cual la víctima pueda expresar sus emociones libremente; y 2) proporcione al paciente tanta información como pueda asimilar acerca de la realidad de lo acontecido, y de los verdaderos papeles y motivos de los distintos participantes. En muchos casos, la única información sobre lo que sucedía en el "mundo exterior" era proporcionada por el agresor, quien tal vez distorsionaba la información para beneficio personal. Durante el periodo de recuperación, el clínico debe ayudar a la víctima a asimilar y comprender lo que estaba ocurriendo en realidad; esta información es necesaria para la víctima, pero sólo dentro de un contexto que pueda reconocer y aceptar. Si la información es presentada de manera muy directa o precipitada, la víctima podría enfurecer y defender al agresor, con la creencia de que los protectores fracasados tratan de hacer racionalizaciones que justifiquen sus actos.

En muchos casos habrá una relación directa entre la capacidad de la víctima para percibir con exactitud los acontecimientos de la situación traumática y la cantidad de control que haya recuperado sobre su vida. Aun en el proceso de recuperación posterior a un crimen de breve duración, puede ser necesario que transcurra bastante tiempo antes que el individuo pueda expresar ira contra el perpetrador. Sin embargo, como se dijo antes, cuando la ira logra una expresión, debe tomarse como una señal importante en el proceso de recuperación de la víctima. El paciente necesita apoyo para expresar su ira contra el agresor, y el terapeuta puede ofrecerle la seguridad de que esa ira no provocará una venganza.

En pocas palabras, el terapeuta puede considerar el tratamiento de una víctima de terror prolongado como un proceso de dar la bienvenida a un amigo (Symonds, 1980b), en el cual el psicólogo ayuda a dirigir al individuo hacia una perspectiva más sana de sus relaciones con los demás.

Bibliografía

Bard, M., y Sangrey, D. "Things fall apart: Victims in crisis". *Evaluation and Change.* Special Issue: 28-35, 1980.

Burgess, A. W., y Holmstrom, L. L. *Rape: Victims of Crisis*, Bowie, Maryland: Robert J. Brady, Co. 1974.

Fields, R. "Victims of terrorism: The effects of prolonged stress". *Evaluation and Change*, Special Issue: 76-83, 1980.

Lindemann, E. "Symptomatology and management of acute grief". *American Journal of Psychiatry*, 101:141-148, 1944.

Sutherland, S., y Scherl, D. "Patterns of response among victims of rape". *American Journal of Orthospsychiatry*, 40(3):503-511, abril, 1970.

Symonds, M. "Victims of violence: Psychological effects and aftereffects". *The American Journal of Psychoanalysis*, 35:19-26, 1975.

Symonds, M. "The 'second injury' to victims". *Evaluation and Change*, Special Issue: 36-38, 1980a.

Symonds, M. "Acute responses of victims to terror". *Evaluation and Change*, Special Issue: 39-41, 1980b.

CAPÍTULO 11
La mujer víctima de una violación

Consideraciones generales

La violación es un crimen violento y complejo, y es necesario tomar en consideración diversos elementos para trazar el plan de tratamiento para la víctima de una violación. Con mucha frecuencia, terapeutas y consejeros concentran toda la atención, principalmente, en el aspecto sexual del ataque (Amir, 1977; Notman y Nadelson, 1976), y no ayudan a la víctima a resolver otras profundas interrogantes psicológicas que tal vez tuvo que enfrentar durante y después del ataque. La violación es un acto violento que destruye el sentimiento de integridad y competencia personal de la víctima, así como su confianza en los demás; asimismo, la violación es una invasión de la territorialidad de la víctima, debido a que el cuerpo de un individuo es su "territorio".

Los humanos son seres que tienen un profundo sentido de territorialidad: pensemos, por ejemplo, en la sensación de encontrarnos en un elevador, rodeados de desconocidos. Expresamos y experimentamos esta sensación de territorialidad en infinidad de situaciones, y es un impulso tan primitivo que rara vez pensamos, conscientemente, en nuestro "territorio" como tal. Todo individuo posee una región de "espacio" privado que tiene un radio de más o menos cuarenta y cinco a sesenta centímetros, aunque esta distancia varía dependiendo de la cultura. Por ejemplo, los europeos del norte y los norteamericanos tienden a exigir un espacio personal más amplio que los latinoamericanos. En un ataque sexual, la fuente del trauma más profundo es la arrolladora invasión, y la destrucción temporal de esta sensación de límite territorial de la víctima.

Las personas que son víctimas de un robo experimentan un sentimiento similar de violación territorial, aunque en un grado menor. Un ejemplo de esto es el caso de una paciente cuyo apartamento fue robado; aunque los ladrones no se llevaron objetos de valor, al llegar a su casa la mujer encontró que su ropa y sus pertenencias se encontraban dispersas por todo el apartamento y, durante varias semanas, se sintió inquieta en la intimidad de su hogar. El apartamento se había convertido en un espacio "violado", y pasó mucho tiempo para que recuperara la sensación de sentirse segura al volver a casa. Este sentimiento, con una intensidad cien veces mayor, podría describir el estado anímico de una persona violada; porque no sólo sufrió una invasión de su espacio, sino que la piel misma "el límite último del territorio corporal" también ha sido invadida. Hay pocas ocasiones en las que el cuerpo es sometido a una penetración involuntaria y éstas son un apuñalamiento, una herida de bala o una violación.

Para comprender mejor la violación y otras formas de ataque sexual, es importante entender que la sensación de integridad de la víctima queda destruida temporalmente; los sentimientos elementales de integridad física, fortaleza y autocontrol desaparecen y, en consecuencia, la persona pierde confianza en su capacidad para negarse, decir que no. La mayoría nos sentimos lo bastante seguros, interiormente, para pensar que si decimos: "No quiero que hagas eso", o : "Déjame en paz", la persona a quien damos la orden obedecerá; esto es algo que aprendemos desde los dos años de edad, durante la etapa de descubrimiento del vocablo "no". Empero, de pronto, en la edad adulta, el intento de una mujer para contener a un atacante es ineficaz; en ese momento fue impotente. En el caso de la víctima de una violación, esta sensación de impotencia acaba con su sentimiento de ser capaz de interactuar con los demás y tener cierto control sobre su vida.

Como se dijo antes, el ataque sexual puede lesionar, de manera muy profunda, la confianza de la víctima en quienes la rodean. Estas suposiciones de confianza son el fundamento de las relaciones personales y la sociedad misma. Muy pocas personas toman conciencia de la medida de la confianza implícita que depositan en los individuos con quienes comparten sus relaciones sociales; todos suponemos que nadie nos lastimará de una manera intencionada. Pero luego, en un terrible momento, la víctima se percata de que siempre ha sido vulnerable a los demás.

Aunque el ataque sea sexual, la víctima no presenta heridas físicas especialmente importantes, pues las lesiones más graves se encuentran en el invisible plano psicológico. Estos efectos psicológicos, sumados al ataque físico, dejan a la víctima en un profundo estado de choque. Los autores consideran que, desde el punto de vista clínico, es importante establecer una marcada división entre las dos principales etapas del proceso postraumático —de allí la utilidad del ciclo de respuesta y recuperación del trauma, que describe dos procesos diferentes que están señalados por la liberación de la víctima de manos de su agresor (vea el Capítulo 10).

Las víctimas tienen necesidad de preguntar: "¿Por qué?"; es decir: "¿Por qué ocurrió esto?", "¿Por qué a mí?", "¿Qué daño causé?" Por ejemplo, aun en el caso de la mujer que se encuentra sola en su casa, dormida en la cama, cuando alguien invade su hogar y la viola, amagándola con un cuchillo, es muy probable que la víctima se pregunte por qué le ocurrió algo así. En esencia, los seres humanos son criaturas racionales y necesitan una explicación lógica para las situaciones que enfrentan, en particular algo tan traumático como un ataque sexual. La mayoría tenemos principios religiosos y creemos, por lo menos, en el destino o alguna forma de juicio divino, hecho que serviría para explicar el cuestionamiento que se hace la víctima: "¿Por qué me castigan?", o: "¿Qué hice para merecer esto?".

Si antes del ataque la víctima hizo algo, como a menudo sucede, que le ocasiona culpa o remordimiento, podría concluir que el ataque fue una forma de castigo por su acción anterior. Un ejemplo de esta clase de interpretación errónea es el caso de la adolescente víctima de una violación, que se expone a continuación. La joven estaba reacia a aceptar tratamiento, pero sus padres insistieron debido a lo anormal de su conducta; la víctima no quiso informar de la violación, aun cuando el violador la golpeó de manera brutal. Manifestaba una extraña resignación ante la violación y no cooperó con la policía cuando los progenitores informaron del acontecimiento. La joven se negó a dar una descripción del violador o a mirar las fotografías de los sospechosos, a pesar de que dijo a sus padres que pudo verlo con claridad. Después que el terapeuta atendió a la chica durante algún tiempo, descubrió que, hasta un año antes de la violación, pasó por un periodo de acting-out de dos años de duración. En esta etapa estuvo relacionada con "malas" amistades, fue sexualmente promiscua y experimentó con drogas; sin embargo, durante el año previo al incidente, dejó de frecuentar a sus "malos" amigos y no volvió a utilizar drogas. No obstante, tenía la creencia intuitiva de que ése era el castigo de Dios por haber sido una "mala chica" en el pasado. Una vez que esta idea fue descubierta y analizada con sus padres, pudo superar con éxito la experiencia de la violación con la ayuda de una terapia individual y familiar.

Todos vivimos con problemas, temores y tristezas, pero casi siempre existen un orden y una razón subyacente en nuestras vidas, y de pronto se desarrolla un acontecimiento inexplicable y devastador, un acontecimiento que va más allá del alcance de nuestro contexto conceptual. Como muchas agresiones sexuales son perpetradas por desconocidos, dichos ataques son (desde el punto de vista de las víctimas) situaciones que ocurren al azar; de hecho, habitualmente son "crímenes de oportunidad" (por ejemplo: "La ventana estaba abiera"; "Caminaba por la calle sin sospechar que corría peligro"; "Conducía su auto y cuando se detuvo en el semáforo, con la puerta del pasajero sin seguro, un hombre armado se metió en el coche"). Así, es inevitable que lo azaroso de una situación como éstas provoque cuestionamiento sobre el destino y su injusticia.

Las víctimas de una violación, como las víctimas de otros crímenes violentos, experimentan un estado semejante al del duelo agudo, debido a su profunda pérdida psicológica (Lindemann, 1944). Necesitan pasar por el ciclo de recuperación que abarca el estado de choque, depresión, los cambios de humor, la ira, la actitud filosófica y, por útlimo, el "dejar en paz". El orden de estas etapas puede variar un poco, pero es, en esencia, un proceso unificado. Este ciclo implica los mismos procesos dinámicos que permiten reconstruir el yo después de cualquier desgracia personal o un trauma devastador.

Técnicas terapéuticas

Cuando empezamos a trabajar con las víctimas de una violación y su familia, a menudo adoptamos una conducta más directiva y educativa que la utilizada con otros pacientes. La justificación de esto es que la víctima suele necesitar información básica, alguna respuesta a las preguntas que le asaltan, y que alguien la tranquilice asegurándole que no se ha "vuelto loca" y que sus interrogantes son razonables. Por ejemplo, muchas víctimas derivan beneficios de una explicación sobre los mecanismos de defensa del yo, de la forma como se adquieren dichos mecanismos y cómo funcionan. Una vez que el choque emocional desaparece, la víctima tal vez tratará de utilizar alguno de estos mecanismos como elemento fundamental del ciclo de recuperación. El objetivo de esta clase de explicaciones es que la mujer recupere cierta perspectiva de la totalidad del proceso, y que sus seres queridos entiendan mejor lo que está ocurriendo en el interior de la víctima —aun cuando ella misma no pueda explicarlo.

Muchas víctimas no se dan cuenta de que se encontraban en estado de choque al ser violadas o atacadas; en consecuencia, tal vez experimenten algo de culpa o interpreten mal una conducta aparentemente extraña en ellas. Esta duda puede expresarse en preguntas como: "¿Por qué no luché?" Algunas víctimas describen el ataque en estos términos: "Fue como si estuviera bajo el agua"; "Ni siquiera pude hablar". Muy a menudo la víctima de una violación dirá algo parecido y luego describirá un sentimiento de culpa ante su incapacidad para luchar. Una buena manera de resolver esta culpa es explicar a la víctima que, debido a que se encontraba en estado de choque durante el ataque, fue incapaz de luchar —o aun de darse cuenta de la hora que era.

El caso descrito a continuación servirá para ejemplificar la cantidad de apoyo e información necesarios, así como para describir los problemas que pueden surgir si no se ofrecen explicaciones relevantes a la víctima. Una joven que fue violada por un hombre que entró a su apartamento mientras ella dormía, fue enviada por la policía al Centro después de un grave intento suicida. La mujer había estado en terapia con anterioridad, durante más o menos un mes, con un terapeuta no directivo que, aunque competente, no había recibido el entrenamiento ni los conocimientos necesarios para atender a esta clase de personas. Durante el curso de una terapia no directiva, la mujer expresaba ideas como: "No entiendo por qué, cuando me violaron, no pude luchar; fue como si todo formara parte de una extraña pesadilla". El terapeuta solía responder con nuevas preguntas como: "Bien, ¿por qué supone que no luchó?" Al hablar de esta manera, el terapeuta, sin saberlo, depositaba la responsabilidad de la violación en los hombros de la víctima, en vez de ofrecer una sencilla explicación del estado de choque emocional y la forma como éste afecta la capacidad del individuo para responder a los acontecimientos.

Al finalizar el mes de terapia, la mujer trató de suicidarse porque, como ella misma lo expresó: "Si hubiera sabido por qué no luché, se lo habría dicho [al terapeuta]. Empecé a creer que la violación fue culpa mía; me sentí tan insignificante que no quise seguir viviendo". Una violación o cualquier ataque violento no es la clase de acontecimiento en el que la víctima pueda reflexionar con calma o analizar lógicamente. Por el contrario, se trata de una absoluto dominio del terror durante el cual el instinto primario de la víctima es el de supervivencia (Burgess y Homstrom, 1974; Sutherland y Scherl, 1970). Una víctima necesita que alguien le explique lo que sucedió y por qué respondió como lo hizo.

Como la intervención inicial, nuestra estrategia fue explicar el estado de choque emocional a la víctima, así como la posibilidad de que hubiera bloqueado algunas partes de lo acontecido. También describimos los mecanismos de defensa básicos, como represión, negación, proyección y desplazamiento, con el fin de ayudarle a recuperar la perspectiva de lo que experimentaba. A veces es más fácil explicar estos mecanismos a la víctima mediante analogías de defensas físicas: por ejemplo, "Igual que su cuerpo tiene defensas contra un dolor psicológico extremo, la mente utiliza estos mecanismos para protegerse".

El terapeuta puede agregar una explicación de otros aspectos del ciclo de recuperación; por ejemplo:

> Todo acontecimiento crucial en nuestras vidas conlleva diversas emociones que necesitamos expresar. El parto tiene gran cantidad de emociones inherentes, un cumpleaños también evoca sentimientos, un divorcio ocasiona fuertes expresiones emocionales, y del mismo modo la violación tiene un tenso componente emocional. No importa qué clase de acontecimiento sea, siempre es necesario resolver las emociones relevantes.

Algunos de los cambios de personalidad que experimenta la víctima, como crisis de depresión, ira, o ataques repentinos de euforia y energía, representan esfuerzos de la mente para olvidar el acontecimiento traumático. Una víctima debe ser instada a no combatir estos importantes procesos, aunque algunos crearán fuertes barreras a la expresión de los sentimientos pertinentes al ataque por diversas razones. Por ejemplo, algunas víctimas de violaciones tienen dificultades para expresar la profunda ira que sienten contra el propio violador (Hilberman, 1976, p. 47).

Como se mencionó en un capítulo previo, muchas víctimas tienen la necesidad de demostrar que se encuentran "bien"; para ellas, reconocer sus sentimientos y el hecho de que no están bien sería, según la lógica del pensamiento mágico, una manera de permitir que el agresor "sepa" cuánto las ha lastimado. Otro motivo por el cual muchas víctimas se niegan a manifestar sus emociones y resolver el proceso de duelo es que están preocupadas por las posibles respuestas de amigos y parientes (Silverman, 1978). En muchos casos, la familia y los amigos de la víctima manifiestan el intenso impulso de desear que "nada hubiera ocurrido", o de pensar: "Vamos a olvidarlo todo". La gente suele ser muy comprensiva y compasiva cuando se trata de la necesidad que tiene un individuo de hablar de sus lesiones físicas, pero a menudo domina la impaciencia o la falta de comprensión (y aun la crueldad) cuando la víctima desea manifestar sus invisibles heridas psicológicas. Los parientes de la mujer violada también pueden expresar una obsesiva preocupación por el estigma social o "lo que pensarán los vecinos"; por esta causa, a menudo se muestran insensibles a sus necesidades. El concepto de una herida psicológica invisible es muy complejo para el entendimiento de muchas personas, no obstante esta clase de lesión puede ser más grave y duradera que la física, y también requiere de un proceso de curación.

Cuando la víctima de una violación inicia la fase de ira del ciclo de recuperación (vea el Cuadro 2, Capítulo 10), podría derivar beneficios de una explicación del mecanismo de defensa denominado desplazamiento, en el cual la ira es descargada en otro objeto más "seguro". El terapeuta debe explicar esta forma de defensa diciendo a la víctima que, durante algún tiempo, tal vez no quiera ser "agradable" con los hombres —o incluso acercarse a ellos—, porque fue terriblemente lastimada por un varón. Alguna versión del siguiente comentario podría ser de utilidad: "Tiene derecho a estar furiosa por lo sucedido, y es posible que algo de esa ira sea proyectado en su padre, un hermano, algún amigo u otra persona que sea igualmente 'segura'". Es conveniente recordar que la víctima también puede abrigar un resentimiento inconsciente dirigido contra el marido o el padre, por "no haber estado allí" para protegerla. El terapeuta deberá ayudarla a equilibrar su deseo de desahogar la ira contra la necesidad de mentener las relaciones masculinas más significativas de su vida. Además, el terapeuta deberá explicar a estas otras personas significativas (padre, marido, amante, tío o hermano) que la víctima tal vez desplace algo de su ira hacia ellos como parte del proceso de recuperación, y que esta respuesta natural, si se resuelve de manera adecuada, desaparecerá con el tiempo. Asimismo, es aconsejable presentar este concepto a todas las personas importantes en una sesión especial en la que la víctima no se encuentre presente, para que todos tengan la posibilidad de expresar sus emociones (Silverman, 1978).

Después de una violación pueden trascurrir entre seis y dieciocho meses de terapia para que la víctima empiece a superar el trauma y recupere la confianza y su autoestima. La duración habitual del tratamiento necesario varía entre seis y diez meses. En este sentido, es importante observar que suele hacerse la equivocada suposición de que la víctima de un ataque sexual es una persona que tiene muy pocos problemas adicionales y, necesariamente, cooperará muy bien con el tratamiento. Es muy posible que la víctima tuviera muchos otros problemas personales importantes antes del ataque, por ejemplo, tal vez sea miembro de una familia infeliz y disfuncional, o quizá se encontraba atrapada en una terrible relación matrimonial; el ataque sexual podría interactuar y acentuar esta clase de problemas preexistentes (Silverman, 1978). Además, cada vez contamos con más pruebas de que las mujeres que sufren de crisis existenciales pueden ser más susceptibles de convertirse en víctimas de una violación, debido a que sus pensamientos están más enfocados en la problemática interna que en la seguridad exterior (Hilberman, 1976, p. 63).

La familia de la víctima puede ser de gran ayuda como fuente de apoyo, o crear problemas adicionales. Además, es importante conocer el sistema social en que vive la víctima y obtener todo el apoyo posible del mismo. Amigos y parientes pueden ayudar en el proceso de recuperación u ocasionar que el ataque se convierta en una enfermedad crónica y nunca hablar de lo acontecido. La familia tiene que entender que *una víctima necesita hablar, pero sin que la obliguen a hacerlo*. Una razón para que las personas más cercanas acepten esta necesidad de hablar, es que muchas veces el impulso natural es no escuchar el relato de los terribles detalles una y otra vez. Sin embargo, si pueden percibir la importancia de permitir que la víctima hable del ataque muchas veces, ella percibirá a los que la rodean como individuos más comprensivos. A veces una víctima necesita comunicar a sus seres queridos los detalles más espantosos porque, de manera simbólica, pide a un ser querido que le asegure que, a pesar de todo lo ocurrido, todavía es digna de recibir amor. En contraste, otras víctimas no quieren comunicar a las personas más cercanas los detalles de la violación. En cualquier caso, la tarea del terapeuta es descubrir y respetar los deseos de la paciente.

Cuando se inicia la terapia con una víctima es aconsejable no hacer preguntas sobre los detalles de la violación; esta recomendación se aplica, en particular, a los varones terapeutas. La mujer ha tenido que repetir su historia muchas veces ante diversas personas; a la larga, cuando aprenda a confiar en su terapeuta, hablará del ataque en gran detalle.

Diana Sullivan Everstine y Louis Everstine

De hecho, como se dijo antes, algunas víctimas de violaciones necesitan repetir la descripción de lo ocurrido varias veces. El terapeuta puede decir a su paciente algo así: "No necesito conocer los detalles de lo que le hicieron, pero podemos hablar del asunto si usted quiere. Cuando tenga la necesidad de hablar de ello, puede decirme lo que quiera... Sin embargo, no deseo presionarla a hablar del tema antes de tiempo, u obligarla a decirme algo que le haga sentirse incómoda".

Es importante no persuadir a la víctima de que haga o diga algo que no quiera manifestar, sino comunicarle el mensaje de que la primera tarea del terapeuta es ayudarla a restablecerse y recuperar su sensación de integridad personal e independencia. Este consejo parece contradecir la sugerencia anterior de una conducta directiva, pero en realidad hay una diferencia entre la dirección y el apoyo (ofrecer una clara explicación de los procesos psicológicos que la víctima experimenta) y obligar a una persona a resolver pensamientos que todavía no puede encarar. Debido a que las víctimas de delitos sexuales fueron obligadas a realizar actos contra su voluntad, es fundamental que no suceda la misma clase de coerción durante la terapia, para así establecer una firme relación de confianza. Ante todo, la mujer necesita recuperar la sensación de que controla su vida; por ello, en la terapia es importante que ella sea la que establezca el ritmo de trabajo (no el terapeuta) para así recuperar cierta medida de control dentro del contexto de la relación terapéutica. Muchas de las intervenciones asertivas que el terapeuta podría realizar con otros pacientes, son incorrectas en el tratamiento de la víctima de una violación.

A veces, durante la psicoterapia, es necesario "confrontar" a un cliente, mas esto debe evitarse con la víctima de una violación. Por ejemplo, el terapeuta podría decir: "Creo que debe aceptar la posibilidad de que evita manifestar algunas emociones que necesita expresar, pero no voy a obligarla a hacerlo". Algo que sucedió durante un caso real de terapia con una víctima ayudará a esclarecer el punto. La mujer estaba en psicoterapia y se habían realizado algunas sesiones de hipnosis para ayudarla a identificar al hombre que la había violado.

Un día, antes de la tercera sesión de terapia, llamó a la oficina y pidió una cita con el terapeuta, de inmediato. Cuando la paciente llegó, resultó evidente que se encontraba en un estado de profunda agitación y, al preguntarle qué había sucedido, rompió a llorar sin control. Unos días antes, un amigo la llamó por teléfono y le pidió que lo acompañara a un encuentro de grupo ese fin de semana. La paciente no quería confesar al amigo lo de la violación, así que respondió: "No gracias", y agregó que no tenía deseos de salir ese fin de semana, y luego se despidió. Más tarde, esa noche, el amigo volvió a llamar y repitió el ofrecimiento. Esta vez lo hizo con mayor determinación e insistió en que la experiencia de grupo sería positiva para ella y argumentó que debía cambiar de parecer. Cuando la mujer volvió a negarse y él persistió en su acoso, ella colgó la bocina. La mujer expresó que fue sincera en su renuencia a comunicar a ese amigo lo de la violación (de hecho, en ese momento no podía hablar del asunto con otra persona que no fuera el terapeuta). Por último, el amigo llamó por tercera vez, como a las 12:30 a. m. Estaba muy agresivo y dijo que la mujer era una cobarde por no querer acompañarlo. Esta vez, medio dormida, la paciente respondió sin pensar: "Déjame en paz; acaban de violarme", y colgó el teléfono con violencia.

Después de ese incidente, le pareció que la habían violado por segunda vez. Sollozaba al concluir el relato: "No quería decírselo... pero él me persiguió y me persiguió, y tuvo que hacerlo. Fue como si me violaran de nuevo... ¿Acaso he perdido el control por completo? ¡No puedo negarme a nada!" Este ejemplo ilustra la importancia que tiene, para las víctimas, el restablecimiento de su capacidad para decir que no y sentir que pueden controlar sus vidas una vez más.

Algunas víctimas que se resisten tal vez necesiten abandonar la terapia durante algún tiempo, aun cuando no hayan resuelto por completo su trauma. El terapeuta puede solucionar el problema diciendo: "No me parece que haya asimilado por completo sus sentimientos hacia lo ocurrido, y creo que hay otros problemas que necesita superar. Pero si quiere interrumpir el tratamiento por ahora, no hay problema. Si decide regresar después de un tiempo, puede hacerlo si lo desea, pero no voy a insistir en que vuelva". La mujer agradecerá que el terapeuta respete su decisión en este sentido; la mayoría regresa a terapia, casi siempre en dos o tres meses.

Un ejemplo de lo que acabamos de exponer fue el caso de una joven que trató de volver a trabajar al día siguiente de haber sido brutalmente violada, golpeada y sodomizada. Se encontraba ya en la oficina, pero de inmediato le asaltó el deseo de correr a esconderse en el baño de mujeres durante 20 minutos, y luego regresar a casa. Experimentó la enorme necesidad de demostrar ante sí —y los demás— que se encontraba bien; se había negado a llorar o demostrar emociones negativas, con la idea de que si se permitía manifestar lo mucho que sufría, daría al violador la satisfacción de saber, simbólicamente, que la había lastimado. En terapia, se resistió a expresar sus emociones durante mucho tiempo y, por fin, decidió abandonar el tratamiento. Al hablar de su decisión, el terapeuta le dijo que se resistía a resolver algunas emociones y que podría volver cuando quisiera.

Cuando reinició el tratamiento, cuatro meses después, durante la primera sesión dijo que ya estaba preparada para hablar de sus sentimientos. A lo largo de la primera serie de visitas, reveló que había luchado sin descanso para sobrevivir a cada día; si la hubieran obligado a manifestar lo que sentía, cosa que el terapeuta podría conseguir sin dificultad, habría salido del consultorio para nunca volver, porque eso hubiera sido otra forma de ataque. Permaneció en terapia durante cinco meses en esa ocasión, y resolvió con éxito los conflictos emocionales y sexuales que antes se negó a reconocer.

Factores sexuales en una violación

Es importante reconocer que una violación no es un encuentro sexual habitual; por el contrario, se trata de un acontecimiento en el que una persona resulta lastimada por otra *a través del sexo*. Así pues, se trata, esencialmente, de un ataque, Por supuesto, en la mayor parte de los casos el violador se encuentra en un estado de excitación sexual al cometer la violación, pero lo que lo motiva al acto no es el deseo sexual, sino un impulso para lastimar a la víctima. El deseo de humillar o destruir es lo que ocasiona la excitación. Muy a menudo, los violadores consuetudinarios se vuelven cada vez más violentos al perpetrar el acto, entregándose tanto al ataque contra la mujer como al acto sexual; además, no es extraño que un violador presente problemas para tener una erección hasta que ha lastimado a la víctima, o la ha obligado a hacer algo extraño o humillante, es decir, cuando el violador ve que el rostro de su víctima se ha desfigurado por el dolor o el asco.

En algunos casos, una víctima que ha sido obligada a realizar actos en extremo degradantes se mostrará reacia a contar a otras personas, incluso la policía, los detalles de lo ocurrido. Por ejemplo, es posible que la víctima haya sido interrogada varias veces por el oficial investigador o el fiscal de distrito y sin embargo, sólo cuando se encuentra ante la corte y bajo juramento revela que fue obligada a realizar el sexo oral o sometida a un acto de sodomía. Una posible causa que explica esta renuencia a ofrecer detalles de importancia vital para el caso legal es que la mujer tal vez todavía no ha encontrado a una persona no amenazadora a la que pueda contar su historia con absoluta honestidad. Muchas veces lo que la víctima está dispuesta a revelar al principio difiere de manera notable con lo que dirá después, o cuando se sienta protegida y aceptada por el terapeuta. De hecho, un terapeuta puede descubrir que la víctima sufrió muchas otras cosas además de la violación. Por desgracia, el proceso legal tiende

Diana Sullivan Everstine y Louis Everstine

a desalentar a las víctimas de violaciones que quieren revelar la totalidad de los acontecimientos, en particular porque la mujer es interrogada varias veces por una interminable fila de desconocidos. Sin embargo, en Estados Unidos la actitud de la policía ha cambiado de manera considerable en los últimos años, debido principalmente a que los oficiales han aprendido que un interrogatorio más amable redunda en mayor cooperación de la víctima y más casos resueltos.

En este análisis de los factores sexuales de una violación, será útil esclarecer dos conceptos fundamentales: 1) la "fantasía de violación", y 2) la equivocada idea de que las víctimas de una violación deben reconocer que han "disfrutado" o "sentido placer" con la violación y, por ello, experimentan sentimientos de culpa (opinión respaldada, desafortunadamente, por Whitlock, 1978). Para empezar, la fantasía de verse obligada a realizar el sexo oral es creada y controlada por la mujer que tiene la fantasía (Notman y Nadelson, 1976); es decir, la persona que tiene la fantasía decide quién va a cometer la violación, dónde sucederá y, de manera específica, cuáles serán los actos sexuales a practicar. La consideración más importante es que la mujer que tiene dicha fantasía ha decidido que *ella* quiere ser violada en esta fantasía específica. Duante una violación real, el violador es, tal vez, todo lo opuesto a la persona que ocupa la fantasía de la mujer y, en cualquier sentido, es una criatura tan repugnante como la que puede aparecer en la pesadilla más terrible. Durante una violación real hay verdadero temor y verdadera violencia, no la clase de fuerza imaginaria que una mujer puede incluir en una fantasía controlada. De allí que la violación real no tenga parecido alguno con la fantasía, debido a que el objetivo de la primera es ocasionar dolor físico y psicológico. En vez de buscar placer físico o gratificación sexual, el objetivo primario del violador es causar daño.

Otra interpretación errónea con respecto al concepto de la fantasía de violación es la impresión, compartida por muchos, de que las mujeres disfrutan de ser "tomadas por la fuerza". Esta idea es resultado de los papeles sociales pasivos que las mujeres han tratado de adoptar. Por ejemplo, algunas violaciones han sido perpetradas porque la mujer se limitó a hacer lo que el violador ordenaba, en vez de correr o gritar pidiendo ayuda. Además, surgen muchas malas interpretaciones sexuales entre hombres y mujeres porque éstas, en su infancia, no aprendieron a comunicar que "no" significa, justamente, eso, Cuando un hombre supone que "no" no siempre equivale a una negativa, cuestionará este significado aun cuando lo escuche repetirse por segunda o tercera vez.

Una explicación factible para considerar que la víctima de un ataque sexual tal vez deseó o disfrutó de la experiencia, puede encontrarse en la conducta típica de las víctimas de una violación, antes descrita. La víctima, al preguntar cosas como: "¿Por qué me sucedió esto?" y: "¿Por qué me castigan por algo que hice en el pasado?", fomenta esta clase de sospecha sin darse cuenta, cuando en realidad sólo desea ordenar sus pensamientos y recuperar una cierta medida de su autoimagen. Muchas de esas mujeres que interpretan la violación como un castigo, a menudo tienen una personalidad pasiva, de aceptación, que fácilmente puede confundir al observador. En nuestra experiencia, hemos entrevistado o realizado terapias con más de cien víctimas de ataques sexuales, y ninguna de estas mujeres disfrutó de un momento de la experiencia, en sentido alguno

El proceso de la justicia

Aunque la víctima es quien decide si debe o no informar de la violación, a menudo instamos a una mujer a hacerlo, por varias razones. Ante todo, sabemos que pocos violadores actúan así una sola vez; lo habitual es que repitan su crimen y hay muchas probabilidades de que las violaciones subsecuentes sean cada vez más violentas. Cada caso ulterior plantea la posibilidad lógica de que el violador haya violado en el pasado, y cualquier prueba que proporcione una víctima reciente puede ser la información que hace falta para aprehender al violador o reforzar un caso ya existente, pero débil, en su contra. Además, el informe de la violación a la policía y solicitar justicia de la sociedad, tiene cierto valor simbólico para la víctima. En el proceso de recuperación no debe pasarse por alto la importancia simbólica del informe, aun cuando muchos hayamos olvidado la importancia simbólica o la conducta ritual en nuestras vidas. En el caso de un ataque sexual, aun si el violador no es capturado o escapa del sistema judicial por algún medio, la víctima sabrá que hizo lo que pudo para resarcirse del daño que le ocasionó. Por último, si la mujer puede ver que el hombre que la violó encara a la justicia, esta experiencia le ayudará durante la recuperación y le permitirá sentir de nuevo que su vida tiene un sentido.

Si el atacante es condenado, la mayoría de las víctimas experimentan una profunda sensación de alivio y de "conclusión". Cuando un juicio tiene éxito, esto puede convertirse en un acontecimiento simbólico importante que beneficiará al proceso reconstructivo terapéutico de muchas maneras, pues ese éxito sirve para demostrar que hay factores sociales que protegerán y resarcirán a las personas que han sufrido un ataque violento (sin haber tenido que vengarse por sí mismas). Ante todo, la mujer habrá combatido a su atacante y ganado. La mayoría de las víctimas de una violación, con quienes hemos trabajado, informan después que el proceso judicial valió la pena —siempre que el violador haya sido juzgado y condenado. También es importante observar que, en Estados Unidos, quienes trabajan dentro del sistema jurídico criminal (por ejemplo, los fiscales de distrito, agentes de policía y jueces) empiezan a darse cuenta de la importancia de proporcionar servicios de apoyo a las víctimas.

¿Qué sucede cuando un acusado no es condenado? Ésta es una posibilidad que bien podría darse y que debe ser aceptada con realismo. Sin embargo, aunque no hay una condena clara para el cargo de violación, es posible aplicar una sentencia por algún otro cargo, como el de ataque con un arma mortal. En muchas situaciones, esta clase de castigo menor proporciona cierto consuelo a las mujeres, en particular si les permite sobreponerse al papel pasivo e impotente en el que suelen caer muchas víctimas sin darse cuenta. Aun cuando el acusado no sea condenado por acusación alguna, el terapeuta puede asegurar a su paciente que actuó como debía para recuperar el control de su vida al tratar de castigar un crimen. Por último, debemos enfatizar que la persona que comete un ataque rara vez cambia su conducta después de una primera agresión. El caso más reciente tal vez proporcione suficientes pruebas para crear un caso menor que resulte en la posterior condena del asaltante en cuestión.

Si la persona que cometió la violación no es atrapada o castigada, el ciclo de recuperación de la víctima se prolongará y podría acompañarse de pesadillas recurrentes e intenso temor de encontrarse sola, así como del miedo de que el violador vuelva para atacarla una vez más. Durante este periodo de angustia y temor es importante que el terapeuta, al menos al principio, reconozca la necesidad de su paciente de no estar sola y trate de fortalecer la red de apoyo. Es aconsejable, durante la terapia, proceder con lentitud y de manera estructurada, para instar a la víctima a actuar cada vez más por sí sola. Mientras tanto, el terapeuta puede persuadirla de explorar las posibilidades prácticas que tiene la víctima para garantizar su seguridad personal y proteger mejor su casa.

La red de apoyo

Si la víctima de una violación tiene una "persona importante" en su vida, como un marido o amante, es aconsejable que el terapeuta programe, por lo menos, una sesión a solas con esta persona. Muy a menudo, durante el periodo de crisis posterior al ataque, se pasan por alto las emociones y necesidades de estas personas. Debido a su dolor y sensación de

Diana Sullivan Everstine y Louis Everstine

impotencia ante la imagen de una ser amado herido, suelen hacer preguntas como: "¿Cómo pudiste permitir que te hiciera eso?" o: "¿Por qué no cerraste con llave la puerta del auto?" Un exabrupto inopinado como éstos puede agudizar el equivocado sentimiento de culpa en la víctima y acentuar sus dudas sobre sí (Silverman, 1978, p. 167). Además, una pregunta acusadora de esa clase, en un momento de crisis psicológica, puede crear un daño irreparable en la trama de la relación. Pocas relaciones amorosas soportan el trauma de una violación. Según una representante de la organización norteamericana *Women Against Rape* del condado de Santa Clara, California, en casi la mitad de todos los casos de violación, la relación amorosa primaria de la víctima suele terminar; empero, muchas de estas relaciones se habrían salvado si el ser amado hubiese recibido la misma supervisión y apoyo durante la crisis, así como durante el periodo de recuperación. En condiciones ideales, el terapeuta organizará dos o más sesiones con la pareja de la víctima y, por lo menos, cuatro sesiones con los dos.

Durante las sesiones individuales con la pareja de la víctima, es importante darle suficiente tiempo para expresar sus sentimientos de dolor e ira ante lo sucedido; es posible que no pueda manifestar estas emociones en presencia de la víctima (Silverman, 1978, p. 167). El terapeuta deberá ayudarle a comprender mejor lo que ocurre en la mujer desde el punto de vista psicológico, explicar el ciclo de recuperación que debe experimentar la víctima para sobreponerse a la violación, y por qué la mujer tal vez se comporta de una manera paradójica. El terapeuta también podría analizar la importancia de no obligar a la víctima a hablar del ataque, porque aunque ella tal vez tiene deseos de hablar, deberá hacerlo cuando esté lista. Aunque la mujer experimenta intensa ira, tal vez no pueda expresar estas emociones durante algún tiempo. Esta aparente falta de sentimientos agresivos en la víctima pueden ocasionar una errónea sospecha (o al menos confusión) en la pareja; el terapeuta debe explicar que tal vez la mujer no pueda expresar ira en ese momento debido a que sus mecanismos de defensa (los procesos psicológicos de recuperación) están por completo dedicados a la reconstrucción del yo.

Durante estas sesiones con la pareja de la víctima, el terapeuta puede ayudarle a resolver algunas de las interpretaciones estereotipadas que se refieren a las víctimas de una violación, como: "Sólo las mujeres malas (o las que lo buscan) son violadas", o quizá un pensamiento sexista como: "¿Y lo disfrutó?" En estas sesiones individuales, la pareja puede aprender a expresar y resolver su propia ira contra la víctima por no haber sido "más cuidadosa". La siguiente fase es ayudarle a ver más allá de los factores sexuales de la violación misma y enfrentar algunos de los problemas más importantes que la mujer necesita resolver —por ejemplo, los de su valía personal e integridad. En este sentido, es aconsejable disuadir a la pareja de tener un acercamiento sexual con la mujer —en un intento equivocado para "deshacer" el ataque poco después de ocurrido. Es necesario informar a la pareja que debe permitir que la mujer sea quien indique cuándo está lista para reanudar su actividad sexual, y aun entonces, la pareja debe proceder con lentitud y delicadeza.

Si la víctima de una violación pretende seguir con el proceso judicial, el terapeuta también debe preparar a las personas significativas para pasar por la experiencia. Durante algunas etapas del proceso, como las audiencias preliminares y el juicio, una mujer tal vez desee que su pareja se encuentre cerca, pero no dentro de la sala porque, para su caso, es importante que describa los detalles de los humillantes o extraños acontecimientos con absoluta sinceridad y precisión, y la presencia de un progenitor, el marido o amante puede inhibir el testimonio. Algunos de los hechos pueden ser difíciles de revelar a la persona amada cuando se encuentren a solas; además, cuando la mujer haga su declaración, es fundamental que conserve la compostura debido a que el defensor aprovechará cualquier oportunidad para desacreditarla al verla titubear o manifestar confusión, y para la víctima sería devastador ver la expresión de dolor, horror o asco en el rostro de un ser querido que escucha su descripción. Los miembros de la familia y la pareja deben también estar preparados para la posibilidad de que la experiencia en la corte pueda estimular lo que las víctimas han descrito como "episodios intercalados", durante los cuales la mujer experimenta (visual y cinestésicamente) un aterrador recuerdo de la violación. Por supuesto, después de concluido el proceso judicial, la víctima necesitará de la continua atención y protección de sus seres queridos.

Los parientes y otras personas que participen del proceso y reciban ayuda para comprender lo que experimenta la víctima, cuáles son sus necesidades y cuál la posible duración del ciclo de recuperación harán cosas menos destructivas como aconsejar a la mujer para que "olvide el asunto". Los amigos y seres queridos tienden a mostrar una conducta inadecuada en estas situaciones: 1) cuando no comprenden lo que sucede, es decir, si no están enterados del proceso de recuperacón; o 2) cuando son pasados por alto o no tienen tiempo para hablar con el consejero o terapeuta para expresar sus emociones. En muchos casos, la pareja podrá expresar su ira antes que la propia víctima lo haga (Hilberman, 1976, p. 38). Por ello, la mujer y su pareja pueden recuperarse emocionalmente del ataque (y los acontecimientos subsecuentes) con diferente rapidez. El terapeuta debe conocer esta posibilidad para que pueda explicar la conducta de la víctima a su pareja y viceversa.

Aunque es fácil comprender por qué un ser amado desea actuar con violencia contra el violador, es fundamental que no lo haga. Debe permitir que el sistema judicial realice su tarea, la cual será un factor muy positivo para la recuperación de la víctima, porque así se dará cuenta de que hay fuerzas que la protegerán cuando alguien trate de atacarla. En este sentido, la mujer tiene la posibilidad de sentir que ha retomado cierto control de su persona.

Bibliografía

Amir, M. *Patterns of Forcible Rape*. Chicago: University of Chicago Press, 1971.

Burguess, A. W., y Holmstrom, L. L. "Rape trauma syndrome". *American Journal of Psychiatry*, 131(9):981-986, septiembre 1974.

Hilberman, E. *The Rape Victim*. Nueva York: Basic Books, 1976.

Lindemann, E. "Symptomatology and management of acute grief". *American Journal of Psychiatry*. 101:141-148, 1944.

Norman, M. T., y Nadelson, C. C. "The rape victim: Psychodynamic considerations". *American Journal of Psychiatry*, 133(4):408-413, 1976.

Silverman, D. C. "Sharing the crisis of rape: Counseling the mates and families of victims". *American Journal of Orthopsychiatry*, 48(1):166-173, 1978.

Sutherland, S., y Scherl, D. "Patterns of response among victims of rape". *American Journal of Orthopsychiatry*, 40(3):503-511, 1970.

Whitlock, G. E. *Understanding and Coping with Real Life Crises*. Monterey: Brooks/Cole, 1978.

CAPÍTULO 12
Suicidio

Etiología de la conducta suicida

Las urgencias psicológicas a menudo originan pensamientos suicidas y casi todo terapeuta se verá en la necesidad de trabajar con muchas personas que amenazan o intentan suicidarse a lo largo de su carrera. En este capítulo se analizan las fuerzas que pueden llevar a una persona a los impulsos suicidas y se sugieren ciertas técnicas que pueden impedir que las amenazas y los intentos se conviertan en actos reales.

Con el propósito de circunscribir los límites de este capítulo, iniciaremos explorando los tipos de suicidio que no se analizarán en él. En primer lugar, no tocaremos los pensamientos suicidas de una persona moribunda, con un mal incurable, una persona que se dice: "En unos cuantos días voy a morir, así que, ¿por qué no matarme yo mismo?". En segundo lugar, no hablaremos del fugitivo de la justicia o del asesino a quien se ha atrapado y que casi con seguridad será condenado a muerte, una persona que se dice: "Voy a ser ejecutado por lo que hice". En tercer lugar, no se intentará discutir los factores causales de suicidio de origen alucinatorio o de fanatismo religioso, por ejemplo, una persona que se dice: "Las voces me ordenan quitarme la vida" o "Es voluntad de Dios que yo me quite la vida de esta manera". En cuarto lugar, no intentaremos analizar los factores causales en el caso de una persona cuyo sistema de valores da un significado positivo a la automutilación o al autosacrificio, por ejemplo, una persona que siente: "Es cosa de honor quitarme la vida", como en el notorio caso de los pilotos japoneses *kamikaze* durante la Segunda Guerra Mundial. Por último esta discusión no abarcará a quienes, convencidos de que existe la vida eterna, consideran que la muerte terrenal es una transición dolorosa, pero necesaria, a los placeres de la eternidad; es decir, el caso de una persona que se dice: "Voy a matarme para poder renacer para la eternidad" está fuera del alcance de esta obra.

Los varios tipos de pensamientos suicidas antes descritos no son raros, pero sí se considera que abarcan toda una gama de excepciones a los conceptos expuestos a continuación. En su mayoría, representan varias formas de pensamiento suicida involuntario, y podría pensarse que la persona que los tiene cede a una fuerza superior que trasciende sus límites de control. Por el contrario, la teoría aquí presentada se concentra en la motivación suicida *voluntaria*, de hecho, el caso de una persona que desea su propia destrucción y toma acción como expresión de su voluntad personal.

Durante muchos años, las teorías prevalecientes de la etiología del suicidio se han relacionado con la visión estándar de los efectos de la depresión clínica. Según ésta, la desesperación que llega a proporciones patológicas se considera un factor causal suficiente de la conducta suicida. La teoría sostiene que cuando se permite que un estado depresivo empeore, pueden tenerse pensamientos para los cuales la única solución es un acto suicida. La visión tradicional sugiere un continuo patológico en el cual el suicidio es una posible extensión del estado seriamente depresivo, es decir:

ESTADO DEPRESIVO ⟶ PENSAMIENTO SUICIDA

Cuando este paradigma se expande para tomar en cuenta el carácter bipolar del estado afectivo maniaco-depresivo, el suicidio se toma como un producto colateral de un cambio extremo en la dirección de la depresión. Si el péndulo del estado de ánimo se inclina demasiado hacia la depresión, el ego de la persona se encontrará en una posición riesgosa, a saber:

ESTADO MANIACO	ESTADO DE BIENESTAR	ESTADO DEPRESIVO	PENSAMIENTO SUICIDA

Esta dinámica prevalece tanto en las explicaciones clínicas como en el pensamiento lego respecto al problema del suicidio. Cuando un médico advierte al personal del ala que una persona hospitalizada tiene "potencial suicida", usualmente esto se justifica por la "extrema depresión" de ésta. El tratamiento correspondiente probablemente incluya una o más de las drogas para "elevar el estado de ánimo". De manera similar, la mayoría de los legos, al enterarse de que alguien se ha quitado la vida, normalmente preguntan: "¿Estaba deprimido?". Y la mayoría de los informes periodísticos de la muerte por suicidio incluyen algún comentario como: "Se pensaba que durante las últimas semanas había estado deprimido(a) por ...".

Los orígenes de esta visión prevaleciente de la dinámica del suicidio tienen profundas raíces teóricas. Freud sostenía la teoría, sugerida primero por Stekel (1910, informada por Friedman, 1967) de que los impulsos suicidas se basan en sentimienos de culpa que emanan del superyó. Stekel propuso que la antigua "ley del talión" ("ojo por ojo y diente por diente") puede servir como explicación del pensamiento patológico de una persona suicida; sostenía que esta ley se aplica básicamente en esta forma:

1) La persona (que más tarde se convertirá en suicida) se forma el deseo de que otra persona muera;
2) El deseo no tiene manera de expresarse;
3) Un deseo asesino es un "crimen" y "el castigo debe ser adecuado al crimen";
4) La persona que formuló el deseo debe cargar con la culpa de haberlo concebido;

5) La culpa sólo podrá expiarse mediante la propia muerte de la persona (ojo por ojo), muerte que sólo podrá ser auto-infligida.

En términos gráficos, en la teoría de Stekel, éste es el proceso que ocurre:

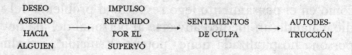

El marco conceptual propuesto por Stekel atrajo tanto a Freud que éste lo incorporó en su totalidad (sin darle crédito por ello) dentro del contexto más amplio de *Mourning and Melancholia* (Duelo y melancolía) (1917). Su única aportación fue añadir el concepto de "melancolía" como una variable de intervención entre la culpa y el acto autodestructivo, es decir:

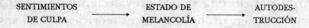

Este esquema conceptual ha formado la base para la mayoría de las explicaciones etiológicas del suicidio durante las últimas décadas.

Desde un punto de vista clínico, es difícil tomar en serio una visión teórica cuya piedra angular es la melancolía, básicamente porque el concepto tiene poca relevancia diagnóstica hoy día. Desde un punto de vista lógico, se prefiere cualquier teoría causal que pueda eliminar una variable de intervención como la melancolía, porque es muy probable que la más sencilla de dos explicaciones sea la correcta. Más aún, la existencia de un estado depresivo (melancolía) puede representar una condición necesaria pero no suficiente para la ocurrencia del pensamiento suicida; si éste es el caso, debe buscarse algún otro factor causal más directo.

¿Tiene una persona que estar deprimida antes de contemplar la idea del suicidio? En el caso de cualquier muerte que se sabe haya sido autoprovocada, ¿fue un estado depresivo uno de los factores de predisposición? ¿Fue el factor principal? ¿Representa un suicidio cumplido el resultado de una depresión mayor que la implicada en un intento de suicidio, y representa éste una depresión mayor que la de un gesto o amenaza de suicidio? ¿Es, de hecho, el estado emocional depresivo una fuerza motivadora del suicidio? Éstas son preguntas clave para la comprensión de la naturaleza de la relación entre el suicidio y la depresión.

Una dinámica crucial del síndrome depresivo es la fuerza del enojo dirigida hacia adentro, hacia el propio ser. Los impulsos agresivos se revierten por no poder dirigirlos abiertamente hacia la persona o personas que los provocan. La persona deprimida se ve impedida de atacar al objeto de su enojo y tiene que dar una expresión masoquista del mismo: el resultado es que la persona enojada cree no tener ningún valor. Quien está deprimido llora con una ira sin sentido y se lamenta repetidamente: "No sirvo para nada". La fuerza tras esta manifestación es la falta (o la percepción de la falta) de expresión externa de la ira. De hecho, el electrochoque —que es todavía el tratamiento preferido para la depresión en muchas partes del mundo— es considerado por algunos como un castigo simbólico de los "crímenes" percibidos de la persona que recibe el tratamiento. Pocos negarían que el enojo es la principal fuente afectiva de la depresión. Pero aún quedan dos preguntas por responder: 1) ¿es la conducta suicida tan sólo una exageración del estado depresivo?, y 2) ¿cuál es la relación del enojo con el suicidio? Aunque durante casi todo este siglo la conducta suicida y la depresión han estado estrechamente relacionadas, en este capítulo se cuestiona esta visión ampliamente aceptada y se presenta un concepto agudamente opuesto de la fuente de la autodestrucción.

En 1938, Karl Menninger publicó un ensayo reflexivo sobre el suicidio, *Man Against Himself* (El hombre contra sí mismo), en el cual fue más allá del axioma de que la depresión es causa de suicidio y analizó otras posibles explicaciones. Expuso tres causas principales de la conducta suicida: 1) el "deseo de morir"; 2) el "deseo de ser muerto"; y 3) el "deseo de matar". La primera es tautológica, la segunda es esencialmente un vestigio del pensamiento de Stekel y Freud, pero la tercera, el "deseo de matar", fue un concepto verdaderamente innovador. Menninger escribió:

> ...las personas propensas al suicidio ... encubren con sus vínculos positivos conscientes grandes y escasamente dominadas cantidades de hostilidad inconsciente (el deseo de matar) [permiten] que el impulso asesino, ahora liberado, se consagre a la persona que lo origina como objeto sustituto, logrando así un asesinato desplazado (pp. 32, 50).

La base teórica del "asesinato desplazado" permaneció sin utilizarse para todo intento y propósito durante muchos años, principalmente debido a que gran parte del pensamiento clínico respecto a la patología se originó en la fórmula intrapsíquica del psicoanálisis ortodoxo. Pero los terapeutas recientes han comenzado a buscar las causas de los desórdenes emocionales en un contexto más interactivo. Este nuevo movimiento de la teoría de la psicopatología fue introducido por Bateson, *et al.* en su pionero trabajo "Toward a Theory of Schizophrenia" (Hacia una teoría de la esquizofrenia) (1956).

Después de la contribución de Menninger, no se dieron desarrollos importantes en el campo de la suicidología hasta el surgimiento del trabajo de Shneidman y asociados. Se observa la huella del concepto de Menninger del "deseo de matar" en esta descripción de Shneidman (1969) de un tipo de suicidio llamado "de pareja":

> ...en el cual la muerte se relaciona principalmente con las necesidades y deseos profundos e insatisfechos ligados con la pareja significativa en la vida de la víctima. Estos suicidios tienen esencialmente ... una naturaleza social y relacional ... el suicidio de

Diana Sullivan Everstine y Louis Everstine

pareja es, fundamentalmente, un suceso interpersonal … Muchos suicidios son de pareja y su naturaleza es básicamente transaccional (pp. 14-15).

De estas nuevas formulaciones provino una visión del suicidio —quizá el más personal de los actos violentos— como otra especie de relación entre las personas.

Una visión interaccional

Librarse de la tendencia de buscar un estado depresivo (u otro estado intrapsíquico) como precursor del acto suicida permite analizar el suicidio y la depresión en nuevos contextos, como veremos a continuación. El enojo sin objeto y que no encuentra salida en la sublimación puede muy bien revertirse hacia el propio ser. Según la lógica, no existe otro medio posible de expresión. Ciertamente, a través de actos y procesos masoquistas, como los desórdenes psicosomáticos y la propensión a los accidentes, una persona puede herirse a sí mismo. O puede permitir que ocurran la debilitación y autoimprecación verbal características de los estados de depresión aguda. Pero incluso este masoquismo es una salida de los sentimientos y un medio de expresarlos abiertamente. Un acto o síntoma masoquista puede considerarse un mecanismo de "exhibición" que opera en un contexto interpersonal. Las lágrimas de la persona deprimida y la piel hinchada de quien padece urticaria pueden considerarse "actuaciones" públicas; a la misma categoría pertenecen las cicatrices en la muñeca de quien crónicamente intenta suicidarse. Estos actos de autonegación y otros parecidos se realizan para manifestar algo, para enviar un mensaje a otra persona. Lo que parece ser un gesto autista se convierte en un intento patético de comunicación.

Cuando se observa un enojo dirigido hacia afuera en un contexto interaccional, podrá verse que se ha formado una relación entre quien actúa en forma exagerada y quien recibe el enojo. Y dado que una interacción se conduce en muchos niveles, del verbal al físico, los dos interactuantes representarán sus papeles en el "toma y daca" del enojo, con tanta sutileza como la establecida en sus relaciones en general. Cada persona posee múltiples métodos de transmitir el sentimiento de "Quisiera que estuvieras muerto", y la forma elegida es la más directa o indirecta de acuerdo con los lineamientos que ya operen en la relación. Estos tipos de mensajes, transmitidos por un cónyuge de uno en otro matrimonio, se ejemplifican en un caso descrito al final del capítulo, en la sección "Un intento serio".

El deseo de la muerte de alguien —aspecto central del principio del talión— tiene una base sólida en la realidad psicológica. Sin embargo, en la imcompatibilidad de ese deseo con el pensamiento suicida encontramos una paradoja: ¿por qué una persona se quitaría la vida en una situación que patentemente clama por el homicidio? En el siguiente diagrama se muestra en forma gráfica esta paradoja:

LA PARADOJA DEL TALIÓN

Deseo matar a X | Me voy a matar

La paradoja se resuelve de esta forma: un suicida llega a la conclusión de que, matándose, podrá lograr mejor, por medios simbólicos, el asesinato de X.

De la premisa de que el suicidio ocurre en un contexto interaccional, se desprenden las siguientes premisas:

1) El suicidio es un suceso que pretende enviar un mensaje de una persona a otra;
2) Existe una persona expecífica que se espera reciba el mensaje del suicidio; el acto suicida se comete por esa persona, por encima de todo; y
3) El principal contenido del mensaje que se transmite es el enojo.

En efecto, esta teoría de la etiología suicida sostiene que el suicidio se comete *hacia* al menos alguna otra persona, con el propósito de transmitirle información. En el caso "ideal", quien recibe esta información se verá forzado a reflexionar sobre ella y a sacar conclusiones al respecto. El impacto final en la otra persona es que ésta debe contemplar, comprender y reaccionar a lo que ha sucedido. La representación simbólica de un suicidio realizado es la "muerte" o la "muerte en vida" de un sobreviviente. A este ser importante se le asigna el papel de quien sobrevive pero que, por poder, ha sido asesinado. De allí que con un solo acto se pretenda cometer dos muertes: una verdadera y una simbólica.

En resumen, un suicida atraviesa estas etapas: 1) desea la muerte de otra persona; 2) se ve impedido de hacer realidad este deseo; y 3) "mata" al sobreviviente por medio de la eficaz técnica de matarse. El sobreviviente se ve forzado a seguir viviendo y su vida quedará marcada en forma indeleble.

En muchos casos de suicidio se logra un proceso de "marcación de la víctima" mediante la conducta simbólica del suicida, conducta que no es menos brutal por su sutileza. Un ejemplo es el caso de un joven de veintitantos años que se mató poco más de un año después del nacimiento de su primer hijo, un varón. El joven no había conseguido trabajo a raíz del nacimiento del niño, pero su esposa sí y se había convertido en el sostén de la familia. Un día, cuando ella estaba en el trabajo y el niño en casa de la cuidadora, el esposo se colgó con una corbata de la barra que sostenía la cortina de la ducha. Murió solo en el apartamento. Él no podía estar seguro de quién lo hallaría y el método que eligió para colgarse fue especialmente cruel: eligió una corbata que su esposa le había regalado la Navidad anterior y que tenía un doloroso significado pues era el único regalo que ella podía pagar en ese entonces. Ella era el "prospecto de víctima".

El propósito del asesinato simbólico llevado a cabo con el suicidio es asegurar que un sobreviviente viva contemplando la tragedia constantemente y cargando con la responsabilidad. Se le condena, en forma póstuma, a prisión perpetua. Si la muerte de una persona "me disminuye" (según palabras del poeta John Donne), es lógico que la muerte de un ser querido me disminuya profundamente, y que la muerte autoprovocada de un ser amado me disminuya totalmente y sin recompensa alguna.

Los procesos dinámicos descritos se basan en la evidencia que comienza a surgir a través de un proceso llamado "autopsia psicológica" (consúltese Shneidman, 1979, p. 161). Irónicamente, los hechos sobresalientes revelados por el proceso de autopsia proporcionan más información sobre los *sobrevivientes* del suicidio que sobre los pensamientos o sentimientos de un suicida antes de cometer el acto. Por ejemplo, Whitis (1968), en "The legacy of a child's suicide" (El legado del suicidio de un niño), estudió los sucesos ocurridos a los miembros de la familia de un niño de 13 años, después de haberse ahorcado éste. Whitis escribió:

> El acto de morir por suicidio es difícil de comprender por parte de los miembros sobrevivientes de la familia y su secuela emocional patológica debe ser algo permanente para ellos ... El suicidio, en apariencia un acto intensamente personal, ha llegado a ser considerado uno con dimensiones interpersonales. Una de las áreas relativamente inexploradas es la respuesta de las personas íntimamente afectadas por este acto (p. 159).

La respuesta en cuestión fue descrita en forma concisa por Shneidman (1979) con estas palabras:

> La verdad sociológica fría es que algunas formas de muerte marcan más a los sobrevivientes que otras y, que, hablando en términos generales, el suicidio es el que impone el estigma mayor en ellos (pp. 150, 151).

La colocación de un estigma por parte de una persona a otra es un acto hostil, directo y deliberado.

El enfoque de autopsia a la investigación de la suicidología fue adoptado por S. E. Wallace, quien estudió a doce mujeres cuyos esposos se habían suicidado. En *After Suicide* (Después del suicidio), Wallace (1973), sacó esta conclusión:

> *El suicidio de un cónyuge es una acción amenazante para la vida,* y produce un dolor más intenso que cualquier otro tipo de muerte. Algunos investigadores lo llaman dolor "complicado" y otros, "agudo" pero, sea cual sea su nombre, su intensidad es abrasadora (p. 229).

Esta descripción puede aclararse sustituyendo la palabra "dolor" por "culpa", como sigue:

- El suicidio de un cónyuge es una acción amenazante para la vida, y produce una *culpa* más intensa que cualquier otro tipo de muerte.
- Algunos investigadores la llaman *culpa* "complicada" y otros, "aguda" pero, sea cual sea su nombre, su intensidad es abrasadora.

Al describir a las doce viudas, Wallace (1973) hizo estas observaciones:

> Para los vivos, la muerte es una pérdida y nuestros tres tipos de viudas sufrieron diferentes tipos de pérdidas. Para los cónyuges que socialmente iban muriendo en vida del otro, la pérdida de la vida del otro ... era deseada, buscada mediante decisiones que, al menos la viuda, y probablemente ambos, habían tomado ... El costo del suicidio para estas ... mujeres fue verse acompañadas por la muerte de aquel de quien ya venían huyendo en vida. El hecho de que la muerte física siguiera a la social que deseaban las hacía temer ser también responsables del suicidio y, de alguna manera, las más fuertes sabían que lo eran (p. 230).

Resumiendo su conocimiento de esta muestra de investigación de mujeres sobrevivientes de la muerte de sus maridos, Wallace (1973) concluyó:

> ...una relación, un status y una manera de ser ... pierden cuando alguien se va de nuestras vidas. La ... persona perdida se lleva

también con ella esa parte de nuestro ser que sólo ella mantenía: nuestro ser que era un hijo, nuestro ser que era una madre, nuestro ser que era un cónyuge (p. 231).

Lo significativo de estos informes de los pensamientos retrospectivos de las viudas, y las observaciones hechas de su predicamento común, es que cada mujer se había *disminuido* con el suicidio de su esposo.

La teoría presentada en este capítulo rectifica el principio del talión cambiando su base dinámica de un mecanismo interno a un proceso de aceptación de la realidad externa. Los sentimientos de culpa interiorizados que previamente se atribuyeron a una persona suicida —y eran considerados una fuerza motivadora— se interpretaban en forma diferente. La culpa se vuelve real y se transfiere de un miembro a otro de la pareja en una interacción. Quien continúa viviendo es implicado palpable y evidentemente en la muerte de quien se ha suicidado. Esta culpa transferida se hace pública sin un juicio y servirá para matizar las relaciones del sobreviviente con otras personas que reconocen la culpa y representan al jurado y al juez a la vez. La víctima-sobreviviente se ve forzada a tener una conciencia intensa de su propia mortalidad y vivirá el resto de su vida preocupada por resolver un enigma. El desenlace de un acto suicida es una reversión involuntaria de papeles del siguiente tipo: el asesinato secreto del suicidio crea, en el sobreviviente, el papel mítico del asesino.

En un estudio serio llamado "My own suicide" (Mi propio suicidio), Arnold Bernstein (1976) analizó por qué seguía vivo y, en el proceso, intentó encontrar entre sus propios pensamientos los de alguien que busca la muerte:

Dado que la persona que comete un suicidio con éxito deja de existir, los únicos seres en quienes su acción puede tener impacto ... son aquellos que lo sobreviven y han estado en contacto con él. Para ellos es para quienes tiene significado el suicidio. Por tanto, nuestro análisis de este acto debe cambiarse, de un examen del muerto, a uno de los vivos. La dificultad que tengo para permitir que otras personas con quienes estoy involucrado se suiciden con libertad significa que no quiero que se maten ¡por el efecto que su suicidio tendría en mí! (p. 99).

Y, desde la perspectiva de una persona que se mató, tenemos estas palabras de la tumba: una nota de suicidio, dejada por un niño de 13 años, terminaba como sigue:

No la voy a matar porque quiero que vea mi cuerpo y se dé cuenta de que porque ella me ha poseído y me ha encerrado, y se ha encerrado, en cajas de cristal, estoy muerto. Quiero que la conozcan por lo que es, una maniaca (informado por Randall, 1966).

El niño se refería a su madre.

El asesino "muere" y el suicidio "mata". Ese tema, en forma de paradoja, impregna el trabajo de Albert Camus, cuya obra *Calígula* (1958) fue la historia, según la descripción de Camus, de un "suicidio superior". El Emperador Calígula asesinó varias veces. Al llegar la tragedia a su conclusión, Calígula fuerza a otros a plenear su asesinato, eligiendo así crear su propia muerte. En la escena final, es atacado y apuñalado repetidamente. Al oscurecerse el escenario, se le oye gritar, en las últimas palabras de la obra: "Aún estoy vivo". Sin embargo, debido a los excesos de su vida asesina, su espíritu había muerto mucho antes. La alegoría de Camus muestra la interpenetración de la vida con la muerte, de los muertos con los vivos. Y la creación de la muerte, bien se trate de la propia o la de otro, es un proceso voluntario.

En resumen, tanto el asesinato en primer grado como el autoasesinato ocurren de acuerdo con un plan, es decir, con premeditación. El motivo de cada uno surge de la relación que se comparte con otra persona, y en ese aspecto, el homicidio y el suicidio son ambos sucesos que escriben el epitafio de un sistema interpersonal. La naturaleza del sistema determina la forma que tome el encuentro final, y el contenido de éste puede describirse mejor como ira. Se tomará una vida, bien sea la propia o la de otra persona. Al final de este capítulo se describe una horrenda tragedia, en la que se perdieron tres vidas, en "Anatomía de un suicidio".

Fue Camus quien escribió: "Existe sólo un problema filosófico serio y ése es el suicidio" (1955, p. 3). La razón es que hace cuestionar el sentido de la vida. Sin embargo, para la psicología, el problema del suicidio es igualmente importante porque es la personificación de la forma más íntima de violencia. En contraste, el acto del homicidio es absurdamente impersonal; significa que "la vida es barata", y el asesinato presenta inexorablemente este mensaje a la opinión pública. El suicidio sirve un propósito muy diferente, el cual es un mensaje privado, dirigido a una audiencia privada, y codificado en un lenguaje privado. Significa que "la vida es valiosa" e implica "mira lo que me hiciste perder". Este mensaje no es menos traicionero por ser simple y directo; y no es menos venenoso por ser privado y personal.

La energía que motiva el suicidio es tan intensa como cualquier fuerza generada por el espíritu humano. Esta intensidad puede sentirse en la siguiente nota, escrita por una mujer de 23 años unas semanas antes de suicidarse ahorcándose (en la nota, "ella" es la madre de la mujer):

...La odio a ella y a toda la gente que no fue capaz de amarme sólo por ser yo. Cuando apenas empezaban a amarme, la conocían y su amor por mí cesaba casi de inmediato. No voy a dejar que ella me quite a nadie más de nuevo. Voy a hacer cualquier cosa, por muy mala que sea, para impedírselo, por muy drástica que sea. No me detendré ante nada (informado por Shneidman, 1980, p. 74).

Esta declaración no es la descripción de un estado interno, ni tampoco un fuego que arda hacia adentro. Al igual que con un impulso homicida, la pasión se dirige hacia afuera y tiene un objeto marcado. La fuente del suicidio es el odio.

En conclusión, los autores creen que la presencia de la depresión es una causa insuficiente de la conducta suicida. De hecho, este sentimiento puede o no ser antecedente del acto en sí. Aunque un proceso intrapsíquico es desde luego un factor en la motivación suicida, es probable encontrar el origen del impulso en una o más de las relaciones de la persona con otros. Para impedir que este impulso se convierta en acción, se aconseja al terapeuta concentrarse en las relaciones significativas del cliente suicida. Un elemento fundamental de este enfoque es la identificación de la "víctima prospecto" del suicidio, como se presenta en la siguiente sección.

Métodos de prevención

Para un clínico, la más leve sospecha de motivación suicida es cosa seria y cuando quiera que el tema surja en el curso de una intervención de crisis o cualquier otro estilo terapéutico, existe una urgencia definitiva. Por tanto, es preferible que el terapeuta o consejero (o, de hecho, un investigador policiaco, o un trabajador social, un cantinero inquisitivo o un perceptivo encargado de un motel) llegue a cometer un error por ser demasiado precavido.

El hecho es que muchas personas con instintos suicidas no exhiben ningún síntoma que se asemeje de ninguna forma a los de la psicosis; más aún, rara vez actúan en forma poco usual y rara vez habrán amenazado con causar daño a alguien. Por estas razones, no concuerdan con la descripción de alguien "seriamente incapacitado", y pocos parecen ser personas "peligrosas para los demás". La única categoría restante que pudiera hacerlos sujetos de un cuidado intensivo de salud mental (es decir, hospitalización las 24 horas del día) es la de "peligroso para sí mismo", y resulta extremadamente difícil fundamentarla con evidencias concretas. Como consecuencia, muchos suicidas que han sido llevados a un ala de pacientes internos por un oficial de policía, un chofer de una ambulancia o un profesional en salud mental a menudo son rechazados negándoseles el tratamiento para sus problemas.

El punto no es que las personas suicidas estén "locas" y deban ser admitidas en hospitales psiquiátricos ante la más leve sospecha de problemas o por el capricho de algún practicante que se haya preocupado por ellas. De hecho, muchas de estas alas tienen poco que ofrecer a alguien que contempla el suicidio, excepto quizá vigilancia durante las veinticuatro horas. La realidad es que un suicida potencial sólo está "incapacitado" en sentido metafórico y es "peligroso" sólo en un sentido que se aborda específicamente en la teoría presentada en este capítulo.

No queremos decir que la persona suicida no tenga necesidades extremas o que su patología sea simplemente una variedad leve de padecimientos. Más bien, estos seres son agudamente vulnerables y capaces de hacer un inmenso daño psicológico a otras personas también. Un caso así requiere la intervención inmediata de un terapeuta o, de hecho, de cualquiera que pueda actuar para salvar sus vidas. Pero, dado que la hospitalización difícilmente será algo más que una "acción de espera", el modelo médico de tratamiento de los síntomas y no de las relaciones interpersonales puede resultar el menos eficaz. Por esta razón, el hecho de que un terapeuta pueda o no persuadir al ala de pacientes internos más cercana de admitir a la persona puede convertirse en un ejercicio inútil. Es una lástima que algunos procesos de psicoterapia continúen durante años antes que el terapeuta haga una pregunta como ésta: "¿Ha pensado alguna vez en suicidarse?", hecho que refleja el profundo tabú social contra la conducta suicida y la considerable amenaza que el pensamiento suicida plantea a la terapia del tipo psicoanalítico, en la cual la transferencia es un componente sumamente importante del éxito.

Por las razones anteriores, la primera recomendación aquí expuesta puede parecer trivial, pero es de importancia primordial:

- No presuma que un cliente no ha pensado en el suicidio; cuando tenga dudas, pregunte; cuanto más pronto se haga esta pregunta en el tramiento, mejor servirá al cliente.

Cuando una persona informe espontáneamente de pensamientos o fantasías suicidas, es correcto tomarla en serio. Aunque quienes amenazan o intentan suicidarse en forma crónica son de los clientes más difíciles, debe recordarse que pocas personas que se matan no han hecho por lo menos una amenaza o un intento previo (Litman, 1976). En efecto, una amenaza o intento de suicidio realizado durante el curso de la terapia es parte vital del proceso terapéutico y la terapia rara vez podrá avanzar en tanto no se confronte y resuelva de alguna manera esta parte de él.

Cuando una fantasía suicida apararece en un contexto terapéutico, su efecto en la *relación terapeuta-cliente* es de incalculable importancia, pues, si el pensamiento suicida está ligado a la relación, uno debe tener cuidado de impedir que la del terapeuta y el cliente se distorsione por este tipo de pensamiento. De hecho, es importante que el clínico no se convierta en sustituto de la original víctima prospecto del suicida. Recomendamos:

- Intente no ser lanzado a la posición de víctima prospecto, aquel a quien se elige castigar con la muerte suicida; esto implicará hacer preguntas, mostrar interés y tomar en serio las fantasías; también requerirá cierta distancia y separación, así como aceptación, sin mostrarse acusador ni enjuiciador.

En el caso de un cliente suicida deben tomarse medidas inmediatas, pero esto no significa que el terapeuta deba permitirse ser atraído al "sistema" del cliente, y bajo ninguna circunstancia debe convertirse en un "actor" simbólico del drama.

Un paso decisivo hacia la intervención con el propósito de impedir el suicidio es descubrir quién es la posible víctima del cliente. Puesto que el proceso patológico que un terapeuta desea interrumpir y reestructurar tiene lugar dentro del contexto de una relación interpersonal, es vital identificar cuál de las relaciones del cliente ocupa el centro de la fantasía suicida. En resumen, su tarea es encontrar una cierta persona marcada para una tragedia potencial.

En muchos casos de amenaza de suicidio, el terapeuta sabrá de inmediato quién es la posible víctima. En otros, esto no será tan obvio y habrá que buscar pistas haciendo preguntas sutiles. No es recomendable preguntar a un cliente, "a boca de jarro", quién sufrirá con más probabilidad por su muerte. Debido al fuerte tabú en contra del suicidio, difícilmente será el cliente quien proporcione al terapeuta detalles francos de una intención asesina. Aunque el terapeuta pueda asumir que el candidato más probable para víctima-prospecto es uno de los allegados importantes de un cliente en ese momento, esta línea de investigación puede llevar a una pista falsa. El pensamiento suicida puede implicar incluso a una persona recordada, o una versión fantasiosa de alguna relación recordada o inventada. Esta supuesta "víctima" surgida del pasado (o esta criatura de la imaginación) puede o no estar representada o personificada por alguien que ahora forme parte de la vida real de la persona. De hecho, la posible víctima puede ser un fantasma, una invención, un espectro o un sueño. Puede tratarse del padre del suicida, muerto 20 años antes. O una persona famosa a quien éste jamás ha conocido. El criterio principal es que el suicida potencial y la posible víctima prospecto están atrapados en una relación, por muy ilusoria que ésta sea.

Esta búsqueda de la persona que es socio, aunque en forma inadvertida, del plan suicida es una tarea principal de la terapia, una vez que se ha introducido el pensamiento suicida. Y para que la búsqueda tenga éxito, la confrontación de la amenaza de suicidio —como ya se recomendó— será considerablemente útil. Es necesario hacer hablar a la persona hasta que revele lo suficiente de la fantasía suicida como para tener claro quién es el receptor del mensaje secreto. Le recomendamos:

- Busque entre las relaciones del cliente, pasadas y presentes, hasta tener claro a quién (o a la memoria de quién) se ha elegido para compartir la responsabilidad de muerte de quien amenaza: busque víctimas por poder y otros objetos sustitutos del enojo.

Cuando se haya identificado a la posible víctima, el siguiente curso de acción será concentrar toda la atención de la terapia en esta relación patológica e intentar desvanecer la ira que ha "calentado" ésta hasta una intensidad fatal. Esto puede hacerse en el contexto de una terapia individual que ya esté bien establecida con el cliente. O puede ser útil implicar en la terapia a la más probable víctima-prospecto, si es que está disponible y dispuesta a ayudar.

A menudo, la persona más importante en la vida de un cliente es quien más se resiste a ayudar en ese momento crítico, pero cuando se trata de la posibilidad de un suicidio, este tipo de resistencia deberá abordarse con firmeza. La siguiente recomendación tiene una importancia obvia:

- Trate la relación patológica, que puede ser una existente o una que se haya dejado sin resolver en el pasado distante; implique a la posible víctima o a la víctima por poder tan directamente como sea posible en la intervención.

Dos procesos patológicos que deben resolverse al trabajar con el cliente suicida son: 1) el odio sin forma y sin nombre dirigido hacia otra persona y sin deseos de desviarlo ni diluirlo; y 2) la falta de medios de expresión siquiera de una pizca de la ira hacia ese posible objeto. Esta última dinámica de futilidad, falta de dirección y exclusión de oportunidad es el foco de infección que invade el pensamiento suicida. La persona con estas inclinaciones vive dentro de una jaula emocional de la cual no hay escape racional y en la que no existe canal alguno de comunicación con el carcelero/opresor. Confrontar al objeto del enojo es elegir una de las dos únicas puertas posibles: la locura o la muerte.

Vale la pena observar que muy pocas personas que se matan son esquizofrénicas en el momento en que lo hacen. Pueden haber estado sufriendo de una psicosis aguda o crónica en algún momento anterior a un intento serio, pero pocos se encuentran en un estado disociativo completo en el momento de la verdad (por ejemplo, cuando alguien intenta convencerlos de que no se echen al vacío desde una gran altura justo antes de su salto). Por el contrario, frecuentemente se describe a quienes se matan como calmados, incluso eufóricos, por las últimas personas que los vieron con vida. Pero "euforia" puede ser un término engañoso en este contexto porque sugiere justo el tipo equivocado de estado emocional. Una persona que ha llegado al punto de decisión final en el camino al suicidio es una efigie de su propio ser. La metáfora correcta es la de alguien cuya imagen se ha tallado en una estatua de metal refulgente, forjada por el blanco color de la ira.

Conforme el pensamiento suicida se va perfilando y el odio maligno hacia alguien se apodera de todo su ser, la persona adquiere una actitud más determinada y resuelta en su esfuerzo obsesivo. Su mirada es más penetrante y su sonrisa más fija. El estado de ánimo general es de distracción —para el observador— porque un suicida está profundamente apegado a sus propios pensamientos, dispuesto a concentrarse en los *medios* y a prepararse para el *momento*. Le recomendamos:

- Cuídese de un esfuerzo por parte de quien ha amenazado con suicidarse por retractarse de esta amenaza o por negar haberla hecho, especialmente después de que la terapia ha empezado a sondear sus implicaciones; cuidado con un periodo aparentemente suave o no emocional en el que un cliente intente hacer a un lado o minimizar el tema de los sentimientos suicidas.

La persona que ha cometido un serio intento de suicidio está en un riesgo considerable de hacer otro potencialmente más "exitoso" en el futuro, y en muchos casos puede darse una fuerte actitud defensiva de negación (o incluso, formación de reacción). Un terapeuta inteligente estará alerta respecto de estas defensas y hará uso de la terapia para ponerlas en perspectiva. Será necesario asegurar que ya no se aplique ninguna de las razones de un intento previo de suicidio.

Aunque el solo tema es desagradable para la sensibilidad (y ofensivo para el código moral) de muchos psicoterapeutas, una amenaza de suicidio puede ser de cierta utilidad para la terapia. Primero, el pensamiento suicida puede ser el tipo más patológico de pensamiento que surja durante una psicoterapia de paciente externo y en ese sentido, puede tener un gran potencial para percibir en forma fresca dinámicas de personalidad previamente ocultas. El cliente puede estar enviando la señal de que un síntoma alguna vez informado era una "pantalla" tras la cual se encubrían sus temores y confusiones más perturbadores. En cierto sentido, el cliente puede estar forzando al terapeuta a abandonar una línea inútil o engañosa de investigación, y puede haber elegido un medio dramático de dirigir la atención a otra parte. De hecho, esta amenaza de suicidio puede representar un desafío oculto para el terapeuta, es decir, una prueba de su sensibilidad a las necesidades del cliente y una herramienta para medir la profundidad de su interés. Dado que, hasta cierto grado, una amenaza es un "grito pidiendo ayuda", con certeza es uno que el terapeuta, más que cualquiera, está obligado a escuchar; y de él se espera la respuesta más sensible.

Por último, el torbellino de la fantasía puede dar una pista importante de las relaciones más caóticas del cliente, presentes y pasadas. El terapeuta debe recordar que tras el pensamiento suicida se encuentra un centro hirviente de enojo y su objetivo es una persona que ocupa un papel principal en el espectro de relaciones del cliente. A menudo encontrará que la naturaleza de una relación así descubierta llevará a la fuente de otra patología que él busca extirpar o sanar. En resumen, una amenaza de suicidio puede representar el tipo de urgencia psicológica que pone en peligro la vida pero que acaba por lograr un resultado benéfico. La amenaza misma puede indicar disposición para el crecimiento psicológico y cuando se le trata adecuadamente, esta urgencia puede muy posiblemente convertirse en un suceso que enriquezca la vida.

Un intento serio

Una noche, alrededor de las diez, se recibió en ETC una llamada de la esposa del gerente de un motel. El mensaje era que allí se encontraba una mujer suicida, con una pistola; el lugar se encontraba a unos tres kilómetros de distancia. La esposa del gerente fue vaga, no dio mucha información y varias veces repitió la frase "No quiero tener problemas". Debido a la falta de información y al informe sobre un arma, decidimos pedir a la policía que se reuniera con los terapeutas a la entrada.

Los dos terapeutas llegaron unos minutos antes que la policía y encontraron a una mujer joven, de unos veinticinco años, inconsciente y tirada sobre la cama de su habitación. Su cara tenía una tonalidad azul blanquecina. La pistola, cargada, estaba a un lado de la cama. El gerente del motel dijo haberla visto en su auto, dentro del estacionamiento, desplomada sobre el volante, desde la una de la tarde. Primero pensó que estaba ebria, pero después se preocupó al ver que no recuperaba el sentido. Cerca de las nueve, la cargó hasta su cuarto y puso la pistola, que había encontrado en el asiento de su auto, junto a ella. Al reflexionar en lo que había visto, se asustó y llamó a la policía, donde le sugirieron que recurriera a ETC.

Dado que la joven estaba muy fría, pálida y apenas respiraba, los terapeutas pidieron al oficial de policía que llamara de inmediato una ambulancia. Después, revisaron las pertenencias de la mujer para descubrir qué droga había ingerido, y pronto hallaron dos frascos de medicamentos con las etiquetas de la receta parcialmente desprendidas. Por fortuna, en una de ellas se alcanzaba a leer el nombre de la farmacia de un hospital de la localidad, al cual se llamó de inmediato. Cuando encontraron las recetas, supimos que la joven había ingerido aproximadamente 15 pastillas de Seconal y 10 de Valium. Esta información fue telefoneada por anticipado al hospital a donde la llevaría la ambulancia. Ésta llegó y la mujer, conocida por el gerente del motel simplemente como "Cheryl Moore", fue trasladada, aún inconsciente. El oficial de policía tomó la pistola y salió para continuar su patrullaje.

Los terapeutas permanecieron en el motel para obtener más informción sobre lo que había instado a Cheryl a intentar suicidarse. El gerente dijo que ella había llegado de otro estado hacía tan sólo tres días; durante ese periodo rara vez salió de su habitación. Su esposa dijo que Cheryl le había confiado que su marido le había llamado el día anterior para decirle que quería el divorcio. Por esta conversación quedó claro que Cheryl había mostrado muchas de las señales de advertencia de un posible suicida. Más tarde, cuando el gerente la vio desplomada sobre el volante de su auto, su razón para no llamar a la policía fue que no quería ser "involucrado".

Al revisar las pertenencias de Cheryl, se encontró una libreta de direcciones con el nombre y el número telefónico de su esposo; el número pertenecía a una base militar cercana. Los terapeutas intentaron, sin éxito, localizarlo y después acudieron al hospital a enterarse de la condición de Cheryl. El médico informó que ésta era grave y probablemente no recuperaría el sentido en uno o dos días. Le pedimos que dejara instrucciones de que la enfermera de guardia nos llamara tan pronto lo hiciera. La mañana siguiente se hicieron varios intentos infructuosos de localizar al marido, cosa que finalmente se logró ya casi al finalizar el día. George Moore se preocupó mucho por Cheryl y aceptó venir a hablar con nosotros tan pronto pudiera salir del trabajo.

Uno de los terapeutas que respondieron a la urgencia inicial se reunió con él durante una hora y media la noche siguiente al incidente. George aclaró desde el principio de la entrevista que, aunque haría todo lo posible por ayudar a Cheryl, no tenía intención de reanudar su matrimonio. En lo que a él concernía, éste estaba absolutamente terminado. El terapeuta le aseguró que no tenía deseaba presionarlo para que regresara con su esposa; de hecho, le aconsejó que, en su intento de ayudarla, tuviera cuidado de no hacer nada que ella pudiera tomar como un gesto de reconciliación.

George dijo que él y Cheryl habían estado separados durante seis meses y que él había pedido su traslado a su base actual esperando que así la separación fuera más fácil para ella. Añadió que su esposa había sufrido varios impactos terribles desde la separación. Primero, su madre, una alcohólica crónica, intentó suicidarse tomando pastillas para dormir; segundo, su hermano, con quien ella tenía una relación extremadamente cercana, se separó de su esposa; y tercero, se acababa de enterar de que su padre estaba muriendo de cáncer. George pensaba que todos estos impactos, experimentados en tan poco tiempo, eran demasiado para Cheryl, quien no era particularmente fuerte. El marido la describió como una mujer con una enorme dificultad para adaptarse al cambio de ningún tipo, quien no podía olvidar sus problemas ni perdonar a nadie que le hubiera hecho mal. Cada vez que habían tenido una pelea (o incluso una discusión), ella recordaba y describía con todo detalle todas las "cosas malas" que él había hecho desde que se conocieron. De hecho, dijo, su hábito de no olvidar "nada" era uno de los problemas que acabó por alejarlo. Al irse, George agradeció al terapeuta su interés y dijo que haría cualquier cosa por ayudar a Cheryl. Aunque el terapeuta creyó que estaba realmente preocupado por lo que pudiera suceder, pensó que sería mejor que la viera lo menos posible.

El otro terapeuta se encontraba en el hospital cuando Cheryl comenzó a recuperar la conciencia. Al irse dando cuanta de dónde estaba, se enfureció y comenzó a jalar el tubo traqueal y la aguja intravenosa antes que la enfermera pudiera detenerla. Repetía y repetía: "Malditos, malditos, ¿por qué tenían que interferir?". Aún tenía muchos sentimientos suicidas pero, como seguía bajo los efectos de los sedantes, pronto volvió a dormirse.

El mismo terapeuta regresó la mañana siguiente a verla y la encontró totalmente despierta. Aunque con grandes dificultades para hablar, puso en claro que estaba muy enojada por la intervención del Centro. Su plan original de suicidio había sido manejar hasta la entrada de la base de su marido y morir allí por efectos de la sobredosis. El propósito al llevar la pistola era dispararle a quien intentara "salvarla". El intenso resentimiento que tenía hacia su esposo surgió en una clara perspectiva. Además. el terapeuta pronto se percató de cuán obstinada y fieramente competitiva era esta mujer. Se tomó la decisión de movilizar estas cualidades en un esfuerzo por despertar su deseo de vivir. El terapeuta redefinió "suicidio" como darse por vencida y "seguir viviendo" como luchar, es decir, demostrar a su esposo que no era tan importante como pensaba. Dado que Cheryl valoraba mucho ser fuerte y dura, gran parte de la sesión se enfocó en este tema: las personas que sobreviven son fuertes y las que se dan por vencidas son débiles. Ella pareció escuchar lo que se le decía y finalmente aceptó hablar de nuevo con el terapeuta al día siguiente.

El terapeuta hizo cinco visitas de seguimiento a Cheryl en el hospital. Durante su estancia, ella decidió regresar a su estado natal, para poder estar cerca de sus padres y familiares y reanudar su carrera como contadora. También se dio cuenta de que la mejor manera de "arreglar" a su esposo o de vengarse no era morir, sino, más bien, crearse una vida exitosa. El terapeuta la refirió a un colega en su ciudad natal y habló dos veces por teléfono con éste para asegurarse de que Cheryl continuaba acudiendo a las sesiones.

Anatomía de un suicidio

En septiembre 17 de 1979 apareció un artículo en el periódico de una gran ciudad de Francia con el encabezado "Un drama atroz" (Luchesi, 1979a). Este artículo, que ocupaba la mitad de una página e incluía una foto de gran tamaño de los tripulantes de una ambulancia que alzaban una camilla cubierta con una sábana, fue seguido por otro, al día siguiente, con el encabezado "El drama" (Luchesi, 1979b). En ellos se narraba la historia de un padre que había matado a sus únicas hijas, dos niñas de seis y tres años de edad, y después se había suicidado.

Una tarde de domingo, Lucien Sardou, plomero de 40 años, cargó seis balas en una escopeta calibre 12 y se dirigió a la habitación donde una de sus hijas dormía la siesta. Le disparó a quemarropa y después fue al cuarto donde dormía su otra hija y le disparó, también a quemarropa. Para entonces, había tirado cinco cartuchos. Llevó a cada una de las niñas muertas a la habitación de él, las puso sobre la cama, se acostó entre ambos cadáveres y se dio un tiro con el cartucho final. Un drama de tipo clásico había llegado a su escena final. ¿Cuáles eran las fuerzas que ocasionaron esta tragedia y cómo se predestinaron la fecha, la hora y el instante? La siguiente es la reconstrucción, a manera de una autopsia psicológica, de la secuencia suicida de los hechos.

Lucien Sardou y su esposa Nicole, de 39 años de edad, habían sido felices durante varios años en compañía mutua y de sus dos hijas, Helene y Anne-Marie, niñas sanas y obedientes. Su padre las quería tanto, según un amigo, que las "mimaba" y las "cuidaba como gallina clueca" cuando eran bebés. Se dijo que cuando eran chicas él "se ocupaba de ellas" como si fuera "una nana, tal vez incluso mejor que una"; de hecho, no dudaba en hacer gran parte del quehacer del hogar para que la madre pudiera tener más tiempo para cuidarlas. También se dijo que, para él, "ellas eran el centro del mundo".

Un año antes, él y Nicole habían comenzado a tener problemas en su relación. Ella, que había renunciado a su trabajo como mecanógrafa para tener hijos y educarlos adecuadamente, decidió regresar a trabajar de tiempo completo. Pronto se dio la separación, al mudarse ella a un departamento del otro lado de la ciudad y llevarse a sus hijas. (Más tarde, explicó que la razón por la que se fue fueron las repetidas amenazas de él de que la mataría.) Con la ayuda de un abogado llegaron a un acuerdo "amistoso" según el cual las niñas vivirían con Nicole pero que Lucien tendría todos los derechos de visitarlas. Siguiendo este acuerdo, Helene y Anne-Marie estaban de visita en casa de su padre el día de su muerte.

Para Lucien, el futuro entrañaba una demanda de divorcio que Nicole pronto presentaría en su contra, acompañada de un fallo de custodia con el cual ella se quedaría con las niñas y controlaría su acceso a ellas. En cierta ocasión, expresó a un amigo su más profundo temor: "La idea de que estas pequeñas pudieran ser criadas ... que pudieran vivir bajo otro techo y quizá finalmente bajo la influencia de otro hombre; para mí, eso sería insoportable". Con estos pensamientos en mente, Lucien Sardou se transofrmó de un padre generoso y sacrificado en un destrozado y autoaborrecible "protector del honor" y defensor de los derechos paternales. De alguna manera él les había fallado a sus hijas, pero sólo porque su madre —su esposa— le había fallado a él. Lucien pudo proyectar su enojo a una fuente más allá de sí mismo y de las propias niñas. Su enojo podía concentrarse, en toda su fatal pasión, en la madre de ellas y la esposa de él.

En 1976, el negocio que empleaba a Lucien se declaró en bancarrota, y algunos dijeron que esto había tenido muy mal efecto en su estado de ánimo. La combinación de estas preocupaciones y de sus crecientes dificultades maritales, según las palabras de un conocido, lo "lanzó a la depresión", y estuvo hospitalizado en un pabellón psiquiátrico durante aproximadamente cuatro meses. Lucien escribió cartas narrando sus pensamientos suicidas recurrentes pero nadie le creyó a este aparentemente devoto padre y dócil marido. Después del suceso, un vecino hizo estos comentarios: "Sabíamos que Sardou tenía grandes problemas y que a menudo hablaba de suicidarse, pero en general, la gente pensaba que la educación de sus hijas, a quienes él dedicaba casi todo su tiempo disponible, lo haría disuadirse de ese terrible plan". En lo que a los vecinos respecta, mientras Lucien Sardou "aún amaba profundamente a su esposa", continuó siendo un "padre modelo" y con relación a las niñas, era "la persona que más las amaba en el mundo".

Llegó un día en que estas expectativas, deseos, esperanzas y promesas se redujeron a cenizas y a silencio. Helene, de seis años de edad, esperaba con ansia la visita dominical de su padre, pues acababa de aprobar una difícil prueba de lectura y ya estaba calificada para entrar a primer año de primaria. Quería darla la buena noticia e insistió en que su madre les permitiera visitar a su padre en su apartamento. Al mediodía de la fecha en cuestión, Lucien Sardou invitó a sus vecinos a tomar una copa con él en su casa. De acuerdo con esta pareja, que se consideraban buenos amigos de Lucien, él parecía relativamente "relajado" y cuando intentaron descubrir cuál era su estado mental actual, él aparentó haber recuperado la "esperanza" anunciando que planeaba consultar a un abogado el día siguiente para que lo asesorara en la batalla de la corte.

Tres horas después de salir del apartamento de Lucien, estos vecinos se asombraron al descubrir en su puerta un pedazo de papel con una enigmática nota, escrita por Lucien

Diana Sullivan Everstine y Louis Everstine

y que únicamente decía que él, Lucien, planeaba hacer dos llamadas telefónicas la mañana siguiente. Intrigados y ansiosos por descubrir las razones de lo que no entendían, regresaron y tocaron la puerta. Siguió un largo silencio. La puerta no estaba cerrada con llave; de hecho, las llaves estaban en el piso, justo junto a la puerta. Con precaución entraron en la impecable casita y, al ver a los tres cuerpos sobre la cama, su horror fue inenarrable.

La policía no pudo encontrar a Nicole Sardou, pero al caer la noche ella llegó al apartamento a buscar a sus hijas y, al saber lo sucedido, quedó postrada por el dolor. En el artículo publicado el día siguiente, se le citó como sigue: "tuve una terrible premonición, pero no pensé que algo como esto pudiera suceder, especialmente no a las niñas". El hecho de que Lucien había dejado una nota en su casa fue debidamente registrado en el relato periodístico, pero en ella simplemente describía lo que iba a suceder, y sucedió; de cualquier forma, es poco probable que cualquier cosa que hubiera escrito aclarara lo inexplicable.

El reportero concluyó su triste tarea con sensibilidad, mostrando que pensaba solamente en las niñas: "Dos vidas fueron sacrificadas como precio por un conflicto entre adultos, de quienes ya eran las víctimas indirectas" (Luchesi, 1979b, p. 8). Si ponemos todo en una balanza, ésta parece la lección más importante.

¿Qué hizo que Lucien Sardou se quitara la vida? Quería matar a su esposa. ¿Por qué mató a sus dos hijas? La respuesta es la misma. ¿Por qué llevó sus cuerpos a la cama de él y se acostó entre ellas antes de darse un tiro? Quería que su esposa viera esa escena al llegar. En los últimos días antes de lo sucedido, ¿podría haber recibido ayuda siendo admitido en un hospital psiquiátrico? Eso quizá hubiera retrasado los hechos y posiblemente hubiera alterado algunas de las circunstancias, pero los beneficios habrían sido sólo temporales y, por tanto, no se habría dado "ayuda" en el sentido real de la palabra. ¿Estaba loco? No, estaba obsesionado. No estaba

más loco que Van Gogh cuando pintaba girasoles arremoli-
nados en un cielo oscuro. Cuando llegó a su salvaje noche de
sol, Lucien Sardou estaba tan sano como el hielo.

Bibliografía

Bateson, G., Jackson, D. D., Haley, J. y Weakland, J. "Toward a
theory of schizofrenia". *Behavioral Science.* 1:251-264, 1956.

Bernstein, A. "My own suicide". En B. B. Wolman (Ed.). *Between
Survival and Suicide.* Nueva York: Gardner Press, 1976, pp. 95-102.

Camus, A. *The Myth of Sisyphus.* Nueva York: Vintage Books, 1955.

Camus, A. *Caligula and Three Other Plays.* Nueva York: Alfred A.
Knopf, 1958.

Freud, S. "Mourning and melancholia" (1917). En *Standard Edition.*
14:237-259. Londres: Hogarth Press, 1957.

Litman, R. E. "A management of suicidal patients in medical practice" (Capítulo 27). En E. S. Shneidman, N. L. Farberow y R. E.
Litman (Eds.). *The Psychology of Suicide.* Nueva York: Jason Aronson,
1976, pp. 450-451.

Luchesi, A. "Le drame atroce de Nice". *Nice-Matin.* 17 de septiembre, 1979a.

Luchesi, A. "Le drame de Nice" *Nice-Matin.* 18 de septiembre,
1979b.

Menninger, K. A. *Man Against Himself.* Nueva York: Harcourt,
Brace, 1938.

Randall, K. "An unusual suicide in a 13-year-old boy". *Med. Sci., &
Law.* 6:45-46, 1966.

Shneidman, E. S. "Prologue: Fifty-eight years". En E. S. Shneidman
(Ed.), *On the Nature of Suicide.* San Francisco: Jossey-Bass, 1969.

Shneidman, E. S. "An overview: Personality, motivation, and behavior theories". En L. D. Hankoff y B. Einsidler, *Suicide: Theory and
Clinical Aspects.* Littleton, Mass.: PSG Publishing Company, 1979.

Shneidman, E. *Voices of Death.* Nueva York: Harper & Row, 1980.

Stekel, W. "Presentación" (1910). En P. Friedman (Ed.). *On Suicide.*
Nueva York: International Universities Prees, 1967.

Wallace, S. E. *After Suicide.* Nueva York: John Wiley & Sons, 1973.

Whitis, P. R. "The legacy of a child's suicide". *Family Process.* 7:159-
169, 1968.

CAPÍTULO 13
Ética clínica y responsabilidades legales

Principios generales

Usualmente, los médicos detentan cierta carga de autoridad sobre sus pacientes, cuando lo que en realidad les deben, de acuerdo con la relación terapeuta-cliente, es una actitud de responsabilidad. La profesión médica determina ciertas normas de rectitud que ningún practicante de la misma puede ignorar, y la sociedad evalúa su trabajo en función de una red de convenciones y leyes. Debido a esto, los terapeutas deben mantenerse constantemente al día con sus obligaciones, tanto sociales como profesionales, y es aconsejable que consideren esta tarea como un programa de educación continua durante toda su vida. Si desconocen lo que se les requiere en cuanto a principios éticos y legales en su desempeño laboral, poco éxito podrán esperar, tanto ellos como los pacientes.

Para que el médico se mantenga al corriente de las leyes y reglamentos que regulan la profesión, es necesario tomar dos medidas fundamentales: 1) enterarse de los requerimientos básicos generales del país con respecto a sus obligaciones de advertir, informar, etcétera; y 2) enterarse de los requerimientos específicos según el estado donde se ejerza la práctica. Se recomienda también seguir los desarrollos de esta estructura de dos niveles conforme se va modificando y transformando por leyes nuevas, por nuevas interpretaciones de "casos especiales", por las normas éticas prevalecientes dentro de organizaciones médicas profesionales y por las actitudes que los colegas toman hacia estas cuestiones.

Al final de este capítulo, a manera de bilbiografía, se incluye una selección cuidadosa de fuentes de información acerca de estos temas. Son publicaciones que consideran un deber mantener bien informados a sus lectores acerca de los más recientes desarrollos en este campo complicado y volátil.

Un médico que se especializa en urgencias puede esperar encontrarse con condiciones que son exclusivas de su especialidad. Las circunstancias prevalecientes son extraordinarias, ya que la familia en general o, al menos un miembro de ella, está sufriendo una crisis. La textura de la familia se encuentra por el momento desgarrada, algunos miembros se hallan perturbados o desesperados y el sentido común se ve bastante disminuido. Bajo estas condiciones, uno de los requerimientos fundamentales para la conducta ética del terapeuta puede ser difícil, si no casi imposible de conseguir —esto es, el consentimiento legal para el tratamiento. Este ejemplo se discutirá más adelante en este capítulo, ya que se resumen de manera clara muchos de los problemas que el médico enfrenta en este tipo de trabajo.

El capítulo se organiza de la siguiente manera:

1) Se establece una diferencia entre privacía y confidencialidad del paciente;
2) Se examina el deber de cuidar como un principio conductor en la práctica clínica;
3) Se analizan en forma separada, el deber de hospitalizar, el deber de advertir y el deber de informar.

Dentro del contexto de cada uno, se describen las circunstancias específicas prevalecientes en emergencias psicológicas.

A pesar de que los temas de privacía y confidencialidad a menudo se contemplan como las dos caras de una misma moneda, es necesario examinarlos como entidades distintas.

Esta distinción entre ellas fue desglosada por Everstine *et al.* en 1980 de la manera siguiente:

- La confidencialidad puede considerarse un sustrato del concepto de privacía, más amplio.
- La "privacía" puede definirse como un espacio conceptual o "dominio" que pertenece tanto a la persona como a su identidad y seguridad. Como tal, es una región simbólica que el individuo ocupa y tiene derecho a controlar. Existen circunstancias determinadas en las cuales el médico se ve obligado a transgredir los derechos de privacía de la persona o de la familia; estas circunstancias se describirán más adelante.
- La "confidencialidad" puede definirse como el componente informativo de concepto de privacía; más aún, la información referente a una persona es como una propiedad de la persona con quien se relaciona. La cuestión es cómo y hasta qué punto el acceso a dicha información será controlado por la persona sujeto de la misma. Surgen situaciones en que el médico debe revelar información confidencial; más adelante profundizaremos en ello.

Pero antes de entrar en detalles, es necesario brindar un esbozo general de la legislación terapéutica. No existe un código comprensible ni perfectamente instituido que regule estrictamente la psicoterapia. Esperamos que este estado de cosas varíe con el tiempo, pero por el momento se puede decir que el tratamiento de enfermedades mentales sólo está vagamente legislado. (Por supuesto, esta observación se aplica más al sector privado que al sector público de la profesión.) Este panorama tiene aspectos positivos y negativos, ventajas y desventajas a la vez.

Ante la ausencia de estatutos rígidos, entran en juego otras fuerzas. Éstas son las fuerzas de la "ley común", una serie de reglas de la sociedad no legisladas y, en muchas ocasiones, ni siquiera escritas. En gran parte, la ley común opera bajo el principio de que una regla no existe hasta que se infringe. Un ejemplo puede ser el de un hombre y una mujer que viven juntos como esposos sin estar casados. Entre ambos existe un vínculo que puede no haber sido formalizado en un acta. Pero la "ley común" reconoce que existe un contrato *implícito* entre dos personas que establecen tal relación y que, por lo tanto, existen obligaciones mutuas. Si una de las partes reclama que la otra no ha cumplido debidamente, tal demanda puede ser llevada ante los tribunales. Muchos litigios se basan en circunstancias similares.

Por lo que respecta a la ley, la psicoterapia es una forma de servicio que una persona brinda a otra. Este punto de vista se ha extraído de la contemplación legal de la Medicina (Shea, 1978), pero ha sido subsecuentemente modificado. Por lo tanto, existen aspectos similares en los requerimientos legales que gobiernan la medicina en general y la psicoterapia, y otros marcadamente disímbolos, los cuales examinaremos en este capítulo.

En la psicoterapia y en la medicina general, se espera que el profesional ejerza el "deber de cuidar" inherente a la ley común. Es decir, el médico o terapeuta debe cuidar del paciente. En la realidad, el concepto de "cuidado" queda definido de manera bastante vaga. Existen muchos grados y calidades de "cuidar" que, por lo general, quedan al criterio del profesional. En la práctica, la mayoría de los terapeutas delegan su juicio acerca de lo que serían "cuidados razonables" a las organizaciones de las cuales son miembros. Casi todas ellas han establecido, de hecho, pautas sobre lo que son "cuidados razonables". En caso de una demanda (por tratamiento inadecuado, por ejemplo), estas pautas son las que servirán de referencia a la corte para determinar si el médico cumplió o no con las obligaciones de cuidado. Casi siempre, el tratamiento inadecuado se interpreta como no haber proporcionado al paciente cuidados razonables.

Es necesario enfatizar, para poder llegar a una conclusión, que en una demanda por tratamiento inadecuado, quienes deben presentar pruebas son los demandantes. Son pocos los médicos que no pueden demostrar que el "deber cuidar" se aplicó fielmente. La mayoría de los terapeutas se preocupan verdaderamente por el bienestar de sus pacientes y a como dé lugar tratan de aliviarlos de los problemas por los que han acudido a consultarlos.

Obligación de hospitalizar

¿Qué observaciones acerca de su paciente debe hacer un médico responsable antes de determinar o recomendar un internamiento? A manera de síntesis, por lo menos uno de los siguientes criterios deberá ser tomado en cuenta:

1) Se cree que el paciente puede ser peligroso para otras personas;
2) Se cree que el paciente puede ser peligroso para sí mismo;
3) Se cree que el paciente está "gravemente incapacitado".

En cada uno de los criterios, la frase "se cree que" significa que el terapeuta se encuentra dentro de márgenes bastante elásticos para tomar su decisión, lo cual no implica en absoluto que la decisión pueda tomarse de manera superficial o basándose en lo que alguien diga o en evidencia de segunda mano. Hasta cierto punto, una persona hospitalizada ha sido privada de su libertad, de su propiedad y de otros derechos civiles que la mayoría de nosotros damos por hecho. Una decisión tan crucial respecto a otra persona debe ser tomada con toda seriedad y justicia y debe basarse en un juicio cuidadosamente razonado.

Los tres criterios citados anteriormente contienen otros elementos subjetivos bastante sutiles. Por ejemplo, ¿es siempre claro que una persona sea o no peligrosa para otros? Si tal fuera el caso, existirían menos crímenes no resueltos en los archivos de la policía. Este dilema se discutirá más a fondo a continuación. Con respecto al segundo criterio, esto es, si una persona es o no peligrosa para sí misma, ¿qué tan fácil es adivinar que un individuo ha decidido suicidarse? Muchas personas amenazan con hacerlo una y otra vez a través de los años y, sin embargo, mueren de viejos. Muchas otras incluso realizan intentos de quitarse la vida sin dañarse seriamente. Pero hay otras capaces de ocultar inteligentemente sus intenciones letales antes de suicidarse realmente. Todo lo anterior nos lleva a concluir que la predicción de un suicidio es una profecía altamente incierta. En términos prácticos, juzgar si una persona es o no potencialmente peligrosa para sí misma, conlleva un proceso sumamente subjetivo, con muchos componentes de intuición y casualidad. Decidir que el paciente debe ser internado por sus tendencias autodestructivas es, en el mejor de los casos, una "corazonada de trabajo" que puede producir un elevado número de "falsos positivos" (es decir, situaciones en las que las personas son hospitalizadas innecesariamente).

La categoría que hemos llamado "gravemente incapacitada" tiene tantas interpretaciones como terapeutas existen. Las reglas para tomar la decisión en estos casos son totalmente subjetivas y, al aplicarlas, con frecuencia se contraen o expanden para adaptarlas al caso específico. ¿Se relaciona el término "incapacitado" con lo que el individuo fue anteriormente o con lo que cualquier individuo podría ser si fuera "capaz"? Por lo general, esta categoría es una especie de triquiñuela para internar pacientes a los que el terapeuta ya no se siente capaz de tratar fuera de una institución. Esto no intenta sugerir que los médicos la usen de manera poco sabia o negligente; lo que se pretende demostrar es que la definición imprecisa del término "gravemente incapacitado" permite casi cualquier aplicación. Y cuando un lenguaje tan vago e impreciso se utiliza para justificar un juicio tan delicado como puede ser hospitalizar o no a alguien, puede haber

Diana Sullivan Everstine y Louis Everstine

consecuencias para otros. Quienes realmente necesitan ser internados pueden no ser admitidos por un capricho, y otros, que perfectamente pueden cuidar de sí mismos, son forzados a ingresar por razones igualmente cuestionables.

Volviendo al primer criterio para decidir un internamiento, esto es, la creencia de que el paciente es peligroso para otras personas, será de gran utilidad identificar las circunstancias especiales. En cierto sentido, "peligroso para otros" es el más notorio de los tres criterios porque representa un tipo de prueba más observable (ya que no objetivamente mensurable). En muchos casos, la peligrosidad se sospecha a partir de una amenaza concreta contra una persona, un tipo de persona o la gente en general. Por supuesto, cada amenaza debe sopesarse frente a otras evidencias, muchas de las cuales se tomarán del historial de violencia del paciente. Cuando no existen amenazas específicas, este tipo de información será de suprema importancia. En cualquier caso, recae un gran peso sobre el juicio personal del terapeuta, que muchas veces debe tomar la desición de hospitalización basándose en una palabra o en un tono de voz; esta situación difiere mucho de la de un policía ante un individuo pistola en mano: no hay duda de que el individuo debe ser desarmado.

Recientemente se ha desatado una importante controversia acerca del problema de predecir la peligrosidad, es decir, detectar tendencias violentas (véase Magargee, 1976; Monahan, 1975; Shah, 1981). Por alguna razón, ha surgido la creencia generalizada de que los psicoterapeutas poseen una habilidad o conocimiento peculiar para decidir quién es potencialmente violento y quién no. En realidad, algunos médicos han fomentado esta creencia, sobre todo aquellos que con frecuencia ofrecen sus servicios para testificar como "expertos" en juicios por homicidio, audiencias bajo palabra y otros procedimientos relacionados con la medicina forense. Sin embargo, no todos los terapeutas se proclaman capaces de preceder "la peligrosidad" de un sujeto e incluso los que sí lo hacen deberán solicitar un amplio margen de error para su evaluación.

La primera vez que estos temas fueron motivo de debate a nivel judicial alto, ocurrió durante el caso *Tarasoff contra los Rectores de la Universidad de California* en 1976. En la siguiente sección de este capítulo, la obligación de prevenir, se confrontarán directamente tópicos relevantes. En este análisis de la obligación de hospitalizar, la predicción de la peligrosidad tiene el siguiente significado: si el terapeuta tiene alguna razón para creer que su paciente es por el momento o puede pronto convertirse en "peligroso", su obligación profesional será intentar hospitalizarlo. Esto no quiere decir que deba someterlo por la fuerza, arrastrarlo hacia las puertas del hospital o cerrar personalmente los candados (la norma no demanda tal heroísmo, ni se espera que el médico se convierta en agente pliciaco). Lo que se requiere generalmente de él es que *haga un esfuerzo* por intervenir entre la persona considerada peligrosa y la víctima potencial de esa tendencia violenta. Una forma de cumplir este propósito es la hospitalización o, si el terapeuta carece de la autoridad suficiente, una solución igualmente válida será *hacer el esfuerzo* de persuadir a alguien que sí la posea de realizar el procedimiento en su lugar.

Obligación de prevenir

La situación clave que entraña la obligación de advertir es cuando el paciente comunica al terapeuta sus intenciones de agredir físicamente (o algo peor) a otra persona. La predicción de peligrosidad es inevitable, amén de que el siguiente paso sea evaluar la seriedad de la amenaza; para efectos de este análisis, asumiremos que el terapeuta cree que es genuina. En ese caso, en esencia, las medidas a tomar son dos:

1) Ya que el comportamiento del cliente responde a uno de los tres criterios para hospitalización, el terapeuta puede decidir ejercer su obligación de hospitalización

Diana Sullivan Everstine y Louis Everstine

y dar los pasos necesarios para la admisión. En
mejor de los casos, se hará un esfuerzo para persuadi
voluntariamente; si no es así, es aconsejable intentar al
menos una forma de confinamiento temporal.

2) Si el paciente se rehúsa a la hospitalización voluntaria
o, por alguna razón no puede arreglarse un confinamiento temporal (por ejemplo, por falta de cupo en la
institución, o argumentación por parte de alguna autoridad de que no existen suficientes pruebas "claras y
convincentes" que la ameriten), la obligación de advertir se convierte en un principio conductor de gran
importancia. Mientras el terapeuta tenga alguna razón
para creer que las amenazas del paciente siguen siendo auténticas, sus esfuerzos sin éxito para concertar la
hospitalización no serán suficientes en sí mismos. Deberá entonces *hacer un esfuerzo* por advertir a la víctima
potencial de las amenazas de su cliente.

Cuando a una persona se le hospitaliza contra su voluntad,
su privacía personal se pierde en gran medida. Aunque se
considera que esta invasión es por su bien (cuando la persona es peligrosa para sí misma o está seriamente incapacitada)
o por el bien de la comunidad (cuando es peligrosa para
otros), bajo circunstancias diferentes se trataría de una violación ilegal, o al menos sin ética, de la libertad personal. Por
el contrario, la violación de la confidencialidad es característica de la situación en que debe recurrise al derecho de
advertir, porque cuando un terapeuta advierte a una víctima potencial de la amenaza de un cliente, tarde o temprano
se revelará la identidad y el hecho de que es precisamente
un cliente de terapia. Ambos tipos de infracciones pueden
ser necesarios para el médico que se especializa en trabajo
de urgencia, especialmente porque muchos de los clientes
con quienes uno trata en este trabajo son potencialmente
violentos, notoriamente suicidas o se encuentran a punto
de romper con la realidad. Más adelante analizaremos

algunas consideraciones especiales relacionadas con las urgencias.

Vale la pena observar que muchos terapeutas nunca se verán en la necesidad de recurrir al deber de advertir, pero sí de hospitalizar a un cliente y de ejercer la obligación de denunciar descrita en la siguiente sección. Todo terapeuta hará su mejor esfuerzo por cumplir con estos requerimientos y es importante que acepte que la privacía y la confidencialidad del cliente no son derechos inmutables. En efecto, cuando un cliente recurre al tratamiento con la certeza respecto a sus derechos, que de otra forma estarían bajo su control, durante la terapia quizá tenga que renunciar a ellos.

Cuando alguien inicia un proceso de terapia, se suscribe al menos un arreglo contractual implícito. Bien sea por escrito o verbal, existe y hasta cierto grado obliga a cada parte a asumir responsabilidades implícitas. Dado que existen requerimientos legales definidos que un terapeuta debe cumplir, es justo que estas condiciones se aclaren al cliente al iniciar la terapia. Por ejemplo, la obligación de advertir implica el deber, por parte del terapeuta, de avisar al cliente que existe dicha obligación (Everstine *et al.*, 1989, p. 839). El paciente tiene el derecho de saber, en forma anticipada, que si amenaza con causar un daño físico a otra persona, el terapeuta puede verse obligado a notificar a la víctima potencial de que se ha hecho la amenaza y dar su nombre.

Por otro lado, es justo advertir al paciente que ciertos comportamientos pueden orillar al terapeuta a tratar de persuadirlo para que ingrese a una clínica, o llevar a cabo los arreglos necesarios para que su paciente ingrese en contra de su voluntad. Finalmente, la obligación de informar (tratada a continuación) es otra responsabilidad que el terapeuta debe poner en conocimiento del cliente desde el principio del tratamiento. En cada uno de estos contextos, se trata de que el médico exprese libremente cuáles son los requisitos legales y éticos por los que se rige. El paciente debe tener conocimiento de qué tipo de información puede poner al terapeuta en la necesidad de asumir otro papel; por ejemplo, el de protector de una víctima amenazada o el de guardián de la propiedd pública. Ciertos observadores han argumentado que sería conveniente establecer un exhaustivo contrato por escrito entre terapeuta y cliente desde el inicio de su relación (por ejemplo, Coyne y Widiger, 1978). Aunque no compartimos tal opinión, pensamos que cada terapeuta debe conocer los puntos que dicho contrato consignaría. Algunos de los esenciales serán las responsabilidades que el médico tiene con la sociedad, con la comunidad y con la profesión que representa, además de sus obligaciones dictadas por la ley común, como ciudadano y como ser humano.

Obligación de informar

Nuestra profesión se ha ido convirtiendo paulatinamente en parte del dominio público después de muchos años de morar en el reino de las sombras y el misterio. Sin lugar a dudas, esta tendencia es benéfica, tanto para la psicoterapia como profesión como para la comunidad en general. La rápida desmitificación de la especialidad en años recientes permite que sus aportaciones sean mejor apreciadas. Y, en la medida en que gana aceptación entre el público, la sociedad espera de los terapeutas un papel más activo en el mantenimiento del orden social.

Con el desarrollo de esta apertura, durante los últimos 20 años, también se ha incrementado la revelación de más y más aspectos patológicos de la cultura moderna. Ello ha dado como resultado la identificación y denuncia de conductas más frecuentes que antes se catalogaban meramente como "ultrajes a la humanidad". Actualmente se realizan esfuerzos concertados por descubrir estos crímenes tan pronto ocurren, castigar a los infractores, brindar ayuda a las víctimas y procurar evitar que ocurran con tanta frecuencia en el futuro. Entre las más notorias de estas conductas patológicas se encuentran el abuso de menores, el desamparo de menores, la vejación de menores y el incesto. Sólo a partir de los últimos 10 o 15 años es que nuestra profesión se ha involucrado activamente para tratar de disminuir tan deplorables condiciones sociales, logrando con ello el reconocimiento por parte del gobierno de la necesidad de amplias reformas sociales y de educación pública como medidas preventivas.

En varios capítulos de este libro se han descrito en detalle los traumas sufridos por las víctimas de estos crímenes, así como los métodos para aminorarlos y ayudar a las víctimas a recobrar en la medida de lo posible la tranquilidad y el bienestar. En este capítulo, sólo discutiremos los requisitos que el terapeuta debe cumplir al informar acerca de su conocimiento de tales eventos. Intencionalmente, cada requisito es presentado en su forma más amplia posible, es decir, conservadoramente, de manera que la posibilidad de error por parte del terapeuta sea mínima.

Abuso de menores

Para que el lector pueda darse una idea completa de este requisito de informar es necesario definir el abuso de menor desde el punto de vista legal. En general, se refiere al daño no accidental infringido a una persona menor de 18 años, ya sea por parte de sus padres, u otros parientes, o tutores, o un perfecto extraño. Esta definición incluye una amplia gama de posibilidades, pero es necesario recordar que cada estado define el abuso de menores de manera diferente (Fraser, p. 218). El terapeuta deberá enterarse de la legislación específica que rija dentro de la jurisdicción en la cual trabaja.

Existe una serie de buenas razones para denunciar el abuso de menores —muy aparte de los requisitos legales. Kohlman ha señalado que el tratamiento de la víctima de abuso tiene éxito si se inicia a la brevedad pero que "el principal problema es *encontrar* a dicha víctima" (1974, p. 245). Es más, como puntualiza Schmitt (1978a), existen sobrados motivos para *rastrear* casos de abuso de menores:

Diana Sullivan Everstine y Louis Everstine

Suceden aproximadamente 2 000 muertes al año ... en los Estados Unidos. Esto representa una causa principal de muerte entre los niños. El índice de mortalidad general es de aproximadamente 3% a nivel nacional. En áreas donde se detectan y se interviene oportunamente, el íncide es menor al 1%, mientras que en las que la detección es inadecuada, puede elevarse hasta un 10%.

La estadísticas hablan por sí mismas. Gracias a nuestro esfuerzo por rastrear casos de menores maltratados podemos reducir la tasa de mortalidad de 10 a 1 por ciento.

Por lo que concierne al deber del terapeuta, los hechos son los siguientes: "Cada estado cuenta con una ley que conmina a ciertas personas o a ciertos grupos de personas a denunciar cualquier sospecha de abuso de menores" (Fraser, 1978, p. 208). Tales "personas o grupos de personas" por lo general son:

Practicantes de las ciencias médicas. Médicos y cirujanos, psiquiatras, psicólogos, dentistas, residentes, médicos internos, pediatras, quiroprácticos, enfermeras tituladas, higienistas dentales, etcétera.

Encargados del cuidado de menores. Maestros, personal administrativo, supervisores de bienestar y atención a menores o prefectos de escuelas privadas y públicas; administradores de campamentos públicos o privados; cuidadores titulados; administradores de instituciones comunitarias con permiso para encargarse de niños, trabajadores sociales de la asistencia pública; empleados de orfanatorios, que incluye a los padres adoptivos, personal de hogares comunitarios y personal de casas de atención; trabajadores sociales y agentes vigilantes de personas en libertad condicional.

Practicantes no-médicos. Empleados del sector salud que tratan a los menores de enfermedades venéreas o cualquier otra anomalía de su competencia; forenses; paramédicos; consejeros matrimoniales, familiares o pediátricos; personal religioso que diagnostica, examina o trata con menores.

Agencias de protección del menor. Departamentos de policía, tribunales de menores u oficinas de bienestar social.

¿A quién debe informarse sobre las sospechas de abuso a menores? También existen variaciones a este respecto, según el estado de que se trate, pero Fraser (1978, p. 208) nos proporciona una breve lista de instituciones:

- Departamentos de servicios sociales
- Departamentos de servicios de protección
- Departamentos de servicios a la familia
- Departamentos de servicios de rehabilitación

El tema de estos reportes es, en su mayoría, alguna evidencia de abuso detectada por el terapeuta o practicante. Gran parte del tópico se deja a la discreción del informante. A continuación, ennumeramos una serie de situaciones de las cuales puede inferirse tal evidencia de abuso:

1) Cuando el menor lo declara abiertamente: de acuerdo con Schmitt (1978b, p. 40), "Cuando un niño indica de *motu proprio* que un adulto en particular lo ha lastimado, casi siempre es cierto."

2) Cuando un adulto admite haber cometido abuso contra un menor: Schmitt (1978b, p. 40) agrega que "la confesión por parte del padre o de la madre es un diagnóstico importante, pero muy difícil de obtener."

3) La comunicación del abuso por parte de un testigo presencial puede constituir el punto de partida para tomar medidas al respecto, pero el terapeuta debe sopesar cuidadosamente la veracidad de cada testigo y es probable que deba tratar de obtener evidencias adicionales.

4) Observación directa de algún incidente en el cual se infrinja un daño no accidental a un menor en la presencia del terapeuta.

5) La *sospecha razonable* del médico, casi siempre basada en un criterio físico, como los ennumerados en detalle en el Capítulo 7 de este libro. Como siempre en

estos casos, el juicio del terapeuta goza de bastante elasticidad.

Al existir evidencia de abuso a un menor, automáticamente queda cancelada la confidencialidad dentro de la relación paciente-terapeuta. Este privilegio de confidencialidad, al cual se apegan las conversaciones, las grabaciones o anotaciones del terapeuta, o los resultados de pruebas, pierde validez cuando se intercambia información acerca de abusos. Todos los datos que conciernan al caso pueden transmitirse a la institución u oficina competente del sistema judicial. Es más, estos datos pueden proporcionarse a otros profesionales que muestren interés legítimo por el asunto. Incluso:

> Muchos estados de la Unión Americana no plantean el requisito de notificar a la familia ... de que se ha informado de un caso de abuso de menor. Esto significa que una agencia gubernamental puede abrir un proceso de investigación acerca de una familia sin que ésta esté enterada en lo absoluto. Incluso cuando se notifica a la familia, no se le proporciona ningún procedimiento mediante el cual alguno de los padres o el menor mismo puedan recusar la acusación (Garinger *et al.*, 1978, p. 174).

Estos cambios pueden implicar que los legisladores han optado por dejar de lado ciertas libertades civiles en su celo por combatir el abuso de menores. Y ¿quién puede argumentar que su causa sea justa?

Abandono y abuso emocional de menores

Algunas leyes definen el "descuido" (o abandono) como:

> ...cuando un menor carece de la más elemental atención física, educativa o moral o cuando vive bajo condiciones y circunstancias que pueden dañar el sano desarrollo de su carácter, o cuando los padres o tutores se niegan, son incompetentes o están incapacitados para proporcionar los cuidados necesarios ... (Garinger *et al.*, 1978, p. 177).

Las formas de abuso a las que se refiere tal definición pueden subdividirse para establecer distinciones más sutiles. Por ejemplo, la ley del Estado de California distingue el "descuido físico" de la "carencia emocional":

> El descuido físico consiste esencialmente en la omisión por parte de los padres o tutores de proporcionar al infante alimentación adecuada, techo, vestido, protección, supervisión y atención médica y dental (1978).

Robert M. Mulford, miembro del Comité Nacional de Asesoría para la División Infantil de la Asociación Humana Americana, define la "carencia emocional" como "las carencias que sufren los niños cuando sus padres no les proporcionan las experiencias normales que generan sentimientos de ser amado, deseado y valioso" (1978).

Para ampliar aún más la esfera de aplicación de esta ley, se ha determinado la categoría de "abuso emocional" y se refiere a cualquier transgresión del ego del menor que provoque uno o más síntomas de angustia. En cierto documento que detalla la intención de estos decretos, se utiliza como sinónimo el término "crueldad emocional".

A continuación se citan tres puntos finos de esta ley que deben ser tomados en cuenta por los terapeutas bien informados para saber si rigen o no dentro de la jurisdicción en la cual actúan:

1) Estas formas de abuso psicológico (es decir, no-físico), además del "descuido físico" son crímenes.
2) Igual que en el caso de abuso físico, el terapeuta está obligado a denunciar sus sospechas razonables acerca de cualquier abuso mental.
3) Se le garantiza idéntica inmunidad al informante que en el caso de abusos corporales.

Diana Sullivan Everstine y Louis Everstine

Abuso sexual

Las dos categorías principales de este tipo de delito reconocidas universalmente son el incesto y la vejación; a su vez, estos términos se definen (respectivamente) como "manoseo indebido familiar y no familiar de las necesidades y sentimientos sexuales del niño".

En los capítulos 8 y 9 ya sugerimos algunos métodos útiles para la ayuda clínica de este tipo de víctimas. Ahora se ha añadido la categoría de la explotación de menores en los ámbitos de la prostitución y la pornografía.

Por lo que se refiere a los requisitos de denuncia, el principio rector para el terapeuta debe ser: si se tienen sospechas razonables, repórtense dichas sospechas. El abuso sexual de menores es un crimen, ya que es una forma de ataque; igualmente son crímenes el maltrato y la crueldad emocional. La denuncia por parte del terapeuta debe realizarse ante el mismo tipo de agencias y, esencialmente dentro del mismo formato. No hay excepciones a esta regla.

Violación y maltrato de la esposa

Ya hemos hablado de estos sórdidos ejemplos de la inhumanidad masculina hacia las mujeres en los capítulos 8 y 11, pero se hace necesario aclarar las disposiciones legales para los terapeutas que intentan ayudar a las víctimas. En teoría, las mismas víctimas deberían hacerse responsables de notificar que han sido golpeadas o violadas. Pero si la mujer está siguiendo una terapia, el propio médico puede sentirse en cierta forma responsable de denunciar el hecho por su cuenta. El lineamiento de conducta principal a seguir es su juicio profesional, ya que ahora no existe ninguna ley que lo obligue a informar acerca de su conocimiento de maltrato o violación a una mujer adulta. Parace que la legislación que se preocupa por proteger a los menores no tuviera nada que ver con la protección a la mujer mayor de edad.

Un principio clave para la toma de decisión por parte del terapeuta en el sentido de informar, será su deber de cuidar a su paciente. Si ésta desea que su médico reporte el crimen, debería ser complacida. Incluso si ella prefiere ocultar el hecho, el terapeuta puede considerar que notificarlo, a la larga, tendrá consecuencias positivas para la ofendida. Este tipo de decisión puede ser la más difícil de tomar en la vida profesional del médico. Al llevarla a cabo, se debe tener en cuenta que el maltrato a la esposa puede convertirse en una norma habitual dentro del metrimonio y que un violador que no ha sido castigado puede perpetrar subsecuentes violaciones. Esta toma de conciencia puede tener cierto contrapeso en la carencia de recursos emocionales por parte de la mujer, así como en su vulnerabilidad ante nuevas humillaciones y ante el dolor psicológico prolongado.

Características especiales en casos de emergencia

Consentimiento para ser atendido

El concepto de consentimiento para ser atendido es una idea que se maneja actualmente con frecuencia. Sin embargo, aún no se la ha implantado en forma adecuada. Existen pocas instituciones públicas donde se lleve a cabo un procedimiento formal exhaustivo acerca del consentimiento previo al inicio de la psicoterpia de un paciente externo. En forma similar, es raro el terapeuta particular que obtenga un consentimiento formal para tratar a su cliente antes de iniciar la terapia. La razón es que éste, desde el momento en que busca una terapia, ha otorgado una especie de consentimiento implícito a todo lo que pueda ocurrir —aunque la mayor parte de las veces ignore lo que una terapia pueda conllevar. Al elegir un tratamiento voluntariamente, el paciente activa una especie de contrato *cuasi* legal con el terapeuta. Para

Diana Sullivan Everstine y Louis Everstine

cualquier propósito legal ulterior, esta forma de convenio no escrito (y con frecuencia no aclarado verbalmente) será suficiente, porque además el paciente cuenta con cierta protección de la ley común.

Donde sí se han empezado a tomar medidas para implementar los procedimientos de consentimiento es en los casos de internación del paciente, ya sea en instituciones públicas o privadas. Se han ido aprobando leyes que garantizan mayores derechos civiles a los internos, por ejemplo, abreviar su estadía en el hospital o brindar un mejor acceso a medios legales con los cuales enfrentar más fácilmente su confinamiento y asegurar una liberación más pronta. En resumen, el paciente involuntario se ve favorecido al liberalizarse las leyes.

Además, la mayoría de hospitales psiquiátricos han elaborado detallados procedimientos para informar a los pacientes acerca de sus derechos y muchos han designado a ciertos grupos del personal para actuar como sus abogados en disputas o quejas por malos tratos, etcétera. Estas innovaciones dentro de los hospitales, aunque con retraso, serán contempladas por la mayor parte de los terapeutas como adecuadas. Como parte de la tendencia en gran escala hacia la humanización de la atención a pacientes mentales, el tópico del consentimiento con conocimiento de causa será una pieza clave (véase Everstine *et al.*, 1989, pp. 831-833).

Libertades civiles durante una urgencia

En ciertos aspectos cualitativos, el trabajo de un psicoterapeuta que contesta llamadas de emergencia difiere de cualquier otro en el campo de la salud mental. Las personas que realizan tales llamadas durante una crisis aguda de angustia están generalmente demasiado ansiosas para llevar a cabo discernimientos basados en procesos lógicos. Algunas personas ni siquiera llaman y es un miembro de la familia o un agente de la policía quien los lleva a la presencia de un terapeuta. En tal estado de crisis es difícil que el paciente se preocupe por sus garantías individuales o por sus derechos civiles. Les importan poco los reglamentos, deberes o requisitos legales que rigen a los profesionales de la salud mental. Simplemente se encuentran *dentro* de sus problemas. Es, por lo tanto, necesario que el terapeuta tome la iniciativa de asegurarse de que tales derechos sean preservados mientras, simultáneamente, brinda la atención requerida por el sujeto perturbado.

Es importante considerar las circunstancias únicas que caracterizan a una urgencia: no hay tiempo para consideraciones ni reflexiones. Hay escasa oportunidad para ponerse a discutir sobre la libertad personal o la privacía o la confidencialidad de la información. Incluso hacer una advertencia de "Miranda", como la que lee un policía a un sospechoso que acaba de ser aprehendido, parecería desesperadamente fuera de lugar en un contexto de urgencia. Un cliente busca alivio a su angustia. En caso de que sea otra persona quien ha llamado al equipo de emergencia, ésta deseará que se haga algo de inmediato. Las exigencias del momento invocan acción en vez de trivialidades, intervención antes que cortesía.

Cuando una persona en crisis llama a una línea de urgencias o a un número para prevenir los suicidios, puede meramente dar su nombre de pila a quien conteste y mantener así cierto control sobre la confidencialidad de sus aseveraciones. En contraste, cuando el terapeuta llega a la escena de la crisis, gran parte de la confidencialidad se ha quebrantado ya, y cuando se entrevista con miembros de la familia en la sala o en la cocina, queda poca privacía que resguardar. Como ya se ha implicado, obtener un consentimiento con conocimiento de causa para iniciar un tratamiento es un lujo que ni el paciente ni el terapeuta pueden darse. El proceso para dar consentimiento, si es lo que se busca, deberá diferirse hasta la segunda entrevista. Basta con aclarar que ETC

Diana Sullivan Everstine y Louis Everstine

lleva a cabo, por rutina, un elaborado sistema para obtener consentimiento, contratar los servicios, conseguir un permiso para intercambio de información y determinar si se ha de cobrar o no una tarifa por las visitas de seguimiento, como corresponde a la función del Centro, que es una corporación sin fines lucrativos con apoyo de fondos públicos. Lo que deseamos remarcar con todo esto es que tal fárrago de procedimientos rara vez puede completarse durante la primera entrevista. Y una torpe introducción de cualquiera de ellos durante el curso de una crisis sería la peor forma de intrusión en la privacía del paciente.

Hay momentos en que un terapeuta puede resultar demasiado cauteloso, demasiado cuidadoso y demasiado temeroso de ser demandado por tratamiento inadecuado. Hay momentos cuando las emociones de una persona en crisis pueden estar cargadas de manera tan peligrosa como una línea de alta tensión, cuando la gota que derrama el vaso del miedo se ha vertido y la pesadilla no cesa. No llame a un abogado. Recuerde que, como médico, tiene el deber de proteger y si da lo mejor de sí mismo, la ley común le dará el visto bueno.

Bibliografía

California Department of Justice: Child Abuse: The Problem of the Abused and Neglected Child. Sacramento: Crime Preventive Unit, Office of the Attorney General, boletín informativo Núm. 8., 1978.

Coyne, J. C., y Widiger, T. A. "Toward a participatory model of psychotherapy". *Professional Psychology*, 9(4):700-710, 1978.

Everstine, L., Everstine, D. S., Heymann, G. M., True, R. H., Frey, D. H., Johnson, H. G., y Seiden, R. H. "Privacy and confidentiality in psychotherapy". *American Psychologist*, 35:828-840, 1980.

Fraser, B. G. "The court's role". En B. D. Schmitt (Ed.), *The Child Protection Team Handbook*. Nueva York: Garland STPM Press, 207-219, 1978.

Garinger, G., Brant, R. T., y Brant, J. "Protecting children and families from abuse". En G. P. Koocher (Ed.), *Children's Rights and the Mental Healt Profession*. Nueva York: John Wiley & Sons, 1976, pp. 171-179.

Kazan, S. "Psychotherapy and the law: the duty to warn". *American Psychologist*, 36:914 (comentario), 1981.

Kempe, C. H., Silverman, F. N., Steele, B. S., Droegemuller, W., y Silver, H. K. "The battered child syndrome". *Journal of the American Medical Association*, 181:17-24, 1962.

Kohlman, R. J. "Malpractice liability for failing to report child abuse". *The Western Journal of Medicine*, 121(3):244-248, 1974.

McIntosh V, Molano, 403-A (N. J. Suprema Corte, 1979).

Megargee, E. I. "The prediction of dangerous behavior". *Criminal Justice and Behavior*, 3:3-22, 1976.

Monahan, J. "The prediction of violence". En D. Chappell y J. Monahan (Eds.), *Violence and Criminal Justice*. Lexington, KY: D. C. Health, 1975.

Schmitt, B. D. "Introducción". En B. D. Schmitt (Ed.), *The Child Protection Team Handbook*. Nueva York: Garland STPM Press, 1-4, 1978a.

Schmitt, B. D. "The pshysician's evaluation". En B. D. Schmitt (Ed.), *The Child Protection Team Handbook*. Nueva York: Garland STPM Press, 39-62, 1978b.

Shah, S. A. "Dangerousness: Conceptual, prediction and public policy issues". En J. R. Hays, T. K. Roberts, y K. S. Solway (Eds.), *Violence and the Violent Individual*. Nueva York: SP Medical & Scientific Books, 1981.

Shea, T. E. "Legal standard of care for psychiatrists and psychologists". *Western States University Law Review*, 6(1):71-99, 1978.

State of California Penal Code (Código penal del Estado de California): Parte 4, título 1, capítulo 2, artículo 2.5, secciones 1165-1172, 1174, revisión 1981.

Tarasoff V. *Regents of the University of California: 17 Cal. 3d, 1976.*

Thompson V. *County of Alameda*, 27 Cal. 3d 741, 1980.

PERSONAS EN CRISIS.
MARZO 25, 1992.
PRIMERA EDICIÓN.
2 000 EJEMPLARES.
TIPOGRAFÍA Y FORMACIÓN:
SERVICIOS EDITORIALES.
IMPRESIÓN Y ENCUADERNACIÓN:
MAR-CO IMPRESORES.